湛庐CHEERS

与最聪明的人共同进化

HERE COMES EVERYBODY

Haierism
海尔制

胡国栋 著

北京联合出版公司
Beijing United Publishing Co.,Ltd.

物联网时代为中国管理模式引领世界创造了天时，因第四次工业革命正在颠覆几乎所有国家的所有行业。人单合一在全球 30 多种管理模式中脱颖而出，被 70 多个国家的企业采用，因其踏准了物联网时代的节拍。

张瑞敏

海尔集团董事局主席、首席执行官

在万物互联、人机协同、共同富裕的新时代，以标准化、持续改善为特征的企业管理模式将失去存在的意义。源于海尔集团最佳实践的用户体验至上、员工自我驱动、生态开放发展、链群合约增长的“海尔制”是扎根于中国优秀传统文化并充分吸收现代商业文明的新管理理念、新管理模式。这是中国在管理创新方面的新进展，具有原创性，并将进一步引发全球管理思想的变革。

陈劲

清华大学经济管理学院教授

中国管理科学学会副会长

《管理》执行主编，《清华管理评论》执行主编工业革命以来，“福特制”“丰田制”是成功企业管理的蓝本。“海尔制”是海尔多年管理实践的结晶。在未来，“海尔制”可能超越“福特制”和“丰田制”。这倒不是因为海尔很强，而是因为时代发生了变化。过去，中国的企业一直模仿和学习国外的先进管理经验，但到了物联网时代没有可以学习的样板了。“海尔制”开启了物联网时代的窄门，引领全球企业共创自组织、同进化的生态型企业。本书从管理思想史的角度，将人单合一模式提炼为海尔制范式，首次对海尔制的逻辑体系进行较为系统的梳理，在与福特制、丰田制的比较中，将之提炼为中国特色的原创性管理理论。

路江涌

北京大学光华管理学院教授

科层制组织结构及其惯性思维在现代企业中根深蒂固，在高度不确定性的环境下使企业面临着效率与创新的双重瓶颈。继“砸冰箱”之后，海尔又在智能物联时代举起“砸组织”的大锤。海尔通过打破职能部门的筒仓式结构，整合内外生态圈资源，建设共享赋能平台，将企业打造为自我进化和持续创造的热带雨林式的生态型组织，为传统制造业企业解决大企业病和加速数智化转型升级提供了中国方案。《海尔制》一书深度透析了海尔组织转型背后的文化基因、管理哲学和战略定力，为我们展现了物联网时代组织重塑的全景图。

王凤彬

中国人民大学商学院教授

中国人民大学企业管理哲学与组织生态研究中心主任

海尔制是海尔多年创造实践的结晶，也是中国式管理思想的重大突破。海尔造和海尔制不仅是海尔的、中国的，也是世界的。

秦朔

人文财经观察家，秦朔朋友圈发起人
中国商业文明研究中心联席主任

改革开放 40 多年来，中国企业从小到大，从弱到强，其成功的秘诀都在于既抓住了市场和技术变化的趋势，又得益于因地制宜、因行业制宜，发挥出了自身的最大潜力和优势，也在此基础上探索总结出了很多优秀的管理经验和模式，有中西结合、融合创新的代表，也有土法上马、自成一体的范例。海尔是其中的优秀代表，不仅为用户提供了优秀的产品和服务，而且在进入物联网时代后，它从商业模式，到营销手段，再到内外部组织和生态，都发生了跃迁式的变化，而这些变化与其日臻成熟和体系化的管理思想又是一脉相承的，变化在哪里？原因是什么？《海尔制》会告诉我们。

杨宇东

第一财经总编辑

从 1984 年创业发展至今，张瑞敏带领海尔实现了多次跨越增长，在现代企业管理和商业模式创新等方面均实现了引领性探索。胡国栋教授新著《海尔制》，总结了海尔创业创新的独特性和管理模式的借鉴性，值得一读。

何刚

《财经》杂志主编，《哈佛商业评论》中文版主编

推荐序 1

海尔制，生态管理范式创新的中国方案

席酉民
西交利物浦大学执行校长
英国利物浦大学副校长
西安交通大学管理学院教授

近几年，我在中国管理学界大声地鼓与呼生态管理，强调数智时代的范式转移、组织的生态化和网络化，预断中国的管理理论会随中国企业驰骋世界而受到关注和认可，进而阐明生态管理将以组织生态化和其他各类生态营造为基础、以设计和演化两种机制的互动与融合为标志、以有限干预下的演化为主要特征，强化共生机理和治理（网络和数字）。生态管理中人和领导的作用主要经由“愿景＋使命＋价值”“布局＋网络组织”“博弈策略＋在线干预”来实现，管理的目标主要是创造“生态（共享 + 共生 + 系统）红利”。另外，生态管理时代的企业家应该注意向产业家转型升级，即“有能力从一种需求或一个具体的实业入手，根据价值网络，迅速撬动相关资源，吸引潜在伙伴，缔结产业互联网，并构建产业生态，以营造新产业或促进已有产业的转型、升级和创新”。正在这个当口儿，我的博士后学生胡国栋教授邀请我给其研究成果《海尔制》写个序言。我一般不作序，之所以欣然接受他的邀请，其一，是因为海尔的范式创新正是我自己极力倡导的生态管理；其二，是因为海尔及其 CEO 张瑞敏先生是我一直敬重和关注的企业和企业家；其三，是因为海尔的主要领导者——总裁周云杰、执行总裁梁海山等曾是我的学生，我一直与他们就其个人和企业发展保持着私人联系。

海尔是一家非常特殊的企业，创业至今 37 年，先后启动 6 次战略变革，每次战略变革都诱发组织结构调整与企业文化升级，具有典型的整体性动态演化的特征，吻合了和谐管理理论“愿景和使命——和谐主题——和则与谐则体系——和谐耦合”的螺旋式循环演进模式[①]，展现了中国企业从筚路蓝缕、模仿复制到逆势超越、

① 席教授曾讲解过，和谐管理理论提出的是一套面对复杂世界和解决复杂问题的理论框架，包括“愿景和使命”、“和谐主题”、“和则”、“谐则”及“和谐耦合”5 个核心概念，分别代表发展定位和长远目标、特定时期的阶段性目标和关键问题、通过科学设计和优化来降低不确定性的规则和主张、通过对参与者能动性的诱导演化以应对不确定性的规则和主张、融合“和则”与“谐则”以共同应对乌卡时代的机制和动态调整过程。当面对特定情境中的问题时，企业需要在遵从愿景和使命的基础上，分析特定阶段的和谐主题，并根据和谐主题来构建适当的和则与谐则体系以及耦合方式，并在发展中根据环境和运行情况不断对此进行动态调整，直到进入下一个循环。——编者注

全球引领的壮丽画卷。从科层制到事业部制，再到平台型组织、生态组织，海尔先后经历了注重专业化控制的科层管理、交叉协作的矩阵管理、共享支撑的平台管理和自治博弈的生态管理，几乎浓缩了至今人类企业组织变革的全部历程，在某种程度上也是中国企业百年演变的历史缩影。

海尔从生产电器的制造企业，到孵化创客的互联网企业，再到大规模个性化定制的物联网企业，在不断"去海尔化"的过程中其企业形象逐渐变得模糊与复杂，似乎一直走在其所谓的"踏准时代节拍"、"自我颠覆"和"持续迭代"的"涅槃重生"的管理实验之路上，其举措包括在产品时代"砸冰箱"，改变观念，对标学习西方经典管理模式；在互联网时代"砸组织"，瘦身健体，开启管理模式自主创新之路；在物联网时代"砸标签"，重塑自我，打造乌卡时代自创生、同进化的生态企业。尽管海尔接二连三的颠覆性举措令人眼花缭乱，但我们对其深入解读却会发现，其设计、演化、升级的循环始终围绕着企业生存的核心问题，即如何实现可持续发展（而非短期导向的爆发式增长），始终坚持着一以贯之的宗旨，即人的价值最大化（而非资本导向的股东价值最大化），由此沉淀下来人单合一的管理模式。试想一下，如果这一连串的颠覆性举措没有使海尔成长壮大，那么这些举措就会被人耻笑为"瞎折腾"。但如若其持续变革呼应了时代、社会、组织、运营的发展逻辑，则可能创造出乌卡时代企业持续迭代升级的典范，其理论升华也会有助于更多传统制造企业在数智时代实现转型升级和可持续发展，还会开启中国的管理模式走向世界的先河。尽管关于海尔的书已经很多，但相比于其他图书，《海尔制》既深入企业现场，又从更大跨度、更多视角研究海尔，给我们更系统地展现了一幅集“现实、挑战、设计、演化、升级”于一体的企业管理“干预演化”的生动画卷。

在日益复杂、模糊、不确定、快变的当今世界，颠覆性技术不断涌现，导致范式转移或革命，许多传统的管理思维与方法面临挑战甚或失去了存在的基础。屋漏偏逢连阴雨，新型冠状病毒肺炎疫情的突袭、国际意识形态的较量、反全球化的倾向等使世界陷入“百年未遇之大变局”的动荡期，无疑人类会遭遇严峻挑战，但对管理研究和实践来说，这却是千载难逢的重塑和创新机会。然而，只靠西方智慧或东方智慧都已无力应对新世界的难题，我们需要融合东西方智慧，进行理论和实践创新，进而形成我们面向未来的复杂心智和融合智慧，才有可能使中国企业和管理理论屹立于世界舞台，为人类贡献中国的管理智慧。中国丰富的管理实践、深厚的传统文化、神秘的生存智慧、举世瞩目的发展成就和日益强大的影响力，正在使这种愿景落地。

改革开放40余年以来，中国的管理研究已经积累到了一个可以深耕的阶段。首先，丰富多彩、生动有趣的管理实践和百花齐放的管理理论，刺激和帮助我们站在更高的层次进行有思想的研究！我一直追求“做有实践的理论和有理论的实践”，真心期望中国管理学者抓住这个机会。其次，我们要注意在大量研究和理论积累的基础上，进行更有突破性的研究。我曾经将研究分为三类：竖篱笆桩子、编篱笆、修补篱笆。当前在学术“GDP”的驱动下，有太多的“修补篱笆”式的研究。而当下的范式革命和各种颠覆性的管理实践，更有利于系统性和原创性的理论发展，换句话说，我们应敢于做“竖篱笆桩子”的研究。最后，丰富多彩的管理现象背后隐藏着各种模式和认知范式，其后是支撑它们的社会思潮，再其后是主宰它们的哲学和心智，各种重视现象研究的实证理论和重视经验总结的归纳理论当然重要，但我们急需深入几步，抓住新时代认知范式、社会思潮以及哲学和心智的本质，积极创建中层理论和元理论。当然，这需要我们具备深厚的研究素养以及理论构建能力，特别是考验我们对未来世界的认知、对复杂管理现象背后机理的深度挖掘、对世俗习惯的颠覆以及对自我的突破。我深知在当下的学术环境下，这样做并不容易，所以我经常用“逆俗”和“特立独行”两词来激励自己，要敢于超凡脱俗，去做别人不认可或大家都认为短期不可行的事情，包括形成自己的理论构建，我们就有可能走在世界的前列。实践者同样需要不拘泥于现实琐碎，敢于跟着未来趋势和需求走，跑赢变化，我们就会冲到世界的前列，成为引领者。

海尔的创新创业史暗合了这样的逻辑，在模式探索和管理实践上不畏人言、逆俗生存和持续迭代，给世界创造了独特的样本。胡国栋教授的《海尔制》也是这样一种勇敢的研究尝试。他在对海尔模式的研究上深耕 10 余年，同时在海尔模式研究院兼职参与小微创业等实践，对海尔模式有真切和整体的把握，试图通过此书把“海尔制”这个“篱笆桩子”竖起来，供进一步的理论检视和实践检验。

有人可能会说，既然有“海尔制”，会不会也有“华为制”等各类管理“制”式冒出来？我认为我们对此不必过于忧虑，理由有三。

其一，中国管理界目前还缺乏扎根于管理实践的“篱笆桩子”，而不是富余。我们需要更多深入揭示优秀实践真相的知行合一的研究成果，中国的管理范式方可在世界舞台上绽放，这样中国管理界也才会形成竞相争辉、和谐共存的实践与理论格局。

其二，“海尔制”不是一种管理时尚，而是海尔近 40 年的管理实践经验的一种理论抽象，似乎踩着数智时代人类管理演化趋势的节拍。正如彼得·德鲁克先生曾指出的，它所提供的“新的知识、新的基本方法和对各种现象的新的理解，并不是管理热潮所能提供或解决的”。海尔制是新时代科学哲学演化与管理规律发展驱动的结果，昭示着这个时代管理演变的趋势，且有海尔集团近 40 年企业实践效力的坚实背书。近年来，日本富士通、法国迪卡侬等跨国企业对人单合一模式的学习推广，以及海尔收购美国通用电气家电（GE Appliances，以下简称 GEA）后的成功实践，也是其生命力的一种佐证。

其三，作为实践层面的“管理模式”要上升到理论层面的“管理范式”，需要依托于许多理论条件，并不是所有的管理模式都具有范式意义。本书作者对此做了大量论证工作，指出海尔制是将中国智慧与世界格局、时代精神相结合，对东西方管理智慧（哲学）、知识（科学）、艺术（技巧）和经验（实务）进行融合性创新的产物。它在时代属性、人性假设、企业本质以及战略、组织、激励等各个领域，都与管理思想史上的美国福特制和日本丰田制具有可比较性，触及了经典管理范式的人性假设、理性基础与基本原则等理论硬核并冲击了其外围保护带，契合了数智时代人类对未来管理发展趋势的预测与想象，蕴含着新时代管理理论发生范式转移的基本元素。

在物联网、大数据、云计算、人工智能和区块链等新技术的驱动下，人类进入了万物互联的数智时代。我们已经体会到，人、物和事件正融为一体，虚拟与实体混合了起来，人类活动的角色、关系、机理、组织方式正在或将发生巨大的改变，生态管理已日渐成型。在此背景下，以效率为中心，通过标准化流水线来提升组织有效性的福特制，以及通过柔性制造和精益生产来提升组织应变性和敏捷性的丰田制，都难以适应和满足复杂有机系统的管理需要。海尔制顺应时代趋势，是面向未来的生态管理范式的新形态。海尔制将企业预设为在高不确定性、超常规竞争的市场环境中进行内外互动、价值创造的生态系统，把企业家精神遍植于每一个员工身上，提出“自主人”假设和“人人都是创客”的裂变式创业观，鼓励小微自创业、自组织与自驱动。张瑞敏先生曾指出：“大千世界里，每个人都是一粒微尘，每个人又都是独一无二的，都有不可限量的潜力。”海尔制就是想让每个人都可以在企业组织中独立创造，为每个小微和创客提供一个可以自我试错和探索新物种的平台，再通过重塑组织结构将企业的适应能力、创造能力和生产规模柔性整合起来，将组织经济绩效、员工自我实现和用户个性化需求有机融合，以持续、动态的内外交互和资源整合消除企业与产业的边界，获取生态价值，追求共创共赢的生态红利，即海尔纳入共赢增值表内的生态收入。2020年9月，李培根院士在世界工业互联网产业大会暨第四届人单合一模式国际论坛上做了题为“人的价值与工业理性”的报告。他说：“海尔还在攀爬，在一片新的高地，寻找数字智能时代更适宜人们诗意地栖居的地方。”这句话更加凸显了“海尔制”的社会价值！

斯图尔特·克雷纳（Stuart Crainer）所著的《管理百年》（*The Management Century*）中有句名言：“管理上没有最终的答案，只有永恒的追问。”我也经常说：“管理是一场从更好到更好的旅行。”海尔制是自以为非、持续进化的管理思想。新型冠状病毒肺炎疫情引爆的紧张的世界局势，加剧了人们从适应稳定和简单环境的“当下心智”升级到生存于未来世界所需的“复杂心智”的迫切性。很多企业家苦苦思索“动态复杂环境下企业如何保持组织韧性、动态能力和可持续发展”这一永恒的难题，海尔制提供了对复杂有机系统进行干预演化，使之自治博弈与和谐共生的一种生态管理范式，在企业组织解放人，释放人，激活人和组织活力，内拆企业边界，外破行业边界，创建自组织，营造共创共赢生态等关键管理难题上进行了有效的尝试，创造了可借鉴的策略和操作方法。

如前文提到的，管理现象背后有模式、认知范式、社会思潮以及哲学和心智。本书以“海尔制”命名，读者可能会将该研究置放于理论丛林的模式层面，而实际上海尔的探索和作者的理论总结已超越了这个范畴，如书中对海尔最新提出的生态战略及其哲学体系、组织架构、实施路径和赋能体系进行了较为系统的梳理展示。如果胡国栋教授能站在海尔制的肩膀上，向中层理论或元理论方向再迈进一步，将能够帮助更多在乌卡黑夜中求索的企业家们看到远方灯塔的亮光，帮助他们在数智时代乘风破浪。

海尔制，创新管理价值

陈春花
北京大学王宽诚讲席教授
国家发展研究院 BiMBA 院长

自泰勒于 1911 年提出“科学管理原理”，开启现代意义上的管理革命以来，工业化进程与企业组织实践不断演进，持续推进全球管理思想的涌现。然而，纵观百余年的管理思想史，发达国家企业管理研究与实践贡献了几乎全部的智慧火花，如在理论层面，有以弗雷德里克·泰勒为代表的科学管理学派、以马克斯·韦伯等为代表的行政管理学派、以约翰·华生（John Watson）为代表的管理行为学派等；在实践层面，有福特汽车公司的“流水线生产组织”，即福特制（Fordism）、通用汽车公司的“事业部制”，通用电气的“六西格玛理论”

和丰田汽车创立的“精益生产”，即丰田制（Toyotaism）等模式。改革开放40多年来，在一批企业家的创新探索下，中国企业实践了“从无到有、从小到大”的建构历程，现已成为推动国家经济实力与国际竞争力提升的核心引擎，助力我国经济的快速与持续增长。然而，在中国企业发展与宏观经济持续增长背后，鲜有关于中国企业自己的管理模式的总结。探索总结中国企业自改革开放以来的成长模式，真正意义上为世界管理思想的丛林贡献“中国智慧”，成为中国管理学者与企业家的一份责任。而在这一点上，海尔是最早、最有可能承担让中国企业自主管理思想走向世界，向全球贡献管理智慧的重担的代表性企业之一，理由主要有如下几个方面。

首先，拥有英雄领袖，持续推动企业乃至整个行业“由小到大，由大转强”“由跟跑到并跑，由并跑向引领”。“英雄领袖”是我对行业先锋企业领导者的一种描述，他们不仅能够引领企业成长，而且也能够促进行业进步；他们不仅具有引领企业成长的实践智慧，还有强大的责任感与使命感，为社会做出贡献。正如任正非之于华为、刘永好之于新希望一般，海尔集团董事局主席、首席执行官张瑞敏先生，带领海尔从亏损工厂逐步转型为全球最大的家电企业，推动海尔面向网络化、平台化、生态化进行组织转型，探索创新人单合一模式，持续承担发展的责任并做出贡献等。他将“企业家精神”融入海尔管理与组织的持续变革中，在真正意义上推动我国家电产业可持续发展，打造世界级品牌，为顾客价值服务，为中国制造企业拥抱数字化与物联网技术、实现转型升级提供实践样本。

其次，以“产销协同”为核心的管理模式，为全球企业管理贡献了创新增量。如何让大规模制造高效率、低成本地满足消费者需求，找到其生产与组织模式，一直是实践界与学界关注的核心命题，也是全球工业化进程的关键脉络。基于我的观察，全球工业化最具里程碑意义的组织实现与运用模式主要经历了几个阶段：第一个工业进程是实现大规模生产满足消费需求的阶段，主要是基于产品经济的供给逻辑，贡献来自福特汽车公司，我们称之为“福特制”，也即真正意义上通过“T 型车”完成了行业主导设计，保障了企业内部生产制造的规模效率与员工的积极性；第二个工业进程则围绕满足消费者需求的大规模制造新价值来源展开，成果是受供应链驱动的制造体系，贡献来自丰田汽车，我们称之为“丰田制”，也即把企业供应链与其内部的生产制造等过程组合起来，通过员工培训体系与收益体系的建立，真正意义上实现供应链系统范畴内的精益制造，实现效率升级和更高的成本控制水平。海尔当前探索的基于人单合一模式的物联网时代组织管理新范式，更深一步地触达“大规模定制”的难题，即如何实现以消费需求驱动大规模制造，本质涉及“产销协同”的核心，即利用物联网等技术架构层面的连接，精准识别、辨析、转化用户的定制化需求，并在用户的体验“场景”中实现定制化需求的创造与适配，完成供应链和用户需求的价值传递与价值共创。这是海尔模式区别于福特制与丰田制的地方，也是其贡献世界管理价值的重要启示。

再次，建立了“共生共创，增值分享”的可持续运作机制。基于我对海尔的长期观察与跟踪，发现海尔的生态品牌战略之所以具有生生不息的生命力，其本质原因在于海尔的生态品牌战略在真正意义上实现了公司员工、供应链合作伙伴、用户与顾客等利益相关主体的价值共生，而场景驱动的体验经济模式，在真正意义上实现用户 / 顾客需求与生态伙伴活动的协同。在需求多样化的背景下，海尔基于物联网技术制定的生态品牌战略，有效规避了产品经济时代以低成本为主的“红海战略”带来的竞争困局，服务经济时代以差异化为导向的“蓝海战略”带来的短期获利与持续成长限制，转向以价值创造为基础的“黑海战略”，以创造边际效益递增的生态价值，来实现共创多方共赢。基于这一价值共创机制，海尔定位于“增值分享”，有效引领生态各方实现价值增收，引导生态整体健康与可持续发展。

最后，海尔制是按照管理整体论的系统性管理思想创建的。中国向世界管理思想丛林贡献企业管理智慧的重要限制在于，许多中国企业的成长经验更多依赖于特定的管理“术”，如基于发展政策的套利战术、在行业高增长周期的早期进入，以及制造大国的低成本人力资源与规模效率等。然而，海尔制真正意义上贡献了一个“道”与“术”相结合的体系，也即整合了战略（物联网商业模式）、哲学（水式管理哲学）、组织（链群生态组织）、激励（创客合伙人）四大子系统，同时包含创新创业的文化基因、赋能平台与财务驱动工具等，由此建构形成海尔制的理论体系，完整地输出海尔的管理模式，系统构建海尔制的哲学思想、管理系统以及工具方法。

以上 4 个方面，是海尔管理模式作为中国管理实践的重要结晶，为其贡献全球管理思想提供了机会与条件。作为阐释海尔管理模式及其创新探索的重要著作，《海尔制》一书全面跟踪了海尔成长的历史全景，系统阐释了海尔管理实践的典型经验，并建构了体系化框架来解析海尔制，为读者理解海尔的管理智慧提供了重要启示。作者国栋老师为了更好地研究海尔制，承担了在海尔模式研究院的研究与行政工作，深入海尔的实践过程之中，在充分掌握一手资料的基础上，更以专业的管理研究视角，对海尔制进行了全景般的诠释，所以在这本书中，读者既能感知到实践的鲜活感，也能体会理论的严谨性。

达沃斯世界经济论坛创始人克劳斯·施瓦布（Klaus Schwab）曾送给张瑞敏一本亲笔题词的《第四次工业革命》（*The Fourth Industrial Revolution*），其中写道："致我一直尊敬的张瑞敏先生，在您这样杰出的领导力之下，我们共同进入第四次工业革命时代。海尔堪称传统大企业，却一直在转型中，您成功地抓住了互联网、物联网以及网器[①]这些新时代科技产物的价值，从而让海尔的价值链不断往上攀升，保持企业持续繁荣。"我想这个评价也同样适合"海尔制"。如何找到新时代的价值，是今天每一个企业和企业管理者都需要面对的挑战，同时也是创新管理价值的机会。本书的写著正是基于这样一个大的时代背景，向我们呈现了中国企业面向未来管理价值创新的勇敢探索。

张瑞敏说："如果跟得上就是最好的时代，如果跟不上就是最

① "网器"是海尔内部经常使用的一个概念，意指将传统家电（信息孤岛）通过物联网和智能制造技术升级为可以获得用户个性化数据的网络化智能电器。网器是海尔持续驱动物联网智慧家庭解决方案和用户体验场景自我迭代，通过大规模个性化定制来创建场景品牌和生态品牌的物质基础。——编者注

坏的时代。这是一个必须自我颠覆的时代。”阅读本书也是如此的过程，必须颠覆自我已有的管理经验，超越自我原有的管理认知，才能够迎来属于自己的最好时代。

测一测

你对海尔制了解多少？

扫描鉴别正版图书，
获取您的专属福利

- 海尔制强调的“人的价值第一”，实际上是在强调：

  A. 股东价值第一

  B. 高级管理层价值第一

  C. 员工和用户价值第一

  D. 人类价值第一

扫码获取全部测试题答案，
了解引爆物联网时代的
生态管理创新

- 下列哪个说法最准确地描述了海尔当下的定位？

  A. 家电制造企业

  B. 互联网平台企业

  C. 物联网生态企业

  D. 科层制企业

- 下列哪一项是海尔为了搭建物联网生态提出的战略？

  A. 红海战略，通过低成本、差异化等方式建立竞争门槛

  B. 蓝海战略，通过差异化路径拓荒新市场空间，获取先行优势

  C. 黑海战略，通过赋能平台打造难以复制的共创共赢生态圈

  D. 全球化战略，凭借“异质性”的资源获取“差异性”国际优势

目 录

Haierism

第 1 章

大变局与新海尔

陆止于此，海始于斯

人单合一模式
正引领世界管理潮流，
我们正在证明
中国企业管理模式
可以成为最好的模式。

在欧亚大陆的最西点罗卡角的临海悬崖边，矗立着一座十字架纪念碑，上面刻有一句著名的诗文："陆止于此，海始于斯。"它出自葡萄牙诗人路易斯·德·卡蒙斯描写航海家开辟新航路壮举的史诗《卢济塔尼亚人之歌》(又译为《葡国魂》)，提醒人们行至此处之后便再无陆地可走，茫茫海路就此开端，一个把世界连为一体的新时代已经来临。

500 多年前，葡萄牙人率先开辟新航路，将人类在陆地上的行迹与海洋上的连为一体，从此以后，世界各国之间的连接与交往从未停止。如今，蓬勃兴起的物联网、大数据、云计算与人工智能等新技术革命则使世界各地的人与物之间实现了万物互联，新技术、新思维开启了管理的新范式。2019 年 11 月，张瑞敏先后出席伦敦商学院举办的"海尔日"论坛和彼得·德鲁克欧洲学会在维也纳主办的第十一届德鲁克全球论坛并发表演讲，"时代"和"创新"是其演讲中出现的两个高频词汇，引起欧洲各国对物联网商业模式的热烈讨论。伦敦商学院教授迈克尔·雅格比德斯（Michael Jacobides）认为，张瑞敏将中国传统文化精髓与西方现代管理思想融会贯通而自成一家，以创新的管理理念为全球管理界探索输出了符合时代特征的商业模式和经典案例。而在此前的2018年3月7日，张瑞敏在哈佛大学发表《创建物联网时代的商业模式》的主题演讲，时任哈佛商学院常务副院长的潘夏琳（Lynn S. Paine，也称作林恩·S. 佩恩）教授称张瑞敏是“时代的敲门人”。在时代与管理创新这一经典话题上，海尔已然吸引了世人的目光，成为世界物联网商业模式与管理范式创新的引领性企业。

2019年12月26日，海尔集团举行创业35周年纪念活动，张瑞敏在主题报告中引用了卡蒙斯的“陆止于此，海始于斯”这句诗文。从1984年亏空147万元、产品滞销的青岛电冰箱总厂到截至2019年连续11年蝉联全球大型家用电器品牌零售量第一[①]的全球化企业，海尔35年风雨兼程十分不易。张瑞敏引用“陆止于此，海始于斯”是对海尔不断自我迭代的创业创新史的致敬，昭示着海尔告别过往、迎接未来和开启管理新时代的勇气。张瑞敏在演讲中指出：“已经35岁的海尔并没有老态龙钟，也没有暮气沉沉，而是青春焕发，活力四射，正在向物联网时代新的高峰登攀，以我们引领的‘人单合一’模式向这个新的高峰发起冲击。”目前的人单合一模式因踏准了时代的节拍而已经具有广泛的世界影响力，“我们今天所做的这一切就是要改变世界，把世界改变成物联网时代所要求的世界。具体而言就是改变两点：第一，改变企业，把企业从原来有围墙的花园改成热带雨林式的、可以自我进化的商业生态体系；第二，改变生活方式，把传统生活方式改成物联网时代的生活方式，企业从原来以打造产品为主，变成以打造场景和生态为主。”

① 依据世界专业市场调查机构欧睿国际发布的数据。从2009年到2020年，海尔蝉联全球大型家用电器品牌零售量第一。——编者注

管理思想是时代的产物。管理学里没有像自然科学那样横亘古今、放之四海而皆准的真理与规律，作为一门以问题解决为导向的应用学科，管理学必须与时俱进，企业的管理活动必须解决和迎接时代提出的问题与挑战。“天下大势，浩浩汤汤，顺之者昌，逆之者亡。”[1]时代的变迁不以个人的意志与喜好为转移。查尔斯·狄更斯在《双城记》的开篇就感慨：“那是最好的年月，那是最坏的年月，那是智慧的时代，那是愚蠢的时代，那是信仰的新纪元，那是怀疑的新纪元，那是光明的季节，那是黑暗的季节，那是希望的春天，那是绝望的冬天，我们将拥有一切，我们将一无所有，我们直接上天堂，我们直接下地狱。”面对而今同样令人无所适从的大变局时代，张瑞敏在首届中国创新发展论坛上的演讲给出了回答：“如果跟得上就是最好的时代，如果跟不上就是最坏的时代。这是一个必须自我颠覆的时代。”那么，目前企业经营所面对的到底是一个什么样的时代？它为管理带来了哪些新的挑战？为解决这些挑战，海尔做了什么，而结果又是如何呢？

一场连接革命正在发生

“百年未有之大变局”

2018 年 6 月，中共中央总书记、国家主席、中央军委主席习近平在中央外事工作会议上明确指出："当前，我国处于近代以来最好的发展时期，世界处于百年未有之大变局，两者同步交织、相互激荡。"借用这一观点，我们可以分别从世界史与中国史的视域来正确认知我们所处的这个时代。

世界史视域：物联网在重新定义时代

工业革命使人类从农业社会过渡到工业社会，人们在短短的200多年里积累了远超过去一切世代总合的物质财富。但两次世界大战也让人类反思工业化的弊端。早在20世纪70年代，丹尼尔·贝尔（Daniel Bell）就高呼"后工业社会"[①]的来临，但近半个世纪以来的工业发展以及工业企业的运行逻辑似乎并无实质性的变化，只不过是在不同区域空间上不断发生产业链的转移——从美国，到欧洲各国及日本，到中国，再到亚洲其他国家及非洲、拉丁美洲各国。但进入21世纪之后，移动互联网、大数据、智能制造、云计算与物联网等新一轮科技革命和产业革命的快速发展，使全球化进程中各种深层次的利益矛盾逐渐凸显，世界正在形成新的政治、经济、社会、文化生态。正是在这种背景下，人类进入了"百年未有之大变局"。借鉴《瞭望》新闻周刊里的阐述，"百年未有之大变局"主要表现在以下几个方面：世界经济重心在变，从北大西洋向太平洋迁移；世界政治格局在变，变为非西方化与多极化并行；全球化进程之变，其主要推动力量正面临重组；科技与产

① 后工业社会是丹尼尔·贝尔对工业社会之后的新社会的预测和描述，他认为这一新社会的主要特征就是，知识成为核心力量，经济上以服务业为主要产业，政治上采取公共决策的方式。——编者注

业之变，发达国家和发展中国家的力量对比发生变化；全球治理之变，新兴国家正在成为重要角色。[2]这些变化极大地增加了商业世界的不确定性并改变着传统的商业模式，其间最根本的影响力量是以物联网与人工智能为代表的新技术革命。

1999 年，“物联网之父”凯文·阿什顿（Kevin Ashton）首次提出了“物联网”的概念，但物联网产业一直不温不火。物联网的英文名称是“Internet of Things”，简写为 IoT。与互联网相比，其核心特征是“万物互联”。物联网继计算机、互联网之后带来了冲击商业社会的世界级信息技术革命。物联网技术为企业带来的一种基本变化是去中心化和去中介化，进而影响企业内部组织形式以及企业与外部市场的关系边界。互联网旨在通过技术手段搭建虚拟平台，建立人与人、人与服务之间的联系。例如，人们在电脑上浏览网页时，需要通过鼠标点击的方式，才能实现信息的自动跳转和串联。而物联网却大大不同，它是由通信互联网、能源互联网和物流互联网协同组成的有机整体，通过智能识别、即时感知、数据采集、普适计算的融合应用，自动实现万物互联。在物联网时代，每个人、每个物体都是生态圈神经系统中的一个节点，这也意味着信息孤岛终会消失，人们几乎能够从任何物品及其联网数据中获得可推动人们生活发生变化的有价值的信息，市场和用户需求可以被有效分析和及时感知。“物联网帮助人类重新融入复杂的生态圈，在不损害地球生态关系的情况下大大提高生产率。”[3]因而，物联网是改变人类经济生活的颠覆性科技，会对人们未来的生活方式和生产方式产生深刻的影响，以摧枯拉朽之力重塑企业经营者的管理哲学与战略选择。

2015 年 1 月，谷歌董事会执行主席埃里克·施密特在瑞士冬季达沃斯世界经济论坛的发言引起巨大反响。有人问他对互联网未来的看法，他不假思索地说道："我的答案非常简单，互联网将会消失。"当移动互联网的创新遭遇天花板时，人们重新认识到以人工智能为核心的物联网才是真正的颠覆力量所在。在世界范围内，信息科技公司率先布局物联网战略，如通用电气的"工业互联网战略"、思科的"万物互联战略"、IBM 的"智慧星球战略"以及西门子的"可持续发展城市战略"。

2016 年 6 月 26 日，张瑞敏出席在天津举办的夏季达沃斯世界经济论坛，本届论坛的主题为"第四次工业革命——转型的力量"。在和达沃斯世界经济论坛创始人克劳斯·施瓦布先生交流时，张瑞敏谈及施瓦布先生的一本书《第四次工业革命》，重点探讨了其中第三章"颠覆性影响"中的"企业：不改变就灭亡"。第四次工业革命的核心即物联网科技，近年来迅速发展的人工智能、大数据、云计算、5G 网络、传感器等技术，无一不是物联网科技的重要组成部分。因为本次论坛，2016 年被视为"物联网元年"。论坛交流结束后，施瓦布先生送给张瑞敏一本亲笔题词的《第四次工业革命》，其中写道："致我一直尊敬的张瑞敏先生，在您这样杰出的领导力之下，我们共同进入第四次工业革命时代。海尔堪称传统大企业，却一直在转型之中，您成功地抓住了互联网、物联网以及网器这些新时代科技产物的价值，从而让海尔的价值链不断往上攀升，保持企业持续繁荣。"正是由于张瑞敏带领海尔进行的这种空前的企业转型探索，以及中国其他卓越企业的努力，与中国企业在前三次工业革命中或是错失良机或是模仿跟随不同，在第四次工业革命中，中国企业已然走在了世界物联网经济的前沿。

早在物联网时代到来之际，海尔就敏锐地意识到了物联网时代到来的深刻影响。2016 年 9 月 26 日，在海尔全球创客峰会上，张瑞敏做了题为“人单合一机制驱动下的物联网时代引领者”的演讲，提出“要么海尔成为物联网的引爆、引领者，别人跟在海尔后面；要么别人引爆物联网，海尔只好跟在别人后面”。2017 年 9 月 20 日，在首届人单合一模式国际论坛上，张瑞敏以“创建物联网时代的商业模式——人单合一”为题发表演讲。2018 年 9 月 20 日，在第二届人单合一模式国际论坛上，张瑞敏以“首创‘三生’体系，率先引爆物联网范式”为题发表演讲。2019 年 1 月 16 日，在海尔集团创新年会上，张瑞敏进一步以“为人单合一成为世界级物联网模式而努力”为题发表演讲，并明确提出了“2019 年人单合一成为世界级物联网模式”的明确目标。

张瑞敏在第二届人单合一模式国际论坛上的演讲中指出，物联网已经在重新定义时代。企业经营的物联网范式是时代的产物。第一次工业革命的动力是蒸汽机，第二次工业革命的动力是内燃机和电力，第三次工业革命的动力是互联网，第四次工业革命的动力就是物联网。**物联网是在移动互联网之后的下一个重大经济活动，万物互联正在创造着上一代互联网所无法比拟的巨量市场空间。**物联网不只是硬件层面的互联互通，而且是企业以硬件为入口实现的与用户的持续互动。在与凯文·阿什顿的交流中，张瑞敏指出，物联网最重要的是“用户传感器”，而非“产品传感器”。张瑞敏在第二届人单合一模式国际论坛上的演讲中指出：“物联网到现在都没有做起来，特别是中国一些企业走进了误区，就是因为只注重‘产品传感器’功能。”如果没有用户传感器，企业不知道用户是谁，则无法持续深度挖掘用户的个性化需求。

2017年11月10日，“物联网之父”凯文·阿什顿在探访海尔后，指出他到访过很多企业，还没有见过像海尔这样做好了准备迎接物联网时代的企业。阿什顿认为，物联网的一个重要特征是具有众多的传感器。以用户为传感器的海尔，随时可以接收到用户传递出来的情感，用户和海尔一起，把海尔的产品与用户的使用场景融合起来，而这才是凯文·阿什顿心目中真正的物联网。

物联网真正的颠覆性力量在于，它引起了互联网之后万物互联的一场连接革命，数据成为企业经营的战略资源和信用凭证，是企业降本增效和价值创造的新引擎。物联网使物理世界与虚拟世界实现耦合，物理实体的状态可以被追溯、分析和预测，物质实体因此具有了智能化和生命化特征，从而为个性化、场景化和生态化的商业模式提供了物质与技术条件。与互联网相比，“物联网不再以人作为唯一的连接中心，物与物的自主互联在一定程度上确保了传递内容的客观性、实时性和全面性”。[4]

物联网使数据具有了新的属性并改变了商业运行的基本逻辑。

第一，物联网创造了实时的、无感交互的隐数据。物联网改变了互联网时代由于网络触点有限而导致的获取数据的碎片化与非连续性，信息的互联互通不再依赖于人作为中介，从而释放了人的精力，并使之可以多端口、分布式地同时“在线”，为使用权重于所有权的分享经济提供了技术条件。

第二，物联网创造了个性化的全面、立体的小数据。物联网使企业可以随时获取用户的许多被动数据，如小米手环可以在尊重用户隐私与数据安全的前提下获得用户的睡眠状态信息。这样，企业就可以立体、全面地了解用户需求，进而通过柔性生产线和智慧供应链实现大规模个性化定制，这意味着智能互联工厂的崛起以及“生产者”与“消费者”界限的模糊化，共创共享的生态型企业成为物联网时代的新宠。

第三，物联网创造了动态迭代和体验导向的流数据。物联网可以动态地捕捉用户不断变化的需求状态，“器物网器化、硬件软件化”，使消费者购买的不再是既定的单个产品，而是基于场景的不断迭代升级的整体价值体验，[5] 产品将被场景替代，并成为场景的构件，由此推动个性化、场景式体验经济、共享经济和社群经济的快速到来。

2018 年的第一季度，海尔、华为与阿里巴巴三家中国领先企业，同时把企业经营的战略方向锁定物联网。2018 年 1 月 6 日，在海尔集团创新年会上，张瑞敏的演讲题目是“生活 X.0：定制物联网时代的美好生活”。该演讲指出，海尔探索的物联网模式与传统的依托于电商平台或社交平台的商业模式，导向两种完全不同的发展道路，海尔称之为换道超车，就是要从传统产品经济模式和互联网电商模式的“道”换到物联网生态圈模式的“道”。2018 年 3

月 28 日至 29 日，以“驱动数字中国”为主题的“2018 云栖大会·深圳峰会”召开，阿里巴巴在峰会上宣布全面进军物联网领域，并展示了其在智能城市、智能生活、智能制造等产业领域的创新。时任阿里云总裁胡晓明宣布阿里巴巴将全面进军物联网领域，物联网将成为阿里巴巴集团继电商、金融、物流、云计算后新的主赛道。2018 年 3 月 30 日，华为发布 2017 年年报，站在新时代的起点，明确提出华为的新愿景与使命是“把数字世界带入每个人、每个家庭、每个组织，构建万物互联的智能世界”。2018 年 4 月 14 日，凯文 · 阿什顿在第十届中国商界木兰年会上发表演讲，指出物联网技术可以说是一项由中国引领发展的革命性技术，而 21 世纪物联网革命应该属于中国。

中国史视域：开启民族复兴的“中国时代”

1872 年（同治十一年）5 月，晚清重臣李鸿章上呈《复议制造轮船未可裁撤折》，面对鸦片战争以来的中国形势，他指出当时的清政府面临“此三千余年一大变局也”。1875 年（光绪元年），在《因台湾事变筹划海防折》中，李鸿章再次感慨道：“实为数千年未有之变局！”李鸿章的喟叹源于清末中国受到前所未有的全面的外来冲击，在列强环伺的夹缝中求生的清政府无力改变沦为半殖民地半封建社会的国运。

经过一个多世纪的屈辱与奋斗，21 世纪的中国再次感慨“百年未有之大变局”时已是另一番景象。早在 1974 年，中国正处于经济衰退、社会秩序动荡不安的特殊时代。这一年，曾被誉为“近世以来最伟大的历史学家”的阿诺尔德·约瑟夫·汤因比（Arnold Joseph Toynbee）与日本“20 世纪最有影响力的思想家”池田大作，在英国约克郡进行了为期十日的会谈，这是关乎人类未来命运的东西方文化的世纪碰撞。两位思想家的会谈内容其后被整理为《展望二十一世纪》（*Forecast 21st Century*）一书。在此书中，汤因比指出：惯于暴力征伐的西方世界无法引领人类未来文明，21 世纪将是中国人的世纪，中国文化是人类走向全球一体化、文化多元化的凝聚力和融合剂。当时，因被西方列强欺压一个多世纪而长期积贫积弱的中国，对汤因比的这种未来预言自然难以置信。

改革开放以后，无数中国企业在艰难困苦的环境下创立、改制，甚至从为发达国家的企业代工、代销的过程中草创起家，筚路蓝缕、披荆斩棘，争先恐后地模仿、复制和移植西方企业先进的管理理念、制度和方法，并以锐意进取、开拓创新的企业家精神不断创造着一个个后者居上，甚至并购国际行业巨头的发展奇迹，成为中国经济腾飞和国家崛起的一股核心力量。2019 年 7 月，在财富中文网发布的世界 500 强企业排行榜里，中国上榜公司数量连续第 16 年增长，已达到 129 家，历史上首次超过美国（121 家）而居世界第 1 位。中国共产党第十九次全国代表大会报告指出：“经过长期努力，中国特色社会主义进入了新时代，这是我国发展新的历史方位……全党必须高举中国特色社会主义伟大旗帜，牢固树立中国特色社会主义道路自信、理论自信、制度自信、文化自信。”

“新时代”是中华民族实现伟大复兴的“中国时代”。在这个历史关口，有没有一家中国企业能够代表“中国时代”，展现“中国自信”，为新时代的世界管理范式创新提供“中国智慧”和“中国方案”呢？中国目前业已涌现诸多世界级的领先企业。但经济指标上的“领先”并不能说明一家企业称得上是“伟大”的全球性企业，彼得·德鲁克在《管理的实践》(*The Practice of Management*)一书中指出：“利润不是企业和企业活动的目的，而是企业经营的限制性因素。”也就是说，在经济绩效之外，伟大的企业还应该承担更多与人类命运相关的使命、责任与担当。因而，新时代历史转折点上的中国标杆企业不是经济体量最大的中国企业，也不是市值增长最快的中国企业，更不是创业者富可敌国、风光无限的中国企业，而是在企业发展史和管理思想史上契合历史规律、引领时代潮流、服务人类福祉且具有“中国智慧”与“中国时代”标志性意义和模式内涵的企业，是在企业经营道路、管理基础理论、组织根本制度和企业核心文化等维度展现“中国自信”和贡献“中国方案”的企业，海尔集团便是其中最具代表性的企业之一。

管理面临的新挑战：
高不确定性环境下企业如何可持续发展

新技术改变了传统企业物流、信息流与资金流的流转方式，并重新定义了“资源”的概念。数据成为核心资源，原来的冗余资源也释放出巨大的商业活力和社会生产力。这一切都使新时代涌现出各种不同于以往的商业模式，也出现了一系列的管理异象，如爆发式增长、共享与免费、跨界竞争等。

谷歌从成立到上市仅用了 6 年时间。阿里巴巴在 2014 年刚刚上市时就被估值 2000 亿美元。腾讯的微信自 2011 年推出后，不到 3 年就拥有了高达 4 亿名用户，几乎在一夜之间就取代了其他社交软件，2018 年 3 月，微信的月活跃用户数量便已超过 10 亿规模。2010 年成立的移动互联网公司小米从零起跑，其手机销量仅仅用了两年半的时间就曾达到中国第一、世界第三；小米又用了两年半的时间就将电饭锅的价格压到了日本同等品质电饭锅价格的 20%，在高端电饭锅领域，其销量位居国内第一；2019 年，小米入选《财富》世界 500 强企业，这一年，中国进入《财富》世界 500 强企业榜单中的互联网公司的数量首超美国，而此时距离小米开始创业仅过去了 9 年，小米因此成为世界 500 强企业中最年轻的公司。2014 年 7 月 24 日，海尔旗下雷神科技的 911-E1 款游戏笔记本电脑开启预售，在短短 1 秒钟内，首发 500 台就被网友抢购一空；2017 年 9 月 7 日，成立仅 3 年时间的雷神科技在新三板挂牌上市，成为国内“游戏生态”首只概念股，被称为“中国游戏笔记本第一品牌”。成立于 2002 年的 SpaceX 公司，于 2018 年 2 月 7 日发射了目前世界上最强大、运载力最强的火箭，埃隆 · 马斯克因此被称为“远远地将世界甩在身后的人”。这些难以阻挡的增长现象，被拉里 · 唐斯（Larry Downes）称为“大爆炸式创新”①，它们“触及了未来经济发展的新高度”。[6]

---

① 拉里 · 唐斯和保罗 · 纽恩斯（Paul Nunes）在其著作《大爆炸式创新》（*Big Bang Disruption*）中分析了大爆炸式创新的起源及其蕴含的经济学原理，他们创造性地将创新的新生命生期分为奇点、大爆炸、大挤压和熵 4 个阶段，帮助读者及早地发现潜在的颠覆式创新。本书简体中文版已由湛庐策划、由浙江人民出版社于 2014 年出版。——编者注

共享与免费是另一种新经济现象。今天如果某种产品实现了软件化，那么它的成本和价格也会不可避免地趋于零。商业思想家杰里米·里夫金（Jeremy Rifkin）在《零边际成本社会》（*The Zero Marginal Cost Society*）中指出，由于软件与服务的边际成本逐渐降低，通过协同共享以接近免费的方式分享绿色能源和一系列商品与服务，是最具生态效益的发展模式，也是未来最佳的经济可持续发展模式。使用比拥有重要，排他权性的所有权正在向纳入权性的使用权转变，共享汽车、共享单车、共享教育资源、共享充电宝等各类共享经济模式冲击着人们传统的物质资源观以及对基于资源依赖的战略管理的认知框架。

一个个异军突起的公司大多不具备经典理论所定义的企业资源与市场支配力，但它们在短短几年甚至是几个月内便冲击甚至颠覆了传统行业。面对异军突起的新兴企业，传统企业怎么办？新时代大变局下，企业面临着很多必须正视的管理挑战，唯有以新思维解决新问题，方能在激烈的市场竞争中实现可持续发展。

第一，大企业病

大企业病指现代大型企业集团随着规模增长，出现内部机构臃肿、人浮于事和效率低下等问题，致使其对外部环境变化反应迟钝，缺乏创新能力和响应速度。大企业病由来已久，在物联网时代，面对爆发式增长、跨界扩张和资源重组的新兴企业，在不确定性因素剧增的激烈市场竞争中，传统大企业更加难以可持续发展，低下的管理效率和创新能力使其面临着更高的经营风险。

被称为“20 世纪西方文化三大发现”之一的“帕金森定律”最早系统性地揭示了大企业病问题，该定律的重要内容之一是组织雇用员工的数量和实际工作量之间根本不存在任何联系。在组织运行过程中，机构和人员的增加并不完全对应现实工作的需要，管理活动本身会制造工作，增加员工数量并制造功能重叠、推诿扯皮的管理体系，使组织工作目标不明确和运行效率低下，该现象也被称为“组织麻痹症”。德国社会、政治、经济学家马克斯·韦伯（Max Web）设计了诸多组织纪律与制度规则，目的是增强组织效率。但现实是，科层制组织难以克服目标置换问题，即组织纪律和规则原本是实现组织价值的手段，最终却成为终极目标和价值本身。目标置换的结果是科层制组织设定的理想效率目标并不能真正实现，反而导致科层制组织出现低效率的“反功能”现象。

科层制组织总是随着自身规模的扩大而日益僵化，[7] 好似一个巨大的机器，缓慢而笨重地在最初设定的方向上蹒跚前行，它虽然仍旧向社会提供产品和服务，但运作的速度与灵活创新的能力却逐步下降。战略管理大师加里·哈默（Gary Hamel）通过对美国硅谷企业的多年跟踪研究发现，当很多在硅谷创业的企业还是小公司时，往往充满创新活力，但一旦成长为大型企业，创新就变得十分艰难。他说道：“如何让大企业变得更有激情、更有创造力、适应性更强？这不是某个企业的问题，这是一个全球性问题。”英国理论物理学家、全球复杂性科学研究中心圣塔菲研究所前所长杰弗里·韦斯特（Geoffrey West）认为，从生物体的寿命到公司成长的规模，再到城市的发展，都有不可违背的简单规律和不可逾越的界限，这便是规模法则。大部分企业都是短视的、保守的和乐于躺在功劳簿上的，随着企业的扩大，企业对创新的支持跟不上官僚体系管理开支的增长，这也注定了企业的短寿。[8]

张瑞敏一直对于企业由于规模增长而带来的大企业病保持警惕，早在1993年海尔实施多元化战略之际，他就指出："'物壮则老'是老子的至理名言。《圣经》里也同样描述了这一点，巨人歌利亚不可一世，但面对牧羊小鬼大卫手中的弹弓却应声倒地。这说明了什么？说明盛衰、强弱、大小之间不是一成不变的。"[9] **为解决大企业病，海尔的做法是"拆分"，即把规模庞大的集团公司拆分成若干个独立、灵活运行的小微公司，用张瑞敏的话来说就是"把航母变成联合舰队"。**大企业病本身是组织问题，海尔的解决方案是直接从组织结构本身动手，掀起了一场堪称史无前例的组织革命来解放生产力，打造了以小微和链群作为创新创业主体的非线性组织体系。

第二，数字化重生

新技术革命影响各生产要素的配置方式及组合方式，将从根本上改变现有企业的生产方式、组织形式以及参与产业竞争的关键资源基础，重塑商业模式与产业生态的关系。技术是产业升级的重要驱动力，在新旧技术过渡阶段，传统企业都面临着巨大的产业升级压力和管理转型问题。当科技革命发生时，以制造加工业为主的传统企业及其所在的老工业区发生衰退是世界范围内普遍存在的现象，如20世纪50年代"德国工业的心脏"鲁尔工业区、20世纪80年代的"世界钢都"匹兹堡、21世纪初的"汽车之城"底特律以及近年来的中国东北"老工业基地"。世界上这种传统工业发生严重衰退的地区都被称为“铁锈地带”，简称“锈带”，即由于新技术的革新，一些地区的传统企业无法向新兴产业进行升级和转型，导致市场萎靡、产能过剩、库存积压和工人失业，产生大范围的企业破产、工厂废弃和机器生锈现象。除了区域出现衰退现象之外，一些行业也面临着严峻的转型压力。国家统计局的相关数据显示，2019 年 1 月到 11 月，全国规模以上工业企业实现的营收总收入是 95 万亿元，而全国规模以上工业企业的净利润率只有 5.9%，尤其是纺织、化纤、有色金属、家电与汽车制造等行业的企业，在市场饱和与产能过剩的影响下，净利润率更是低迷不振。

一些区域和行业中的传统企业，曾经有着非常辉煌的过去，但是在辉煌过后没有随着新技术革命进行技术革新和管理转型，将自身发展“锁定”在初始状态下的成功经验之中难以自拔，从而使企业的技术体系老化和管理体系僵化，过去成功的原因成为现在持续发展的瓶颈。这些传统企业如不进行产业升级，在物联网时代根本无法与那些异军突起的新兴产业企业进行竞争。产业升级有两大影响因素：一是技术变革，即新技术的研发与应用；二是管理变革，即推动管理进行数字化转型。一般企业需要结合自身实际情况选择升级路径，或者综合利用两条路径，使技术与管理变革同步推进。

在物联网时代，管理是技术变革的底层逻辑和基础条件，无论企业是否进行技术变革，管理的数字化转型都不可避免。数字化生存[①]

① 这一概念最早由美国学者尼古拉斯·尼葛洛庞帝（Nicholas Negroponte）提出，指人类生存于一个虚拟的、数字化的活动空间，应用数字技术从事信息传播、交流、学习、工作等活动。——编者注

已经是现代社会中以信息技术为基础的企业的新生存方式。中国信息通信研究院的研究报告表明，2020 年中国的数字经济规模超过 39 万亿元，占 GDP 比重达到 8.6%，成为经济高质量发展的重要支撑。预计到 2030 年的时候，这一比例将会高达 77%，有超过 153 万亿元人民币的 GDP 贡献将来自数字经济。可见，数字经济向前发展的力量已经不可阻挡。数字化管理可以让企业实现对订单、生产、物流和营销的全流程实时管理，更精准地捕捉市场需求和用户个性化需要，降低库存和提高市场份额，而且能够优化组织结构和领导方式，降低管理成本和提高管理效率，通过新业务流程的数字化再造与重组来克服大企业病。凯捷管理顾问公司（Capgemini）的研究报告表明，数字化转型成功的企业有望将盈利能力提高 26%，将估值提高 12%。

当然，传统企业的数字化转型具有很大难度，对技术条件、资金实力、资源情况、思想观念与管理水平等都有很高的要求。面对挑战，强调踏准时代节拍的海尔历来是迎难而上，通过变革来解决发展问题。2019 年 11 月，张瑞敏受邀前往伦敦参加两年一度的 Thinkers50① 榜单颁奖仪式并第三次入选 Thinkers50 榜单。Thinkers50 联合创始人戴斯·狄洛夫（Des Dearlove）② 说道："海尔，或许是我们遇到过的唯一一个持续不断进行转型和变革的公司。"[10]

① Thinkers50 被誉为"管理思想界的奥斯卡"。

② 战略思想家，其多部作品被译为 20 多种语言，在世界范围内广泛传播，其中与斯图尔特·克雷纳合著的《创新的本质》（*Innovation*）、《战略的本质》（*Strategy*）等已由湛庐策划，中国人民大学出版社于 2017 年出版。——编者注

对于企业转型路径问题，海尔选择的是一条以管理模式创新为主，技术创新与管理模式创新同时推进的全面升级之路，运用物联网技术实现产品与组织的智能升级，实现用户全流程价值交互的数字化管理，由一家传统的家电制造企业转型成一家物联网生态企业。海尔在数字化管理转型与产业升级方面的经验十分值得传统企业借鉴。

第三，跨界竞争与系统性风险防控

在物联网时代，企业的经营环境越来越复杂多变，基于核心竞争优势的传统战略理论面临着挑战。企业的战略规划总是建立在特定的稳定环境基础之上的，而这个条件在“灰犀牛”与“黑天鹅”事件频现的当代社会可能逐渐消逝，任何“决定论”或“真理论”认知框架下的战略规划都难以经受住时间的考验。中美贸易战与新型冠状病毒肺炎疫情的暴发，让很多中小型企业面临着前所未有和难以预料的危机与灾难，许多大型企业集团也不得不调整原有的经营计划。此外，传统战略理论围绕核心竞争力展开，是一种零和博弈的线性竞争思维，而物联网时代的竞争变得令人难以捉摸，传统的基于行业环境分析的线性竞争依然存在，同时令人难以预测和具有非线性因果关系的跨界竞争频繁出现，一些企业受到来自陌生竞争对手的意外伤害或致命打击，企业的生存与发展面临着更加充满变数的系统性风险。

跨界竞争是新时代商业世界中出现的管理异象。今天，银行业务面临着来自支付宝的巨大冲击；尼康相机的竞争对手除了佳能与索尼之外，还有提供智能手机产品的苹果与华为等企业，同样，柯达的衰亡也不是由于败给了同行业的尼康；10 年前的报刊、广播、电视等传统媒体，也难以预料微信、微博等自媒体的出现会对其市场产生多大的影响。微信的出现改变了中国移动、电信、联通等公司在移动通信领域的竞争格局，手机支付的出现甚至改变了千百年来偷盗者的生存环境，因为现在的人们很少携带现金出行；在小米公司宣布推出一款号称每支能够书写 17 万字的中性笔之前，晨光公司也不会想到以手机起家的小米某一日会成为它的竞争对手。

为什么在互联网与物联网技术环境下，越来越多的企业会进行跨界竞争？物联网技术可以深度发掘社群体验，为社群用户提供整体解决方案，企业自然会推进业务延伸并进行横向跨界整合，而非仅仅从自身的资源或能力出发围绕专业化优势进行垂直整合。与日俱增的不确定性因素和跨界竞争令很多企业的经营者无所适从，在白热化的竞争环境中企业很容易盲目扩张和误入歧途，那么，企业如何在新时代构建抵抗系统性风险的新防线？

面对这种挑战，海尔选择的路径是彻底变革组织，将企业由“有围墙的花园”转变为各种新物种自涌现的生生不息的“热带雨林”。**海尔模式带给人们的启示是，避免不确定性环境下的激烈竞争的最好办法是由竞争思维转向共生思维，由零和博弈转向共创共赢，跨越行业边界主动向生态系统方向发展，拆除企业与行业间的防护墙，形成非线性、自组织、自进化的动态能力。**

第四，高不确定性环境下员工的持续激励

在竞争日益激烈的不确定性环境下，创新成为管理的核心职能，具有创新能力的核心员工是企业最重要的资源。在技术与商业模式日益重要的物联网时代，作为技术与知识载体的人力资本与由货币和实物构成的传统物质资本相比，前者参与更多的价值创造活动，对于企业经营成功的影响更具关键性。此外，由于市场结构的变化，消费者多样化、个性化的需求日益渗透到企业研发、制造与服务的全流程，企业的价值创造活动受到更多外部因素的影响，由内部研发人员主导的封闭式创新模式逐步向企业全员参与，用户、供应商、大学与政府等各种创新资源聚集的开放式创新模式转变。企业创新不再单单依靠少数管理者与核心技术人员，而是转为依靠组织内外部具有各种优势资源与技术能力的多数人。那么，如何激发多数人的创造力并使这种激励能够持续下去，以吸引组织内外各利益相关者与企业成为利益共同体，成为新时代企业面临的重大管理挑战。

传统的基于零和博弈的劳资关系与基于管控思维的人员激励模式面对此问题均“捉襟见肘”。在“经济人”假设及个人利益最大化原则的支配下，劳资双方在劳动过程中通过行为博弈逐渐形成一套恶性对抗的丛林法则。契约组合的出发点是，资方与劳方都是为了各自经济利益的最大化而通过劳动契约在生产组织中结合起来的。此观念假定企业的经济增长或利润总量是固定的，资方与劳方在分配中自然存在“你多我少”的争夺现象。资方往往通过精确的制度、规则与程序设计，辅以严苛的组织纪律，对劳方进行确定性控制，并在保持一定物质激励的前提下尽可能地降低用人成本，员

工则通过对劳动进程的控制和技术领域的自由裁量来反抗资方的压迫和控制。在物联网时代，这种零和博弈与对立管控思维严重削弱了企业整合内部资源以进行开放式创新的能力，使企业难以在高不确定性环境下生存与发展。

企业未来在进行劳资关系治理时必须转变传统的零和博弈逻辑，确立劳资双方协作共存、相互支撑、互助互利的合作逻辑[11]，企业会更多地通过赋权来支持员工自治。为此，合伙人制度、员工持股制度、合弄制①、阿米巴经营模式②等各类新型劳资关系与员工激励模式逐渐在世界各地的创新型企业中出现。**在员工创新创业能力的激励方面，海尔集团做得更为彻底，直接提出“人人创客”的口号，实施基于共创共享这一合作逻辑的创客合伙人激励与约束机制（简称“创客制”）。**海尔的创客制是在不改变企业现有产权性质的基础上，顺应物联网时代的要求，为激发全员创客创新活力而设计的创新机制。创客制通过竞单上岗、对赌跟投、按单聚散、用户付薪、增值分享等一系列操作工具和方式来落实，是人单合一模式

---

① 合弄制（Holacracy）是一种发源于美国硅谷的员工激励方式，也被称为“全体共治”模式。组织由很多层层嵌套并保留自治权的工作圈（团队）组成，工作圈中的每一项工作被看作一个“角色”，同一个人可以承担不同角色并和其他人配合完成工作任务，组织按照员工承担的动态角色来分配权力，以此来实现领导权力的去中心化。

② 阿米巴经营模式的本质是一种量化的赋权管理模式，通过“量化分权”，把组织划分成小的单元，采取能及时应对市场变化的精细的部门独立核算管理，从而培养具有经营意识的人才，实现“全员参与经营”。“阿米巴”(Amoeba) 在拉丁语中指“变形虫”，其特性是不断进行自我调整来适应生存环境，是地球上最古老，最具生命力和延续性的生物体。——编者注

运行过程中的核心驱动力，有效解决了员工的动态激励与持续创新问题。

勇立时代潮头的新海尔

海尔是如何迎接时代挑战的？从其 37 年不断自我迭代的创新创业史来看，海尔当是国内将“时代与管理”关系展现得最为清晰的企业。37 年来，海尔不断与时俱进、自我迭代，几乎在改革开放以后的每个发展阶段都能勇立时代潮头，持续发展壮大。海尔之所以能如此，我们不得不提它的人单合一模式。在深入了解这一管理模式之前，我们首先需要了解目前海尔是一家什么样的企业。

海尔是一家物联网生态企业

笔者在进行企业培训与学术交流时发现，尽管人们对海尔的产品耳熟能详，但对于目前海尔是一家什么样的企业所知并不准确和真实，所谓“熟知”并非“真知”。对于海尔的定位，多数人的认知是海尔是一家家电企业、制造企业，而不知道海尔目前的定位是一家物联网生态企业。对于海尔有哪些产品和业务，多数人知晓的是冰箱、洗衣机、空调、厨电等，也有人知晓海尔的业务同样覆盖地产、物流、文化等行业，但少有人知道海尔还涉足医院、健身器材、农产品、服装、陶瓷等业务，可以说目前海尔的行业边界已经十分模糊。

单从家电行业来看，海尔的家电产品门类多样，几乎覆盖了白色家电的所有产品。与惠而浦、美的等同类企业相比，海尔的家电产品门类最多，涵盖冰箱、洗衣机、空调、热水器、厨电、电视、家用机器人等各类产品（如表 1-1 所示）。2021 年 1 月，世界专业市场调查机构欧睿国际发布的数据显示，截至 2020 年，海尔第 12 次蝉联全球大型家用电器品牌零售量第一，其中冰箱零售量连续 13 年蝉联全球第一，洗衣机零售量连续 12 年蝉联全球第一，酒柜零售量连续 11 年蝉联全球第一，冷柜零售量连续 10 年蝉联全球第一，真正为中国打造了一个世界级品牌。直至今日家电行业的营业收入仍然是海尔集团主要的收入来源。

表 1-1 海尔与其他家电类企业的产品对照

	冰箱/冷柜	洗衣机	空调	酒柜	热水器	成套厨电	家用机器人	电视	小家电	母婴家电
海尔	√	√	√	√	√	√	√	√	√	√
格力	√	√	√	√	√				√	
美的	√	√	√	√	√		√		√	
格兰仕	√	√	√		√				√	
LG	√	√	√					√	√	
惠而浦	√	√	√	√	√				√	
伊莱克斯	√	√	√		√				√	

资料来源：海尔模式研究院（2018）。

在巩固原有主业的同时，海尔在大健康领域也蓬勃发展：2019 年年初海尔以 18.23 亿元入主 A 股公司星普医科，后星普医科改名为“盈康生命”（股票代码 300143）。2019 年 10 月 25 日，“青岛科创第一股”海尔生物医疗股份有限公司在上海证券交易所科创板挂牌（简称“海尔生物”，股票代码 688139），公司上市后股价首日大涨 96%，市值高达 96.6 亿元。一年之内，海尔两次加持医疗板块，加上主板上市的“海尔智家”（原“青岛海尔”，股票代码 600690，内部称其为“690”），集团上市公司数量随之增加到 4 家。

目前，在将原来的家电业务升级为以智慧家庭场景服务为核心的生态系统之外，海尔已经在大健康平台实现了医患合一生态品牌布局，聚焦康复、护理、养老、肿瘤四大场景。此外，海尔在农产品（乐家诚品）、陶瓷（海享陶）、房车（房车链群）、服装（云裳物联）等领域都发展迅速，成为助推中小企业转型升级的加速器。在人单合一模式主导下，海尔正在由传统的家电制造企业向物联网生态企业快速迈进。

2019 年 5 月 6 日，世界领先的传播集团 WPP 和其旗下调研公司凯度集团（Kantar）联合发布“BrandZ™ 2019 年最具价值中国品牌 100 强”。与往年相比，新榜单上的品类选项中增加了“平台”和“生态”这两个新品类。海尔被归于“家电 / 物联网生态”品类，成为唯一上榜的物联网生态品牌，品牌价值为 162.72 亿美元。这一事件意味着“品牌”在物联网时代被彻底重新定义。WPP 大中华区董事长宋秩铭认为：“海尔在家电行业的表现是非常特殊的，它结合所有不同的产品类别，实施的是生态系统化的战略，这个战略被证明是相当成功的。”凯度 BrandZ™ 全球总裁王幸曾感慨到，在过去的几年中，海尔完成了从一个传统家电品牌到物联网生态品牌的转化，实现了从“老板做主”到真正的“用户做主”，所有的利益相关方都在为用户创造着价值。

作为全球第一家物联网生态企业，目前海尔通过内外部“拆墙”来将整个集团打造为一个共创共赢的生态系统（如图 1-1 所示）。目前，海尔的生态系统由六大生态圈构成，分别是：智家定制生态圈、触点迭代生态圈、万链共享生态圈、产城融合生态圈、智慧务联生态圈、文化产业生态圈。六大生态圈纵横交错、互相支撑，形成了一个自我进化的庞大网络组织。

智家定制生态圈

智家定制生态圈的主体海尔智家，是海尔集团旗下最大的战略业务集团，承接海尔集团旗下全球家电业务。海尔智家对内构建智能制造云平台，即卡奥斯工业互联网平台（Cloud of Smart Manufacture Operation，简称 COSMOPlat），用户个性化需求直达工厂实现实时互联；对外构建 U+ 智慧生活开放平台，为用户提供物联网时代的智慧生活解决方案，最终实现用户的全流程最佳交互、交易和交付体验。目前，“海尔系”家电包括海尔、GEA、新西兰斐雪派克（Fisher & Paykel）、日本 AQUA、意大利卡迪集团（Candy）、卡萨帝、统帅七大品牌，在全球拥有“10+N”研发体系、24 家工业园、108 家工厂；旗下品牌产品销往全球 160 多个国家和地区。

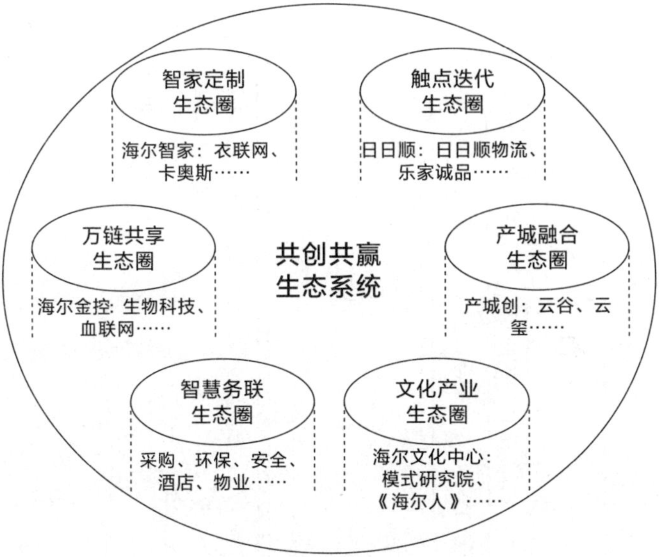

图 1-1　海尔生态系统的六大生态圈[①]

资料来源：作者绘制。

智家定制生态圈通过连接服装、洗化、装修等生态资源，为用户提供“5+7+N”全场景定制化智慧家庭解决方案（如图 1-2 所示）。该方案中，“5”是指包含智慧客厅、智慧厨房、智慧浴室、智慧卧室、智慧阳台在内的五大生活空间，“7”是指全屋空气、全屋用水、全屋洗护、全屋安防等七大全屋解决方案，“N”是指 N 个智慧生

① 此图内容及后面的文字介绍为截至 2020 年年底的数据。2020 年 12 月，海尔智家和海尔电器合并，触点迭代生态圈并入智家定制生态圈。海尔智家实现在上海（A 股市场）、香港（H 股市场）、法兰克福（D 股市场）“A+H+D”三地上市的新局面，迈入生态品牌全球落地的新阶段。

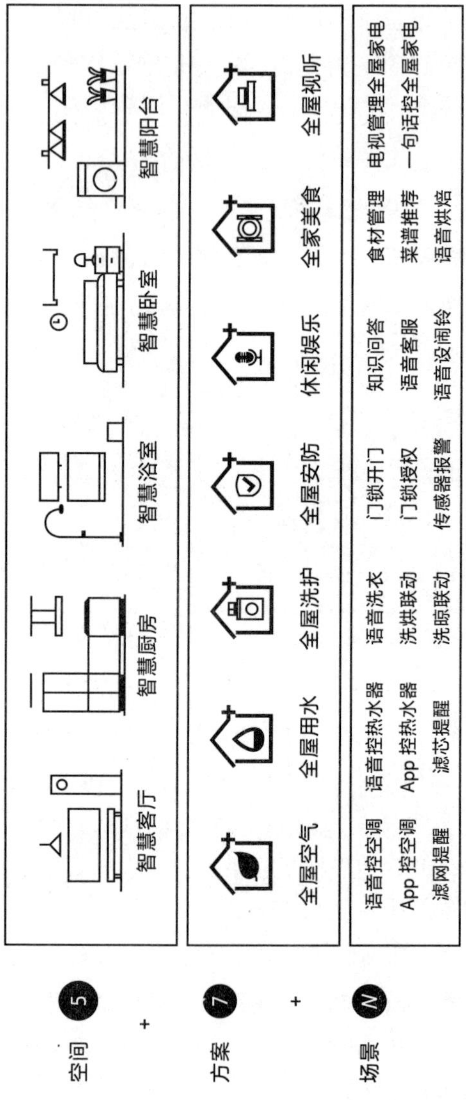

图 1-2 海尔的“5+7+N”全场景定制化智慧家庭解决方案

资料来源：海尔智家（2019）。

活场景，即用户个性化定制的不同生活场景下的智慧生活。在此基础上，海尔还形成了智慧家庭成套、定制、迭代三大差异化方案，让用户感受智慧又美好的生活方式。成套是指智慧家庭全屋产品、方案成套，提供一站式解决方案，全屋家电一次买齐；定制是指海尔基于八大产业板块 140 个产品品类，让智慧家庭产品、方案、场景都能自由选择、定制搭配；迭代是指智慧家庭技术、性能可升级，比如洗衣机洗涤程序、空气方案都能在用户使用过程中自主记录和学习，海尔进而根据这些信息不断对产品与技术进行优化。

触点迭代生态圈

触点迭代生态圈的主体是海尔集团旗下的独立子品牌日日顺，定位于打造物联网时代最佳社群体验的生态圈平台。2020 年，“日日顺”的品牌价值已达 421.38 亿元，连续 8 年入选由睿富全球排行榜资讯集团和北京名牌资产评估有限公司共同研究推出的“中国品牌价值 100 强”榜单。在人单合一模式的战略引领下，日日顺升级为触点迭代生态圈，通过有“广度、温度、深度”的触点网络，致力于创建两类触点迭代的生态平台：一是通过“电器→网器（产品智能化）→场景（体验个性化）”的迭代，从卖产品向提供基于场景的定制化解决方案转变，如将热水器与净水器由产品销售转变为提供全场景化的智慧用水解决方案；二是通过生态平台创造出新物种，如通过整合平台资源，孵化出高端农特产品生态品牌乐家诚品。触点迭代生态圈运营海创汇与国际商社这两大赋能平台，前者是帮助中小企业快速成长的孵化平台，后者则是助力海外国家产业转型的跨境社群诚信共享平台。

日日顺旗下有日日顺物流、日日顺乐家、日日顺乐农三大产业平台和乐家诚品这一高端农特产品生态品牌。其中，日日顺物流定位于物联网时代场景物流生态品牌和引领行业的大件物流领导品牌，基于数字化、科技化、场景化创新服务，为品牌商和用户提供包含“仓、干、配、装、揽、鉴、修、访”的全链路、全场景最佳服务体验。2019 年日日顺物流入选科技部的“独角兽企业”榜单。日日顺乐家定位于城市社群居家智慧场景服务生态品牌，为用户提供家电、净水、家居、采暖、充电桩、智能柜等七大行业的个性化服务解决方案。日日顺乐农定位于物联网时代三农综合服务生态平台，以小顺管家为触点，连接农村社群用户，联合行业一流资源方定制普惠服务、农业现代化、农村环境治理这三大场景生态解决方案。乐家诚品则定位于高端农特产品生态品牌，依托物联网技术，契合农民创业增收和城市居民对高品质生活的追求，为用户提供可溯源、基地直发、安全健康的农特产品解决方案。

万链共享生态圈

万链共享生态圈是海尔集团旗下的物联网共享金融平台，资产规模超千亿元，服务千万中小微企业及个人用户。秉承海尔人单合一模式，万链共享生态圈致力于发展金融生态、生命生态两大物联网平台。在金融生态方面，万链共享生态圈涉及财务公司、消费金融、融资租赁、金融保理、小额贷款等领域，坚持“产业为基、共创共享”理念，构建起无边界的万链新生态，推动现代农业、智能制造、绿色环保等 50 多类产业生态链的转型升级。在生命生态方面，海尔的医疗服务产业现已布局 5000 余张医疗床位，在重症康复、老年护理等特色专科成为行业引领者；存储 2.5 亿份中国生物样本，在血联网、疫苗网等物联网生物科技综合解决方案方面进行自主创新，立足于物联网时代用户生命质量提升这一领域。2020 年 2 月，海尔生物发布 2019 年年度业绩快报公告，其总资产为 30.4 亿元，比报告期初增长 36.46%；净利润为 1.8 亿元，比报告期初增长 60%；报告期内，海尔生物持续进行研发投入和新产品开发，市场竞争力持续提升，公司规模稳步增长。

产城融合生态圈

产城融合生态圈的主体是海尔产城创集团，承接海尔集团以物联网模式引领转型的战略，以“物联生态，美好生活”为经营理念，以用户需求为起点，用户体验为目标，通过打造“产业聚集生态圈”“智慧生活生态圈”“双创资源生态圈”，为解锁产业升级、消费升级和城市发展提供新经验与新路径。在人单合一模式指引下，海尔产城创集团将从传统的房地产开发企业转型为共创共赢的物联网社群生态。目前，海尔产城创集团业务涉及产业新城、智慧住宅、物联商业、智慧社区、“悦享 +”（教育、体育、康养）五大领域。凭借极致的产品体验、智慧社区服务和赋能城市发展，海尔产城创集团获得“国家双创示范基地”“领军科创项目”“最具社会责任企业”“智慧城市示范园区”“产业升级示范项目”等多个奖项，并稳居国内房企 TOP100（前 100 名）、物业服务企业 TOP50（前 50 名）。

智慧务联生态圈

智慧务联生态圈定位于物联网时代智慧服务的社群交互平台，通过集成和优化内外部资源，为海尔集团提供采购、能源环保、智慧安全、商务服务、酒店、行政物业等各种创新、增值的差异化服务，对内提高员工满意度，提升员工对企业的忠诚度，对外积极履行社会责任，提升海尔品牌美誉度。

文化产业生态圈

文化产业生态圈的主体是海尔文化中心，定位为物联网时代生态文化的价值交互平台，是海尔战略宣导、模式研究、价值凝聚与文化产业发展的社群体验生态圈。其中，海尔模式研究院是海尔集团为专注于人单合一模式研究和推广而建立的智库。海尔模式研究院以服务集团战略决策和传播中国企业管理智慧为目标，依托海尔集团先进的管理模式创新和海量的小微企业创新实践案例，集结全球管理研究智慧，以开放、共创、共赢的方式，打造社群经济时代引领商业模式创新的智库和管理范式创生的价值交互平台。海尔集团内刊《海尔人》报与海尔 TV 则致力于服从集团战略和挖掘典型人物与事件，助力全体海尔人理解与践行创业创新的文化基因与自以为非[①]的文化精神。

2020 年年初，在集团正式发布生态品牌战略之后，海尔进一

---

① “自以为非”是张瑞敏自接管海尔以来一直在践行的理念，表示对自身决策的不断审视、检讨和否定，永远战战兢兢，永远如履薄冰。——编者注

步运用生态思维升级组织平台，同时将企业发展与城市建设融合在一起，将旗下六大生态圈的资源进一步整合为五大平台，以巩固平台在前期物联网探索实践中形成的领先优势。这五大平台及其定位分别是：海尔智家平台，定位成为全球物联网智慧家庭生态品牌的引领者，助力青岛成为全球高端智造与高端品牌的新高地；卡奥斯工业互联网平台，定位成为全球引领的世界级工业互联网平台，助力青岛成为世界工业互联网之都；海纳云平台，定位成为国内引领的物联网数字社区 / 园区生态平台，助力青岛成为国家级新型示范数字城市；盈康一生平台，定位成为全球引领的物联网健康智慧生态平台，立足青岛，构建中国生命安全创新型产业高地；海创汇平台，定位成为孵化创业家和新物种的创业创新生态平台，助力青岛成为全球创投、风投的新高地。为瞄准创全球引领的物联网生态品牌这一战略愿景，海尔提出了“4 年 5000 亿，再造一个新海尔”的全新目标。不断自我颠覆和迭代发展的海尔，正在往物联网生态企业阔步前进。

海尔是一家孵化创客的平台企业

2018 年，哈佛大学商学院教授罗莎贝斯·莫斯·坎特（Rosabeth Moss Kanter）撰写了一个中国企业的案例——“海尔：一家孵化创客的中国巨头企业”（Haier:Incubating Entrepreneurs in a Chinese Giant），这是海尔第三次入选哈佛案例库。该案例精准地把握了海尔正在进行的一场组织革命的本质，即颠覆科层制组织，将作为执行者的员工解放为具有创业精神和自主能力的创客。

为支持上述变革，海尔对组织结构进行了颠覆式调整，按照人单合一模式的要求，砍掉中间管理层，打破原来“筒仓式”职能部门间的“隔离墙”，将其整合为赋能小微创业的大共享平台。海尔通过资源的整合、开放和共享，为小微创业提供资源获取和持续迭代能力。目前海尔共享赋能体系中的各平台都为小微创业提供了各种技术、资源与流程支持，如金控、文化等行业平台为小微创业提供资金和媒体等资源支持，大共享平台提供财务、人力、法务、税务等资源支持。从资源的开放性、整合性和动态共享等属性来看，海创汇对小微创业的资源赋能最具代表性。

海创汇是海尔集团由制造产品向孵化创客转型的资源赋能平台。海创汇打造了一个开放的资源共享平台，吸引全球创客都聚集到海尔的创业平台上，使世界成为海尔的人力资源部。相较于传统的孵化器，海创汇更类似于一个产业生态的孵化平台，它不仅提供服务，还提供资源。海创汇以开放的海尔资源面向创客进行一站式一流资源在线对接，帮助创客解决找资金、人员、销售渠道、培训、法务等各类问题。作为一个超级连接体，海创汇平台上已经聚集了各类创投基金、创业项目和孵化资源，形成了内部孵化、脱离母体孵化、草根创业、科研转化、企业家再创业、跨境孵化、生态投资七大类创业创新模式。

海创汇平台由四大功能模块构成：海创汇云服务模块、海创汇基地资源模块、海创汇 VC（Venture Capital，风险投资）资源模块、海创汇产业资源模块。

◎ 云服务：海创汇云平台在线为创客提供创新创业的孵化加速服务，整合海尔集团共享服务资源，为创客项目提供工商注册、财税、法务等一系列共享服务；优选整合 IT 基础服务云、网站、软件、App 开发等资源，降低成本，助力创客项目成长。

◎ 基地资源：海创汇在全球布局 28 个创业创新基地，实现全球创业者和创业资源的互联互通。海创汇于国内在青岛、北京、上海、广州、深圳、成都、南京、杭州、武汉等 11 个城市进行布局；于国外则在美国、芬兰、日本、德国、澳大利亚、新加坡等 9 个国家完成基地建设。

◎ VC 资源：海创汇成立专门的天使及风险投资基金，定位于生态投资，重点针对智慧家庭（物联网、智能制造、智慧物流）、TMT[①]（B2B、高科技、企业服务、IT 增值服务）、医疗大健康（生物技术、医疗器械、医疗服务）、节能环保（清洁能源、环保技术、节约能源）等领域进行投资。海创汇借助海尔的优势，依托优质的产业资源，充分发挥服务优势，放大产业生态的协同效应，协助小微企业建设共创共赢的生态圈。

◎ 产业资源：海创汇全面开放海尔的研发、供应链、销售网络、物流、服务等资源，为创客提供全面的产业生态资源对

① TMT，是 Technology（科技）、Media（媒体）和 Telecom（通信）三个单词首字母的简写，TMT 行业是以互联网等媒体为基础将高科技公司和电信业等行业连接起来的新兴产业，以信息交流和信息融合为特点。——编者注

接服务，涵盖产业服务、共享服务、生活服务三大门类和创客学院、创客工厂等 9 项创客孵化服务。

借助海创汇的资源赋能平台，海尔成为首批国家级创客空间，并入选首批国家双创示范基地，通过开放的线上孵化平台在线为创客提供创新创业的孵化加速服务。截至 2021 年 2 月，海创汇平台项目孵化成功率达到了 50%，海尔生物医疗、盈康一生、海泰新光、涂鸦智能、雷神小微、有屋科技、海尔婴童等品牌在海创汇孵化下蓬勃生长。海尔的创业平台已成功孵化上市公司 3 家、Pre-IPO 轮公司（含独角兽公司）19 家、瞪羚企业[①]37 家、获得 A 轮融资及以上的公司 161 家、获得天使轮投资的公司 204 家、获得种子轮投资的公司 144 家、孵化加速公司 365 家、孵化小微 4000 多个，同时为社会创造了 220 多万个工作机会。

海尔是一家输出管理模式的先驱企业

2017 年 9 月，加里·哈默、马歇尔·梅耶（Marshall Meyer）、斯图尔特·克雷纳等世界管理大师云集青岛，分享海尔人单合一模式的研究成果。在首届人单合一模式国际论坛会场，GEA 从 CEO 到中层、基层的代表，都认真畅谈学习和贯彻海尔人单合一模式的体会。这一刻令《互联网周刊》主编姜奇平十分振奋，他认为："今天我看到的是一种道路自信。它标志着管理的美式道路、日式

① "瞪羚企业"指创业后跨过死亡谷，以科技创新或商业模式创新为支撑进入高成长期的中小企业。——编者注

道路，正让位给中式道路。中国管理之路，因为是中国的，所以成为世界的，这是第一次。”在这之前的 2015 年 11 月，张瑞敏入选 Thinkers50 榜单，斯图尔特·克雷纳在颁奖典礼结束接受采访时说道：“海尔的管理真的具有启发意义和创新精神，过去我们从西方的企业中寻求灵感，现在我们放眼全球，海尔就是在管理创新上最杰出的企业之一，这也是张瑞敏获奖的原因。海尔给员工极大的自由，来激发创业灵感，弱化层级结构，去除中间层，比很多西方企业更主张开放、自由和合作。”华夏基石董事长彭剑锋认为：“海尔模式是中国管理的原创性创新，是互联网时代管理创新在传统企业的最优实践。”多年来，在各种质疑和挑战中，张瑞敏不断地“自以为非”，从内部打破自己，推动着海尔进行一次次的自我革命。经过多年的坚持与埋头苦干，海尔模式已获得国内外企业界与学术界的诸多认可。因其在管理哲学与组织模式创新上的卓越贡献，张瑞敏已经成为管理思想史上的坐标式人物。

改革开放初期，由于起步较晚，我国企业掀起向西方领先企业学习的热潮。引进、模仿、复制西方成功的管理模式，成为企业快速发展的捷径，这也是后发国家快速发展的一大优势。德国、日本、美国企业的管理模式都曾经是中国企业学习的对象，弗雷德里克·泰勒、亨利·法约尔、马克斯·韦伯、彼得·德鲁克、杰克·韦尔奇、稻盛和夫等人提出的管理理论和方法都曾经受到国内企业的竞相膜拜和复制移植。1984 年被视为“中国企业元年”，在这一年张瑞敏就任青岛电冰箱总厂（海尔前身）厂长。他从“不准在车间里大小便”“工作时间不准喝酒、不准睡觉、不准赌博”等 13 条管理规定开始，以带头砸毁有质量问题的 76 台冰箱为标志，义无反顾地开启了海尔漫长而无间断的管理创新之路。其实从创业至今，海尔一直在学习西方先进和前沿的管理理论与方法，如当初的“管理十三条”就是西方科学管理的基本要求。但海尔与众不同的是，它将西方管理理论与中国传统哲学智慧、中国制度情境与中国企业的实践问题结合起来，不断地进行融合式创新，从而在长期的历史积淀中发展出一套自成体系的人单合一模式。

从“激活休克鱼”“相马不如赛马”“日清体系”，到“自主经营体”“倒三角组织”“人人都是CEO”，从“网络化战略”“平台型企业”“智能互联工厂”，到“生态品牌战略”“链群组织”“智能合约”等，鲜有一家企业像海尔一样持续地进行自我摧毁和管理创新，也鲜有企业家像张瑞敏那样对时代格局和管理思想如此敏感，不断地通过管理模式创新来推动着企业的转型升级和稳步增长。在海尔,“创造性破坏”[①]的“企业家精神”已经充斥每个角落，经典管理理论的组织设计原则、领导与激励理论在这里已无踪影。与熊彼特提出的“企业家精神”仍旧强调企业家的英雄作用不同，张瑞敏在海尔打造的“企业家精神”更进一步，他希望每个海尔人都能成为企业家，倡导去中心化的“企业家精神”。在这种思想指导下，海尔推行了一系列“大爆炸式创新”。久在商学院浸染的学者和对西方管理模式习以为常的企业家初次走进海尔工业园，会惊讶地看到这是一个内部没有职能部门，外部没有组织边界，人人创

① 由经济学家约瑟夫·熊彼特（Joseph Schumpeter）在1912年出版的《经济发展理论》一书中提出，主张只有通过创造性地打造市场均衡，企业家才有获取超额利润的机会。——编者注

业、自治共享的光怪陆离的商业新世界，“部门”“科室”“经理”“员工”“领导”等经典管理概念已然消失，萦绕耳边的是“平台”“链群”“小微”“创客”“竞单”“二维点阵”“对赌跟投”“用户付薪”“生态收入”等新鲜词汇。对于务实的企业家来说，提出新的概念从来不是为了发明什么时尚的管理理论，而是因为它们能够提供更好地解决现实问题的管理工具。

近年来，海尔集团管理模式创新所带来的经济效益和世界影响力逐步显现。2018 年海尔集团全球营业额为 2661 亿元，同比增长 10%；全球利税总额打破 331 亿元，同比增长 10%；生态收入[①]达 151 亿元，同比增长 75%。2019 年，海尔集团生态收入达 273 亿元，同比增长 81%。在高端家电领域，高增长、高单价、高份额构成的“三高”表现成为海尔产品的新特征。2017 年 12 月 6 日，中国海尔卡奥斯工业互联网平台探索的大规模定制成为国际四大标准组织之一美国电气与电子工程师协会（IEEE）认定的国际标准，这是全球首个由中国企业主导制定的智能制造标准，是继中国产品和中国品牌之后，全球制造舞台上首次出现中国方案和中国模式。

2018 年 1 月 6 日，在海尔集团创新年会上，张瑞敏的演讲题目是“生活 X.0：定制物联网时代的美好生活”。这是人类企业史上，第一次有企业家明确将“美好生活”作为公司愿景、经营哲学

① 在海尔的布局中，物联网模式包括生态圈、生态收入和生态品牌三要素，其中生态收入指通过社群经济、触点网络为生态方和用户提供增值服务所创造的收入。——编者注

与战略目标。如先人提出大同社会与空想社会主义一般，提出一种理想的组织愿景相对容易，但将之落实到行动，并形成一套完整且有效的解决方案，将社会理想与组织行动在企业治理中结合起来，绝非易事。为实现这种具有“人的发展”哲学指向的战略目标，自2005 年 9 月 20 日提出人单合一模式以来，海尔在各种质疑声中进行了十几年的探索。虽然这种探索远未结束，但海尔已经站在新时代中国企业模式创新的前列，并正在将企业管理的中国方案带向令人瞩目的世界舞台。2018 年 3 月 7 日，张瑞敏在哈佛商学院公开讲授“创建物联网时代的商业模式”，一位中国留学生感慨地说：“他持一口淡淡的山东口音，讲着世界顶级的管理思想。”[12] 此前的 3 月 6 日，海尔集团总裁周云杰在第十三届全国人民代表大会第一次会议上发言指出，“中国不仅可以向世界输出高质量产品，也可以向世界输出中国名牌，还可以输出中国模式”，“中国方案已经走向世界舞台中央”[13]。海尔模式贡献了新时代大变局下解决诸多管理难题的中国方案与中国模式，这种模式能否复制推广和对外输出，是考验其生命力与影响力的重要标准。

并购是中国企业推行国际化战略的重要选择，海尔近年来通过 4 起重要的海外并购，完善了其产业的全球布局。2011 年 10 月，海尔并购日本三洋电机株式会社（下称“三洋电机”）多项业务，打通了东南亚市场，并使其于 2014 年首次实现盈利；2012 年 9 月，海尔并购新西兰著名家电品牌斐雪派克，并迅速使其品牌价值提升 20%，市场份额增长近 50%，树立了中国—新西兰企业合作的新典范；2016 年 6 月，海尔以 55.8 亿美元的价格并购 GEA，完成了迄今为止中国家电业最大的一笔海外并购；2019 年 1 月，青岛海尔

（现已变更为“海尔智家”）与意大利 Fumagalli 家族共同宣布，青岛海尔已完成收购国际专业电器制造商卡迪集团的交割，卡迪集团正式成为青岛海尔的全资子公司。与联想集团早在2004年就以“蛇吞象”的方式并购 IBM 的 PC（个人计算机）业务相比，海尔的跨国并购起步并不算早。但海尔与中国其他企业并购世界知名公司业务的情况有一个重大不同，即海尔在海外并购中输出的不仅是产品、技术，还有管理模式。

作为“世界制造工厂”，中国绝大多数企业向世界输出的是产品，差别是所输出产品的科学技术含量不同，以及存在贴牌代工和自主品牌的不同。财经评论人吴晓波认为，如果以企业在对外贸易（流通环节）—工厂（生产环节）—技术研究（科研环节）三个环节的不同侧重顺序来区分，中国企业大体形成了以联想为代表的“贸工技”、以海尔为代表的“工贸技”、以华为为代表的“技工贸”三种模式。无论哪种模式，最终都体现为向世界输出中国制造的产品。但海尔 4 起并购案后的管理整合方式表明，中国企业在对外输出产品的同时还有能力输出管理模式。

张瑞敏以“沙拉模式”来形象地解释海尔海外并购后的管理整合方式，即，“（海尔这个盘子）里面有各种各样的‘蔬菜’，每一种蔬菜代表一种文化或者一个国家的生活方式，但‘沙拉酱’是统一的，就是人单合一”。对于日本三洋电机，海尔保留了它所延续的丰田制的团队精神，但以人单合一模式改变了团队精神的服务方向，将“唯领导者至上”变革为“用户至上”；对于新西兰斐雪派克，海尔保留了使之制造工艺精良的“工匠精神”，但以人单合一模式将决策权、用人权、分配权让渡给员工，将工匠精神导向面向全球范围的用户体验；对于GEA这个有着120多年历史的美国标杆企业的家电业务，海尔尊重并保留了其“契约精神”，但以人单合一模式使契约精神植入互联网时代的非线性逻辑，以创业小微取代职能部门，使其市场活力得以充分激活。在这三次并购整合之中，海尔将“海纳百川，有容乃大”“求同存异，兼容并蓄”的中国智慧发挥得淋漓尽致，在保留被并购企业优良经营资源的前提下，成功地将海尔模式输出到美国、日本、新西兰与意大利等世界各地。在谈及海尔并购GEA并向通用电气推行人单合一模式时，张瑞敏自信地指出：“未来一定要让中国模式成为最好的模式。”

在海尔并购的企业体系之外，其他一些知名的国际企业也主动来到海尔学习人单合一模式。2019年12月18日，在海尔衣联网1号店落成的第二天，全球知名体育用品零售商迪卡侬的CEO米歇尔·阿巴利亚（Michel Aballea）就来到店里，他被衣联网场景生态模式所震撼。阿巴利亚说：“衣联网1号店将场景做到了极致！”他对随行人员表示，迪卡侬也要学习人单合一模式，并融入衣联网生态圈中。[14]2019年下半年，俄罗斯谢韦尔钢铁（Severstal）的管理人员来海尔集团学习人单合一模式，他们在学习美国的合弄制之后并没有解决公司困境，因此转而学习海尔的人单合一模式，尤其是组织变革和激励机制两个方面。

中国企业走到这一步十分不易。改革开放至今，中国企业大都奉行“拿来主义”，努力学习西方企业的管理制度与方法，海尔、华为、联想、阿里巴巴、腾讯、百度等公司均经历过这个阶段，通用电气、IBM、雅虎等都曾经是中国企业学习和模仿的标杆性企业。中国企业最初大都从西方取得现代管理文明的火种，如腾讯的主要业务 QQ 开始是复制以色列人发明的即时通信软件 ICQ，微信最初则是学习美国的社交软件 Kik，之后不断针对中国市场进行技术应用创新；海尔则曾在技术上模仿德国制造企业，在管理上学习通用电气。在蹒跚起步的初创时期，中国企业甚至连为国外同类企业进行代工、代销的生产、贸易机会都求之不得，想方设法地以市场换技术，在组织管理层面更是将西方管理理论奉若圭臬，大力复制和移植西方管理模式。但是中国企业创造的奇迹是，密集出现“模仿者强劲反超，而被模仿者逐渐衰落乃至销声匿迹”的现象。海尔、华为、阿里巴巴、腾讯等中国企业，最终都努力摆脱了“西方文明中心论”，以不同的方式走上了自主创新之路，充分展现了企业经营领域的中国自信与中国智慧。

张瑞敏曾经说：“中国没有自己的管理模式，都是引进国外的。现在我们要思考怎样把我们自己的管理模式输出到国外去，变成一种国际化的模式……虽千万人，吾往矣[①]。”从最初被质疑、被否定到现在被学习、被模仿，无论外界如何评论，海尔始终如一地行走在转型和变革的模式创新道路之上。张瑞敏把互联网与物联网思维融入企业战略、组织与人员激励之中，率先走出了一条中国制造业转型升级和治愈大企业病的变革之路，海尔也因此成为一家向全球输出中国管理模式的先驱企业。

---

① 出自《孟子·公孙丑上》，意为纵然面对千万人的阻挡，我也会勇往直前。——编者注

在管理思想史上寻找中国企业的坐标

“人只不过是一根苇草，是自然界最脆弱的东西；但他是一根能思想的苇草……人的全部的尊严就在于思想。”[15] 作为 17 世纪法国著名的数学家、物理学家、哲学家和文学家，布莱兹·帕斯卡尔（Blaise Pascal）可谓洞察了人类物理、生理与心理三种存在形式的边界，并从中界定了人之所以为人的价值所在。与自然界的其他生物相比，人类的标志是能创造并制造生产工具和艺术品，由于思想是创造的源泉，因而思想定义了人类的属性。人的全部尊严就在于思想，思想的主要价值则在于指导和改变实践。

企业是现代经济与社会的基本组织单元，科学技术与组织管理是推动企业持续发展的两大动力，从根本上说，前者如何作用于企业往往取决于后者。因为尽管适应力对于企业生存十分重要，但企业并不只是对科技环境做出响应的适应系统，同时也强有力地影响技术在企业中的使用方式以及技术本身的创新发展，企业作为生命有机体的这种能动作用便是通过组织管理模式予以体现的，而管理思想则是其沉淀下来的精华。在特定的技术制度背景下，企业的发展越来越依赖于与时俱进的组织管理思想。技术越是迅猛发展，企业经营环境的不确定性越高，管理的重要性就越发重要。

在管理思想演化的 100 多年历史长河中[1]，无数优秀的企业与企业家都留下浓墨重彩的痕迹，弗雷德里克·泰勒与美国伯利恒钢铁公司贡献了“泰勒制”，亨利·福特与福特汽车公司贡献了“福特制”，小艾尔弗雷德·斯隆与通用汽车公司贡献了“事业部制”，大野耐一与丰田汽车贡献了“丰田制”，杰克·韦尔奇与通用电气贡献了“六西格玛理论”。目前的“西方管理思想史”[2]几乎等同于“世界管理思想史”，其中为东方管理思想争得一席之地的仅有日本的管理思想，尽管中国现在已经成为世界第二大经济体，但中国企业与中国管理在管理思想史上仍旧默默无闻[3]。

这种状况的改变需要企业界与理论界的共同努力。目前中国管理理论界存在两大问题：一是科学严谨性（科学性）与实践相关性（应用性）之争，二是西方管理（国际化）与中国管理（本土化）之争。这两大问题长期交织存在，一方面导致中国在管理理论研究上建树不足，为世界管理思想与理论的发展贡献微薄，缺乏与经济

---

① 具有现代科学意义的管理思想始于 1911 年泰勒出版的《科学管理原理》。

② 具有影响力的管理思想史类著作有由丹尼尔·A. 雷恩（Daniel A. Wren）和阿瑟·G. 贝德安（Arthur G. Bedeian）合著的《管理思想史》（*The Evolution of Management Thought*）；斯图尔特·克雷纳所著的《管理百年》；肯·G. 史密斯（Ken G. Smith）与迈克尔·A. 希特（Michael A. Hitt）合著的《管理学中的伟大思想》（*Great Minds in Management*）等。其中《管理百年》简体中文版已由湛庐策划，浙江教育出版社于 2021 年出版。

③ 目前能让世界公认的中国管理思想大多还是 2000 多年前的孔子、孟子、荀子、孙子等诸子百家的管理智慧，如斯图尔特·克雷纳在《管理简史》中列举了从古至今全世界有影响力的管理思想家，其中只有一个中国人，就是著有《孙子兵法》的孙武。

实力相对称的理论话语权；另一方面导致管理理论的实践效用不足，管理学者的研究脱离企业实践，对于企业在新时代面临的管理挑战未能发挥应有的指导作用。

在民族复兴与企业繁荣发展的宏大叙事下，中国的管理理论研究本面临着大好前景，剧烈的社会变革和企业创新实践为中国的管理学提供了滋生理论创新的丰厚土壤。然而与日新月异的技术进步（时代基础与驱动力）、势不可当的企业崛起（实践基础与创新源）、蒸蒸日上的民族复兴（文化基础与话语权支撑）格格不入的是，中国的管理研究不容乐观。在国际上享有盛誉的管理学者徐淑英曾撰文指出："中国的管理学研究追随西方学术界的领导，关注西方情境下的研究课题，验证西方发展出来的理论和构念，借用西方的研究方法论，而对旨在解决中国企业面临的问题和针对中国管理现象提出有意义解释的理论的探索性研究却迟滞不前。"[16] 多年来，由于历史性因素（经济发展阶段）与制度性因素（科研评价体系）的影响，中国管理研究走向一条模仿、跟进、复制、移植与验证之路，在原创性的理论研究方面鲜有建树，缺乏理论创造力和学术革新力。2012 年，有学者统计表明，改革开放 30 年多以来发表于 7 本世界顶级期刊的 270 篇有关中国情境的管理与组织论文只贡献了三个新概念：市场转型（Market Transition）、关系资本主义（Network Capitalism）和关系（Guanxi）。[17] 事实上，即便这仅有的几个概念背后也有着众多国内外经济学、社会学等领域的学者的贡献。

主流管理类刊物发表的研究成果形式化严重，过于重视形式逻辑而忽略思辨能力和问题导向。推崇数理模型和统计分析的实证主义研究范式长期主导管理研究，案例研究和思辨研究未得到应有的重视，千篇一律的"洋八股"论文①泛滥，自娱自乐、远离实践与生活世界，逐渐使管理研究失去决策影响力和现实改造作用。国家自然科学基金委管理学部原主任郭重庆院士曾一针见血地指出：中国管理学界存在研究和现实"两张皮"，存在理论对企业实践"插不上嘴""自娱自乐""吃别人嚼过的馍"等弊端；建议中国的管理研究"能够指导中国经济与社会发展的管理实践问题，对民族的伟大复兴和对人类的发展做出贡献"，"接着中国传统文化讲，接着西方管理学讲，接着中国管理实践讲"。[18] 当管理实践一线的企业家遇到管理难题不再从管理研究者的论著中寻求答案时，说明管理研究已经背离管理学作为一门应用学科的学科属性和管理的实践本质。

对此现象，横跨理论与实践的双栖学者席酉民教授曾深刻地指出：管理实践者之所以不太关注管理学者的研究，不是因为管理学者的研究不认真，而是因为管理学者的研究充其量只能提供某个细节上的启示。而真正的战略管理家，他们会在积累管理经验（包括管理学者的成果）的基础上努力颠覆各种规律或模式。管理实践过程的复杂性超越了管理学者的认知能力，甚至超越了管理实践者自身的理性范围。因此，管理学者总是设法从现实中归纳或总结规律，而管理实践者却在利用自己的智慧颠覆规律和创造现实。我们无法对管理理论学者和管理理论抱有太高的期待，管理研究的多元范式都有其生存空间，但管理学者不能因为实践界对其没有高期待

① 实证研究普遍采用相对固定的结构布局，按照先后顺序其内容结构分别是：问题提出、文献述评、研究假设、研究设计、统计分析、研究结论等。

而放弃研究的严谨性，特别是与实践的相关性。中国管理学者已经到了不做自省将会被抛弃的时候。[19] 经过多年的“无知”和“模仿”之后，今天，中国管理研究已经走到了学科发展的十字路口。[20] 许多管理学者自知问题所在，但在各种考核体系和评价指标等制度性压力下无可奈何，加之心智模式的路径依赖问题，管理研究在批判与争议中陷入进退维谷的价值困顿之中。

目前中国管理的现状是，理论的停滞（对西方管理理论的复制、验证与细枝末节的修补）与实践的繁荣（大变局下的颠覆式创新）并存。中国管理思想与理论茁壮成长的出路在于扎根于中国企业实践与中国文化制度情境，知行合一、正本清源，将研究、教育、培训与咨询贯通起来，总结提炼企业经营经验，提出具有规律性的管理理论和具有实践效力的解决办法。中国管理理论在世界管理理论领域登场的真正推动力在于中国企业的管理革命，企业管理革命能够为理论研究提供有所建树的深厚土壤，中国学者的管理研究需要深深扎根于企业变革的实践浪潮之中。在这一过程中，学界将研究视域转向领先企业，发掘中国杰出企业家的管理思想①，构建“实践社群”与“学术共同体”对话的桥梁格外重要。

在此背景下，已有 37 年企业发展史和 16 年管理模式创新史的海尔，引起了国内外企业界与理论界的巨大关注。海尔系统开发与

① 2019 年，笔者参与开设国内知名学术期刊《管理学报》的“中国企业家管理思想”专栏，此类专栏的开设是一个非常好的开始。其他一些管理类主流刊物也已经在重视对来自实践中的管理思想的发掘与研究工作，管理的研究范式正在发生缓慢但积极的转变。

研究人单合一模式，对于在世界管理思想史上确立中国企业的坐标，提升中国管理模式的世界影响力具有重要意义。加里·哈默曾于 2009 年在《哈佛商业评论》发表《管理学的“登月计划”》一文。文中指出，近年来管理学的发展近乎停滞，现在该发动一场划时代的管理革命了。在 2017 年的首届人单合一模式国际论坛上，哈默表示，海尔的人单合一思想就是管理学“登月计划”的重要组成部分。2018 年 3 月 15 日，在新华社等 40 家媒体关于“弘扬企业家精神，聚力高质量发展”的主题采访中，张瑞敏谈及刚刚结束的哈佛大学之行，介绍了海尔如何从哈佛商学院案例的“朝圣者”，变为颠覆者与引领者，并指出以人单合一为代表的中国管理模式正在推动第三次企业管理模式的创新。[21]

多年来，中国企业的管理思想在世界管理思想史中的缺失有着深厚的历史原因与国际背景，而目前中国的快速发展也为此形势的扭转提供了巨大支持。剑桥大学教授马丁·雅克（Martin Jacques）指出，新崛起的国家凭借经济实力来追求更为远大的政治、文化和军事目标，是国际社会发展的规律。由于西方国家占据全球支配地位的时间太长，部分西方学者以及深受西方科学观念影响的东方学者，习惯于用西方化的标准来衡量一个国家取得进步的程度。西方国家一直自认为是人类发展的最高峰，其他国家进步与否以及进步多大，就看它西方化的程度如何。政治和文化的差异，被视为落后的代名词，他们认为这将随着经济现代化①的进程逐步消失。受此

① 关于现代性与现代化的解释，以及是否存在不同的模式或路径，学术界对此一直存疑。

思潮影响，那些习惯于“以西方解释中国”的部分学者认为，中国企业所谓具有中国特色的管理创新不过是临时现象，中国企业会逐步迈向西方的发展之路。但事实上，就如马丁·雅克所说，除非撇除历史和文化的影响而将世界简化成只关系到经济和技术，否则一个人不可能得出中国变得越来越西方的结论。单从文明国家（对应西方的民族国家）、民族融合（对应西方的民族歧视）、朝贡体系（对应西方的殖民体系）、统一性（对应西方的分裂性）这4个方面来看，显然中国极为独特而完全不同于西方。[22]

作为后发国家的新兴企业，中国的企业从管理移植到管理创新要经历一个漫长的历史过程。尽管“中国管理模式”“中国式管理”这些概念提出已有数年，但是长期以来，没有中国领先企业成功管理实践和制度创新的支撑，没有学术共同体对成熟理论体系的开发，事实上所谓的“中国管理模式”是不存在的，仅仅在古代典籍里采撷零散的管理思想并阐发其现代价值而产生的“中国式管理”在理论逻辑与实践功效上也是难以令人信服的。社会各界对海尔模式的关注与推崇表明，新时代能够代表中国管理模式的海尔制已现端倪，中国企业告别对西方管理理论模仿、复制和移植的时代，走向管理范式创新与引领的征程已经开启。

本书根据“哲学思想—科学方法—企业实践”三位一体、融会贯通的研究思路，扎根于海尔管理实践，剖析人单合一模式在管理哲学（动态整体论）、商业模式创新（战略生态化）、组织结构变革（组织链群化）、生产制造升级（生产智能化）、员工激励（员工创客化）等维度的重大创新，剖析来自领先企业实践中的管理模式及其运行逻辑。通过对人单合一模式的历史追溯（第 2 章）、理论归纳（第 3 章）与运行机制（第 4 章至第 5 章）的分析，本书在管理思想史视域中界定海尔制的概念及其理论维度，并比较泰勒制、福特制、丰田制和海尔制背后经营哲学与管理思想的异同，从而尝试在世界管理思想史演化的路径中确立中国本土管理思想的历史坐标。

张瑞敏谈海尔

Haierism

- 物联网已经在重新定义时代。我们今天所做的这一切就是要改变世界，把世界改变成物联网时代所要求的世界。

- 要么海尔成为物联网的引爆引领者，别人跟在海尔后面。要么别人引爆物联网，海尔只好跟在别人后面。

- 物联网时代在人类进化史上如何定位未为可知，但可以明确的是，物联网时代的企业必须变成生态圈，物联网时代的组织必须变成自组织，物联网时代的管理必须变成人单合一。

- 海尔这个盘子里有各种各样的不同“蔬菜”，每一种蔬菜代表一种文化或者一个国家的生活方式，但“沙拉酱”是统一的，那就是人单合一。

Haierism

第 2 章

海尔的创业创新史

凤凰涅槃，浴火重生

企业无“守”势，
只有原始资本积累阶段的
初始创业
和不断发展的再创业。

公元 636 年（贞观十年），唐太宗李世民与大臣讨论一个在中国历史上颇具争议的难题，《贞观政要》记载了君臣之间的这场著名对话：

> 贞观十年，太宗谓侍臣曰："帝王之业，草创与守成孰难？"尚书左仆射房玄龄对曰："天地草昧，群雄竞起，攻破乃降，战胜乃克。由此言之，草创为难。"魏徵对曰："帝王之起，必承衰乱，覆彼昏狡，百姓乐推，四海归命，天授人与，乃不为难。然既得之后，志趣骄逸，百姓欲静而徭役不休，百姓凋残而侈务不息，国之衰蔽，恒由此起。以斯而言，守成则难。"太宗曰："玄龄昔从我定天下，备尝艰苦，出万死而遇一生，所以见草创之难也。魏征与我安天下，虑生骄逸之端，必践危亡之地，所以见守成之难也。今草创之难，既已往矣，守成之难者，当思与公等慎之。"

1995 年，张瑞敏在《海尔人》报发表《海尔：只有创业，没有守业——"草创与守成"之我见》一文，文章引用《贞观政要》中的上述典故，并明确表明自己的观点："我认为企业无'守'势。

一个企业要想高速发展就不存在创业和守业的界限。确切地说，（企业的生命周期中应）只有原始资本积累阶段的初始创业和不断发展的再创业。否则，一旦企业进入‘守业’的定位，就等于从思想上解除了武装，你会认为自己过去做到的一切已是巅峰状态，是极限，不再需要进击了，可以‘刀枪入库，马放南山’了。但苟安不得安，守的结果只能是一场空。”

海尔一直走在创业的路上，也在不断地探索和转型。从生产电器的制造企业，到做用户交互网器的互联网企业，再到大规模个性化定制的物联网企业，不断“去海尔化”的海尔在人们心中的形象变得模糊与复杂。但海尔始终不变的是创业创新的文化基因。有人问张瑞敏“海尔是什么”，张瑞敏的回答是“自以为非的海尔文化”，“‘是什么’很重要的就是文化，海尔的文化是‘自以为非’，经常对自己提出质疑，自我颠覆”。[1]

海尔的董事局大楼中庭立有一座“火凤凰”雕塑，寓意为“凤凰涅槃，浴火重生”。这尊雕塑表达着海尔永远自以为非，不断自我颠覆，在涅槃中求得重生的决心。**张瑞敏曾说：“海尔的发展史，就是一部创业创新史。”**对海尔来说，创业和创新永远是现在进行时而非完成时；在海尔，创业与创新没有界限，两者融合共进，企业的创业发展（市场扩张、财务增长与员工创业）与管理模式创新（技术、产品、商业模式与组织的创新）始终交织在一起。

海尔的发展史，就是创业创新史（1984—2021 年）

围绕环境变迁与战略迭代，海尔的发展有着十分清晰的阶段性特征。战略本质上是企业面对复杂商业环境而对组织内外部资源和能力进行有效组合以获得持续竞争力的动态过程。卓越的企业必然会随着内外部经营环境的变化而适时调整其战略，海尔集团就是通过战略迭代获得持续竞争优势的典范企业。“结构追随战略”是企业史学家艾尔弗雷德·钱德勒（Alfred Chandler）提出的经典命题，也被称作“钱德勒命题”。自 1984 年至今的 37 年间，海尔先后启动 6 次战略迭代，每次战略迭代也都诱发组织结构调整与企业文化升级（如图 2-1 所示）。海尔的组织结构从科层制到事业部制，再到平台企业和生态组织，几乎浓缩了人类现代企业组织变革的全部历程，这些变革在某种程度上是人类企业组织百年演变的历史缩影。

6 次战略迭代的历程构成了一部波澜壮阔的海尔创业创新史。海尔的发展大体呈现出 3 条规律：

其一，海尔不断与时俱进，进行自我迭代。张瑞敏对企业与时代的关系有深刻的洞见，提出“没有成功的企业，只有时代的企业”这一经典判断，紧跟时代步伐，不断做出契合与引领时代的战

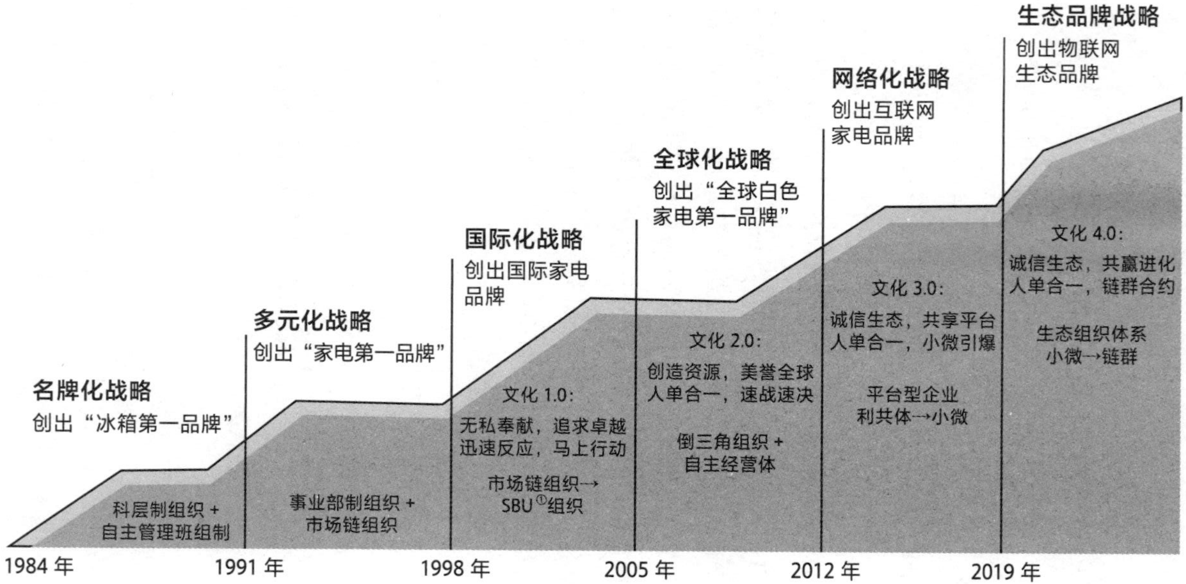

图 2-1 “战略—组织—文化”协同演化的海尔创业史

资料来源：作者绘制。

① SBU，是英文 Strategy Business Unit 的简称，意为战略业务单元。

略调整，这是海尔经营哲学的一个基本出发点。海尔不断打破自身过去成功的经验，因为过去成功的经验可能成为它下一步继续获得成功的阻碍，这是一个凤凰涅槃、浴火重生的过程。

其二，海尔每次战略迭代的周期为 7 年。也许是出于历史的巧合，从 1984 年到 2019 年，海尔都是每 7 年进行一次战略调整。在中国传统文化中，7 是一个循环周期。《易经》中的《复》卦篇指出"亨，出入无疾，朋来无咎，反复其道，七日来复；利有攸往"。易经六十四卦的每卦均有六根爻，代表六个时空点，《易经》中的《乾》卦篇指出"六位时成，时乘六龙以御天"，到第七个时空点又会返回原位重新开始。海尔战略迭代的周期正好暗合这一规律。当然，这并不说明，每隔 7 年企业面临的经营环境就会有剧烈的变化，而是企业根据时代变化来不断重新组合资源和能力，以形成新的竞争优势。

其三，海尔历次战略演化的主旨都是以用户为中心，致力于创造用户价值。无论是对产品质量的重视，还是对用户需求的快速响应，海尔历次战略调整的核心一直是用户至上，创造满足用户需求的产品和服务。这是海尔战略演化一以贯之、万变不离其宗的关键所在。

其四，海尔历次战略迭代都是一个复杂的系统工程。战略的酝酿与出台都与特定的时代背景和技术条件相契合，战略意图都是围绕用户不断变化的需求而调整的，而战略调整的结果都带来生产方式、组织结构、员工角色、企业文化等一系列管理活动的变革（如表 2-1 所示）。

表 2-1 海尔 6 个发展阶段的关键维度一览表

时间	1984—1991 年	1991—1998 年	1998—2005 年	2005—2012 年	2012—2019 年	2019 年—
战略阶段（动态迭代）	名牌化	多元化	国际化	全球化	网络化	生态品牌
战略成果（有生于无）	创出“冰箱第一品牌”	创出“中国家电第一品牌”	创出“国际家电品牌”	创出“全球白色家电第一品牌”	创出“互联网家电品牌”	创出“物联网生态品牌”
时代背景（做时代的企业）	改革开放，中国企业改制与创业高峰	邓小平南方谈话，党中央提出并确立社会主义市场经济体制	中国加入 WTO，开展“走出去”战略	中国进入互联网时代，电商繁荣	中国从互联网时代向物联网时代转变，进入后电商时代	中国进入物联网时代
技术条件（从机械化到智能化）	简单机械技术（机械化+电气化）	复杂机械技术（机械化+电气化）	复杂机械技术（自动化）	互联网技术（自动化）	移动互联网 + 大数据技术（智能化）	物联网 + 智能制造 + 区块链（智能化）
用户需求（从产品功能到个性化体验）	用户需要高质量的产品（功能）	用户需要成套的高质量的产品（多功能）	国外用户需要本土化的高质量产品（多功能）	用户需要满足个性化体验的产品与服务（个性化体验）	用户需要成套产品解决方案（美好生活）	用户需要持续交互与个性化场景体验（美好生活）
组织结构（非线性、自进化）	科层制组织 + 自主管理班组制	事业部制组织 + 市场链组织	市场链组织→SBU 组织	倒三角组织 + 自主经营体	平台型企业（利共体→小微）	生态组织体系（小微→链群）

续表

时间	1984—1991 年	1991—1998 年	1998—2005 年	2005—2012 年	2012—2019 年	2019 年—
员工角色（人是目的、人的价值第一）	执行者（“高品质的产品出自高素质的人”）	执行者（“盘活资产，先盘活人”）	执行者（“欲创国际品牌，先创人的国际化”）	自我管理者（“世界就是我的人力资源部”“人人都是 CEO”）	创客（“以员工创客化服务用户个性化需求”“人人都是创客”）	创客合伙人（“以链群创用户最佳体验场景”“让每个人有机会成为企业家”）
企业文化（自以为非、创新创业）	无私奉献，追求卓越；迅速反应，马上行动	无私奉献，追求卓越；迅速反应，马上行动	无私奉献，追求卓越；迅速反应，马上行动	创造资源，美誉全球；人单合一，速战速决	诚信生态，共享平台；人单合一，小微引爆	诚信生态，共赢进化；人单合一，链群合约
生产方式（从小批量生产到大规模定制）	简单机械制造	大规模生产	大规模生产	大规模生产	大规模个性化定制（工业互联网）	大规模个性化定制（工业互联网）
资源配置（从管制到共生）	垂直整合（管制）	垂直整合（管制）	纵向一体化（并购）	横向一体化（外包）	平台整合（共创）	生态整合（共生）

续表

时间	1984—1991 年	1991—1998 年	1998—2005 年	2005—2012 年	2012—2019 年	2019 年—
典型事件（从“砸冰箱”到“砸组织”“解放人”）	提出“管理十三条”，张瑞敏带头“砸冰箱”，海尔获得“国家质量管理奖”	提出 OEC 管理法、“激活休克鱼”，青岛海尔上市	在美国南卡罗来纳州建厂，张瑞敏在哈佛商学院与沃顿商学院演讲，以张瑞敏为原型创作的电影《首席执行官》首映	人单合一模式发布，收购日本三洋电机，入选“全球最具创新力企业 50 强”	“砸组织”，孵化创客，收购美国 GEA，张瑞敏入选 Thinkers50 榜单	“砸标签”，创造物联网模式，成为全球首家“物联网生态”品牌企业，海尔生物于科创板上市

资料来源：作者编制。

名牌化战略阶段（1984—1991 年）：绝处逢生

1978 年 12 月 18 日，中国共产党十一届三中全会在北京开幕，全会做出了从 1979 年起，把全党工作重点转移到社会主义现代化建设上来的战略决策。这次会议吹响了中国改革开放的号角，一个风起云涌的创业时代拉开序幕。1984 年前后，“社会主义经济是有计划的商品经济”“一部分地区、一部分人可以先富起来，带动和帮助其他地区其他的人，逐步达到共同富裕”等重要论断被提出来。继凤阳县小岗村探索的家庭联产承包责任制成功激活农村活力之后，中国改革的重心由农村转向城市，如何激活城市的活力，使企业不吃国家的“大锅饭”，职工不吃企业的“大锅饭”成为改革的重点；扩大企业自主权，推行厂长负责制成为企业改制的重要举措。

1984 年被视为中国企业元年，这一年的 1 月 1 日，中国工商银行成立；柳传志在不到 20 平方米的传达室里创立了联想；王石在深圳成立了现代科教仪器展销中心，从事录像机等电子产品进口贸易，“什么赚钱就干什么”，后来公司改名为万科；刘永好四兄弟辞职去农村养鸡，他们的事业成就了后来的新希望集团；李经纬将其酒厂开发的新饮料命名为“健力宝”，开启了“东方魔水”的悲喜剧。同样在这一年的 12 月 26 日，时任青岛市第二轻工业局科级干部的张瑞敏来到小白干路上的“青岛日用电器厂”[①]，开启了海

① 隶属于青岛市第二轻工业局家电公司，1984 年被青岛市经济贸易委员会批准改名为“青岛电冰箱总厂”。——编者注

尔集团创业发展的新篇章。

对于1984年这个特殊的年份，柳传志在回忆中曾感慨地说：“1984年和我同时起步办公司的有好多出名的人物，好多出名的企业家，但今天还在位的不多了。要想把事情做好，就要审时度势，要拐大弯。”在这段与国家改革开放同呼吸、共命运的艰难创业史中，张瑞敏与他的海尔是幸运的，34年后的2018年12月18日，在庆祝改革开放40周年大会上，获“改革先锋”称号的张瑞敏作为注重企业管理创新的优秀企业家代表接受中共中央总书记、国家主席、中央军委主席习近平的亲自颁奖。张瑞敏获奖的理由是：他顺应改革发展形势，探索经营管理模式，带领海尔从一家濒临倒闭的集体小厂发展成为全球知名的跨国集团；他创立的人单合一模式，实现了我国企业管理从学习模仿到引领世界的突破。

管理十三条：从科学管理开始

1984年12月26日中午，张瑞敏给妻子打了一个电话：“我下午就要到冰箱厂去了，你做一下思想准备吧，干得好也好不到哪里去，不好就不能回来了。”妻子的回答是：“你愿意去就去，回不来我养活你。”挂断电话后，张瑞敏立刻到当时的青岛日用电器厂走马上任。此时，35岁的张瑞敏接手的青岛日用电器厂是一个只有600多名员工、资不抵债的街道小厂。由于经营不善，工厂已亏空147万元，发不出工资，工厂濒临倒闭。对于当时面临的艰难局面，张瑞敏曾回忆说：

> 我 1984 年 12 月去的这个厂（青岛日用电器厂）。一年之内 4 位领导被派去了那里，前 3 位都没能待住。我这第四位也不愿意去，但当时我是青岛市场第二轻工业局家电公司副经理，我不去就再没人去了……欢迎我的是 53 份请调报告。员工 8 点来上班，9 点就走人，10 点时随便谁往大院里扔一颗手榴弹也炸不死人。通往厂里的就只有一条烂泥路，下雨时必须用绳把鞋绑起来，不然鞋就被烂泥拖走了。

张瑞敏没有重复他之前 3 位厂领导的故事，而是以雷厉风行的手段迅速推进制度管理。针对工厂中存在的问题，他上任伊始就迅速出台劳动纪律管理规定，即“管理十三条”（图片收录于彩插之中）。中国企业的追赶发展与管理创新正是在“工作时间不准喝酒”“工作时间不准睡觉”，甚至“不准在车间里大小便”这样的基础上拉开序幕的。这是那个时代学习西方科学管理制度与措施的普遍做法，差异在于制度的内容以及执行制度的决心。

对于“管理十三条”的出台，张瑞敏回忆说：“我想，资金没有，可以弄到；产品没有，也可以生产出来；但信心没有，创业就难，做事很难达到第一流。一听说要整顿，厂里人就搬出过去定的一人高的规章制度；我没让他们多定条文，只制定了 13 条，最主要的一条就是，不准在车间随地大小便。这些最基本的没有，其他更是空的。”“管理十三条”发布后，许多员工认为它和原来的规章制度相比太简单，就是新任领导做做样子，于是并没有认真对待。但是几天后，厂里有一个员工偷东西，上午 10 点被抓住，11 点就贴出处理公告：开除厂籍，留厂察看。这件事震慑了所有人，大家开始意识到新厂长是要来真的。不久后春节来临，由于工厂亏损，很多员工担心过年发不出工资。张瑞敏赶到附近农村大队和乡镇企业借钱，不仅为员工按时发放了工资，还破天荒地为每人发了 5 斤鱼作为“奖金”。

引进德国生产线：艰难创业的技术追随之路

1985 年，张瑞敏分析了当时电冰箱市场品种繁多、竞争激烈的形势，提出了“起步晚、起点高”的原则，制定了青岛电冰箱总厂发展的“名牌化战略”。张瑞敏之所以有此底气，是出于技术与管理两方面的原因。技术方面，青岛电冰箱总厂引进了德国利勃海尔公司（Liebherr）的电冰箱生产技术和设备；管理方面，青岛电冰箱总厂通过严格的质量管理树立了品牌形象。

为引进德国设备与生产线，张瑞敏带人到北京各部门办理外汇批文。由于时间紧急经常买不到火车票，他们就花 5 分钱买一张站台票，路上租小马扎坐在两个车厢之间的通道处。当年的员工回忆说：“当时我们要求不得住超过 10 元钱一晚的（宾馆），一般都住五六元钱一晚的招待所，十几个人住一个房间，上厕所都要打着伞，因为楼上卫生间往下漏污水。”经过各种努力，青岛电冰箱总厂与德国利勃海尔公司签订了技术引进合同，根据合同规定，青岛电冰箱总厂可以派三批技术人员到利勃海尔工厂培训学习。

1985 年 5 月，时任青岛电冰箱总厂总工程师杨绵绵（后曾任海尔集团总裁）带领第一批员工去德国培训学习。时任质检科科长的韩振东（后曾任海尔集团组织部部长）回忆说："团组由总工程师杨绵绵为团长，还有三人分别负责冰箱产品设计、制造工艺和产品质量检测。当时的总经理张瑞敏跟我们谈话时说，工厂目前是什么状况你们都很清楚，我们借钱引进设备，上了冰箱项目，成败在此一举。你们到利勃海尔接受培训，是承载着全厂员工的重托，要认真向老师学习冰箱制造技术，我们要尽早生产出全国第一流的冰箱。"对于当时学习的情况，张瑞敏回忆说："当时引进利勃海尔技术的中国企业还有两家，加上我们一共三家。后来利勃海尔的人跟我们讲，说'中国人是不一样的，你们这些中国人和那些中国人不一样。那些中国人来了之后，每天要我们给他们多少马克，然后就拿着马克坐公车出去玩儿了，他们说这个技术很简单，他们看看就会了'。结果有一个武汉的厂最后被我们兼并了，后来我们了解到，他们当时谁能够出国学习，其实变成一种关系、一种福利。"今天的海尔文化展，展示着 1985 年海尔人到德国学习时留下的部分学习笔记和翻译资料，与别的学习团不同，青岛电冰箱总厂派出的学习团时常熬夜整理学习笔记和翻译德文技术材料。

"砸冰箱"：中国企业质量觉醒的标志

品牌要发展，仅仅学习技术是不够的。同样在 1985 年，张瑞敏从消费者的投诉信中发现当时生产的"瑞雪牌"冰箱存在质量隐患。经过检查，库房共发现 76 台存在质量问题的不合格冰箱。对于这些冰箱的处理，当时有两种意见：一是便宜点处理给职工，当时青岛电冰箱总厂员工的平均工资是 40 元，而一台"瑞雪牌"冰箱的价格是 800 多元，相当于一名员工不吃不喝两年挣的工资；二是作为“公关武器”送给跑项目接触的相关部门领导。张瑞敏坚决否定了这两种做法，为了真正唤醒员工的质量意识和市场意识，张瑞敏决定当众砸毁这些冰箱。不合格冰箱的质量问题由谁负主要责任，就由谁亲手砸掉。拿锤子砸毁亲手生产的产品，对每个人的心灵都造成了巨大的冲击。对此张瑞敏回忆说：“树立全面质量管理的观念，就是要想出怎么样让每个人都对质量真正负责，让每个人都认为质量是和自己联系在一起的。为了解决这个问题、树立这个观念，我最后就采取了这样一种比较过激的做法。它对每个人都有很强烈的视觉冲击，冲击什么？就是告诉他做坏的这个产品他是要负责的。”“砸冰箱”事件敲响了海尔历史上强化质量观念的警钟，成为海尔集团具有文化符号意义的企业精神[①]，同时也成为中国企业质量觉醒的标志。鉴于这种历史意义，张瑞敏砸冰箱所使用的大铁锤被收藏于中国国家博物馆（图片收录于彩插之中）。

“砸冰箱”事件之后，“要么不干，要干就要争第一”的质量至上观念根植于海尔，由此海尔也正式确立了“产品质量零缺陷”的经营理念，创造性地学习美国与日本的全面质量管理理念。为配合名牌化战略，青岛电冰箱总厂根据当时的技术与资源实力决定退出

① 这是从今天回望历史得出的事后结论，事实上“砸冰箱”事件并非一帆风顺。张瑞敏曾回忆说：“实际上‘砸冰箱’这件事结束之后，有人把我告了，检察院马上找到我，说‘你有什么权力把这些东西砸了’？按照当时的政策，损坏公物价值超过 400 元就足以被抓进去，把这些东西价值一算，定我一个罪名都没问题。当时我们就为这件事纠缠了好长时间。”几乎每一次具有历史意义的重要改革都要承担风险，正是这些复杂的变故，凸显出 20 世纪 80 年代中国企业家革故鼎新、锐意进取的创业精神更加难能可贵。

洗衣机市场，致力于创出“冰箱第一品牌”。

自主管理班组：人员解放的开端

为实现名牌化战略的目的，张瑞敏在组织与人员管理方面同时努力革新。在组织方面，当时青岛电冰箱总厂的组织结构是和机械技术与规范的质量管理相适应的科层制，主要是学习弗雷德里克·泰勒的科学管理理论（泰勒制）与马克斯·韦伯的科层组织理论（官僚制），依据合理性与标准化的专业化原则，划分设计、生产、营销、人事等职能部门，并自上而下地垂直整合和配置各种组织资源，组织结构呈现出典型的“正三角”形态。为推行严格的质量管理，张瑞敏引进西方的技术理性和管理规范，使青岛电冰箱总厂的科层制结构日益完善与规范。但海尔对西方管理制度的学习从来不是盲目照搬式的移植，而是从中国具体的制度与文化情境出发进行管理创新。张瑞敏深知科层制组织的弊端是约束人的创造性与主动性，为此在人员管理方面，他将西方前沿的管理思想与当时中国国有企业成熟的管理经验相结合，借鉴鞍钢宪法“两参一改三结合”的管理思想[①]与德鲁克的管理理论，提出“先造成人，后造产

---

① 鞍钢宪法是我国鞍山钢铁公司于 20 世纪 60 年代初总结出来的一套企业管理经验。1960 年 3 月 22 日，中共中央批转《鞍山市委关于工业战线上的技术革新和技术革命运动开展情况的报告》。毛泽东代中央起草批示，将鞍山钢铁公司实行的“两参一改三结合”的管理制度称作“鞍钢宪法”，要求在工业战线加以推广。其中，“两参”即干部参加生产劳动，工人参加企业管理；“一改”即改革企业中不合理的规章制度；“三结合”即在技术改革中实行企业领导干部、技术人员、工人三结合的原则。——编者注

品”“优质的产品是优质的人干出来的”等理念，并在科层制组织内部推行自我管理班组制。

张瑞敏高度认可德鲁克的一句名言：“组织的任务就是让平凡的人做出不平凡的事。”他清醒地认识到，企业的成功不取决于严密的制度管理，而在于全体员工的参与意识和自主管理水平。自主管理班组制是在车间班前会制度基础上进行了完善。1990 年，青岛电冰箱总厂形成车间班前会制度，目的是解决生产中出现的质量、设备管理、物资消耗等即时性问题。后来这些事务以班组管理的形式开展，目的是让员工自己管理自己，以调动一线人员创造性解决问题的能力。在车间班前会的基础上，自主管理班组制逐步完善和推行，生产目标的任务直接落在小组成员身上。小组有自己的业务，对库存、材料规划、人事安排、生产目标、成本目标和产品质量负责。这便改变了泰勒与韦伯设定的传统权力管控模式，员工不再不加思考地机械执行上级命令，而是在工作岗位处理所有生产问题和承担广泛的职责。在自主管理班组中，由小组对员工进行监督和评估，而不再接受上级的直接监督。员工由此形成相互尊重的学习与协作关系，围绕生产问题与技术创新进行充分交流、相互批评和互教互学。这一点与 1960 年毛泽东提炼的“鞍钢宪法”有异曲同工之妙。

冰箱门封条班组是青岛电冰箱总厂内部冒出的第一个自主管理班组。取消专检质检员后，班组内部的人不仅对所在工位的产品进行仔细检查，还会对上个工位的产品进行二次检查，整个班组变成“人人都是质检员”，人人都对产品质量负责。建成自主管理班组后，这个班组从原来的每班 8 人减到了 7 人，但是产品合格率却达到了 100%。最重要的是，这 7 个人可以分享 8 个人的收入，自主管理班组完全实现了自驱动。原质检员史春洁对此深有感触："冰箱门封条自主管理班组的成员大多是文化程度不高的中年妇女，自主管理班组成立后，她们的自觉性、自律性非常高，在管理好自己工位的前提下，还会相互监督，提高了整个工序的质量和生产效率。"[2]

质量管理意识的提升与人员创造能力的激活，使各种技术创新快速涌现。1991 年的创业纪念会上，张瑞敏宣布以员工李启明的名字命名一项技术创新——启明焊枪，原因是员工李启明新发明的这种焊枪改善了冰箱的焊接工艺和生产效率。"那时候，员工有什么问题会马上提出来，谁能创新谁就获得奖励，大家的积极性都很高。那是海尔最艰苦的一段日子，但全厂上下都充满了干劲儿。"李启明回忆说。当时，普通的一线员工踊跃参与技术革新活动，许多人甚至自己出钱利用业余时间做研究。在这一时期涌现出很多以员工名字命名的革新成果，如晓玲扳手、云燕镜子、申强挂钩等。仅 1998 年，海尔员工就提出 3.7 万条合理化建议，其中 1.9 万条得到采纳，创经济效益 1.13 亿元。[3]在创业的第一个阶段，"团队协作"、"自主管理思想"与"人的价值最大化"理念就已深深根植于海尔的组织基因之中。从自主管理班组，到后来的市场链与战略业务单元制（Strategic Business Unit，简称 SBU），再到组织小微化与员工创客化等更为颠覆性的模式创新，海尔的这种在组织中解放人的主动性与创造性的管理思想始终如一。

在技术引进、质量管理与组织创新的多重作用下，1988 年，青岛电冰箱总厂生产的冰箱在全国冰箱评比中，以最高分获得中国电冰箱史上的第一枚质量金牌，从此奠定了海尔冰箱在全国的领头地位。1989 年，在市场普遍降价的风潮中，青岛电冰箱总厂引进德国设备与技术而生产的“琴岛—利勃海尔”牌冰箱不但没有降价，反而提价 12%，这样仍然出现老百姓凭票抢购的现象。1990 年，青岛电冰箱总厂先后获得国家颁发的“全国企业管理优秀奖”（也被称为“金马奖”）、“国家质量管理奖”。1991 年，“琴岛—利勃海尔”冰箱入选中国十大驰名商标，获得中国“家电第一品牌”荣誉称号。1991 年青岛电冰箱总厂的营业额为 8.33 亿元，自 1984 年至 1991 年，7 年间青岛电冰箱总厂的营业额年增长率为 119%，利润年增长率为 80%（如表 2-2 所示）。在名牌化战略阶段，海尔解决了“如何走出由管理落后导致的企业生存危机”问题，实现了创造“国内冰箱第一品牌”的战略目的。

表 2-2 名牌化战略阶段（1984—1991 年）青岛电冰箱总厂营业额统计表

单位：亿元

年份	1984 年	1985 年	1986 年	1987 年	1988 年	1989 年	1990 年	1991 年
营业额	0.03	0.18	0.80	1.43	2.67	4.12	7.11	8.33

资料来源：作者根据海尔集团内部提供的经营数据整理绘制。

多元化战略阶段（1991—1998 年）：做大做强

历时 7 年，青岛电冰箱总厂专心致志做冰箱，逐渐走出生存危机，并成为国内领先的家电名牌企业，同时在管理、技术、人才、资金、企业文化方面有了可以移植的模式。1991 年 12 月 20 日之后，在青岛市委市政府的支持下，青岛电冰箱总厂与青岛电冰柜总厂、青岛空调器总厂合并，最终成立海尔集团，从此海尔开启了多元化战略的篇章。在邓小平南方谈话之后，国内市场环境进一步改善，集团化的海尔不失时机地走向做大做强的快速发展阶段。

“激活休克鱼”：中国企业成功并购的典范

在将冰箱产品做到全国最好的基础上，海尔逐步将业务领域扩展到洗衣机、空调、冷柜等相关产品，随后又进入彩电等黑色家电领域，从而由一家国内知名的冰箱制造企业转型为中国领先的综合性家电企业集团。1995 年 5 月 22 日，海尔集团东迁至刚落成的海尔工业园，正式拉开海尔二次创业——从创中国名牌到创世界名牌，从创出“冰箱第一品牌”到创出“家电第一品牌”的序幕。

海尔多元化的途径是稳妥和渐进地“激活休克鱼”，即利用海尔已经积累的技术、人才与管理优势，并购并激活具有一定经营基础但由于管理不善而处于休克状态的企业。对于多元化战略阶段实施的并购策略，张瑞敏解释说：“企业兼并的目的是以少量资金投入，迅速地扩大企业规模。兼并之后，企业扭亏为盈不是靠大量的资金注入，否则不如建立一家新的企业；主要还是利用自己的无形资产，即所谓品牌运营，并输出文化和管理。我们的做法是，在被兼并企业里将海尔的模式进行复制，可以形象地总结为‘吃休克鱼’的方法……所谓‘休克鱼’，是指硬件条件很好，但由于经营不善、管理不行而落到市场后面的企业。一旦形成一套行之有效的管理制度，把握住市场，这些企业很快就能重新站起来。海尔擅长的恰恰就是管理和开拓市场，这就找到了结合点。”

1995 年 7 月，原红星电器有限公司（下称“红星电器”）整体划归海尔集团所有，海尔以“吃休克鱼”的方式，通过输入海尔文化，盘活被兼并企业，使企业规模不断扩展。1997 年 9 月，以进入彩电业为标志，海尔进入黑色家电、信息家电生产领域。与此同时，海尔以低成本扩张的方式先后兼并了广东顺德洗衣机厂、莱阳电熨斗厂、贵州风华电冰箱厂、合肥黄山电视机厂等 18 家企业，共盘活了包括 5 亿元亏损在内的价值 18 亿元的资产，所兼并企业全部实现扭亏为盈。

海尔的这种并购策略卓有成效，以兼并红星电器为例，我们可以窥见当初海尔“激活休克鱼”并购方式的操作过程及其效果。该事件后来成为哈佛商学院潘夏琳教授的研究对象，1998 年，潘夏琳教授以“海尔：激活休克鱼”为主题将此事件收入哈佛商学院案例库。该案例开篇即写道：“1995 年 6 月，在医院的病床上，中国海尔集团的创始人、CEO 正在艰难抉择——海尔是否收购红星电器，这是当地一家大型的洗衣机制造商。红星电器的现金储备只剩下 20 元人民币，也就是约 3 美元。该公司的 3240 名员工吵着要求公司支付工资，但也担心公司会破产。像海尔一样，红星电器也是一家‘集体企业’，在理论上员工拥有这家公司，但市政府在其管理中起着重要作用。政府不想让红星电器关闭，但又不能维持其继续经营，因而必须采取适当措施，并且要迅速……”[4]

最终海尔收购了这家亏损的企业。红星电器被海尔兼并时净资产只余 1 亿元，但亏损却为 2.39 亿元，兼并后海尔只派总经理、销售经理与财务经理三个人过去，红星电器的员工和设备都没有改变，被兼并当月，红星电器尚且亏损 700 万元，但到 5 个月之后即盈利 100 余万元。之所以能够如此，潘夏琳教授认为："海尔成功的关键因素是它的企业文化。当然，技术能力和资本支持也非常重要。但如果没有正确的文化，海尔就无法把那些僵化而固定的资产转变成为顾客、员工、投资者以及整个社会不断增加价值的取之不竭的源泉。"潘夏琳教授总结了海尔文化的三个核心内容：企业员工个人的责任感和主动性，企业持续进步和不断创新的可能性，以及对顾客需求的满足。海尔代表进驻红星电器后，通过职工代表大会对当时的 105 名干部进行测评，决定定编 49 名，最终通过竞争上岗 30 多人，其中有 10 多位从来没有当过干部的人入选，从而在红星电器确立了公平竞争、勇于担责和对顾客负责的文化氛围。"海尔兼并红星电器"事件使"激活休克鱼"的并购方式成为中国企业成功进行并购整合的典范，也因其走入哈佛商学院案例库而产生巨大的世界影响力，成为海尔管理模式登上世界舞台的开端。

1997 年海尔的营业额为 108 亿元，从 1984 年负债经营到 1997 年营业额突破百亿元，海尔用了 13 年时间。1998 年，海尔的营业额达到 168 亿元，是 1991 年营业额的 20 余倍，海尔的发展速度在世界家电行业中位居第一。经过第二阶段的 7 年时光，海尔通过多元化战略实现了做大做强，也使张瑞敏"东方亮了再亮西方"的理念成为现实。1998 年 3 月初，"海尔：激活休克鱼"案例被写入哈佛商学院案例库。当年 3 月 25 日，张瑞敏应邀前往哈佛大学讲课。在那个竞相学习西方先进管理制度与经验的时代，海尔创造了西方企业与名校学习中国企业管理模式的罕见现象。

OEC 管理法：中国企业提升执行力的典范

进入第二个发展阶段的海尔，不仅在战略层面通过“激活休克鱼”式的并购使自身业务规模做大，而且在战略执行层面融合西方科学管理理论和东方古典哲学智慧，有意识地在引进西方技术和学习西方管理方法之外，发展出了一套独具特色的管理体系，即 OEC 管理法，这成为海尔管理模式中基础管理的重要内容。

OEC 管理法也称“日清管理法”，其英文全称是“Overall Every Control and Clear”。其中的“O”代表“Overall”（全方位）；“E”则被海尔赋予三层内涵：“Everyone”（每人）、“Everyday”（每天）、“Everything”（每件事）；“C”包含两层意思，即“Control”（控制）与“Clear”（清理）。OEC 管理法就是全方位对每人、每天所做的每件事进行控制和清理，并要求每人每天都要有所提高，做到“日事日毕，日清日高”。具体来说，OEC 管理法要求企业每天所有的事都有人管，做到控制不漏项；所有的人均有管理、控制的内容，并依据工作标准按规定的计划执行各自的控制项目，每日把实施结果与预定的计划指标进行对照检查、总结、纠偏，达到对事物全系统、全过程、全方位地日日控制、事事控制的目的，确保管理事项向预定的目标发展。海尔人将 OEC 管理法的操作要领总结为：总账不漏项；事事有人管，人人都管事；管事凭效果，管人凭考核。

OEC 管理法是海尔在第一个发展阶段推行的质量管理制度的延续，只不过在学习西方管理制度的基础上更多地整合东方智慧，从而形成了更具有自身特色和体系化的管理方法。严格来说，OEC 管理法的思想来源是西方的科学管理（泰勒制）、目标管理（德鲁克）、全面质量管理（W. 爱德华兹·戴明）与儒家自律文化在海尔经营实践中的融合。由于海尔是典型的制造企业，产品质量控制是其经营制胜的生命线，因而在早期的工厂制度管理和车间流水线管理方面，推崇效率至上和分工思维、标准化、制度化的泰勒制与全员参与全流程控制的戴明质量管理原则就理所当然地成为海尔借鉴和学习的对象。

但是在学习的过程中，张瑞敏发现中国企业存在的一些独特的管理问题需要解决，即制度和标准容易制定，但执行起来特别困难，对制度与标准的遵循难以持久且容易因人、因时而异。张瑞敏指出："中国企业里最麻烦的一个问题就是，对一种标准的贯彻或者一种规章制度的要求，员工今天达到了，明天可能又达不到了。在发达国家的企业里这种情况似乎不存在。企业要求做到什么程度，员工一旦达到了，一般不会再改变。而中国企业则非常现实，比方说企业今天要求一个员工将桌子擦干净，他今天做到了，明天就做得差点儿，后天可能就不擦了，因此企业就必须不停地提要求，我们自己把这叫作'反复抓，抓反复'。"为解决这一问题，作为深受齐鲁儒家文化影响的山东人，张瑞敏汲取了儒家"内圣"而"外王"、"吾日三省吾身"、"如切如磋，如琢如磨"和"精益求精，臻于至善"的自律与修养文化，从细节和小事做起，改变人在组织中的管理观念和行为规则，对制度与标准予以固定化和长效化，并使之化为每个海尔人自然而然的行为习惯，从而形成了一套“斜坡球体论”。

斜坡球体论是 OEC 管理法的思想基础。张瑞敏认为，企业在市场上所处的位置，如同斜坡上的一个球体（如图 2-2 所示）。球体（企业）在斜坡（激烈的市场竞争）上很难自动保持静止，它受到因市场竞争和内部员工惰性而形成的压力，如果没有止动力（基础管理），球体（企业）就会下滑。同时，球体（企业）还需要上升力（创新管理）的牵引。通过创造性地开展工作，提升目标，企业才能不断向上发展。此外，企业作为一个整体，是由一个个细小的局部组成的。企业经营的结果是在过程中通过一个个具体的环节而得来的。没有精彩的局部，就没有波澜壮阔的全局。只有注重对细节和过程的控制，才能达到控制全局和结果的目的。所以，要实现整体优化和发展目标，企业必须加强对各个细节和过程的控制。张瑞敏曾用一个形象的比喻来阐述 OEC 管理法：“海尔好比一座雄伟的大厦，两万多名海尔员工每人都有自己负责的一块玻璃，没有精彩的细部，就没有雄伟壮观的全局，没有干净的每一块玻璃，就没有亮丽的整个大厦。”

在具体实施过程中，OEC 管理法分为目标体系、日清体系、激励体系三块内容，分别构成海尔斜坡球体的提升力、止动力和向心力（如图 2-3 所示）。首先，海尔通过上下级互动协商对每一位员工的工作任务制定量化指标，形成明确的目标体系；其次，海尔对生产作业进行动作或工序分解，明确每个动作与工序操作流程与标准，形成可操作的日清体系；最后，海尔根据日清体系的执行情况和成本、质量损益指标制定激励体系，明确每个员工的绩效奖惩方案。海尔的目标体系、日清体系与考核体系均按照三个层次展开，“最低层次的管理就是‘管事’，高一个层次的管理是‘管人’，最高层次的管理是‘管机制’。所谓管事，就是‘兵来将挡、水来土掩’，结果是事越管越多、越来越杂、越来越乱。‘管人’高了一个层次，也就是找到了这件事背后的责任人是谁，比‘管事’要好得多。最重要的是‘管机制’，因为机制能使整个企业处于一个有序的发展当中”。三个体系的三个层次在不同的管理情境中又分解为岗位管理工作法、班组管理工作法、分厂管理工作法、职能部门工作法、经营决策工作法、全员激励工作法 6 种具体的管理方法。

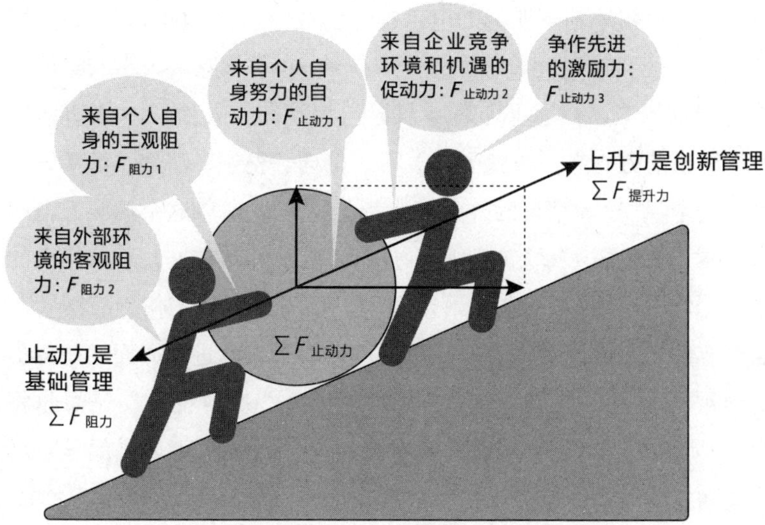

图 2-2 海尔的斜坡球体论

资料来源：根据海尔对外交流培训中心资料（2008）修改。

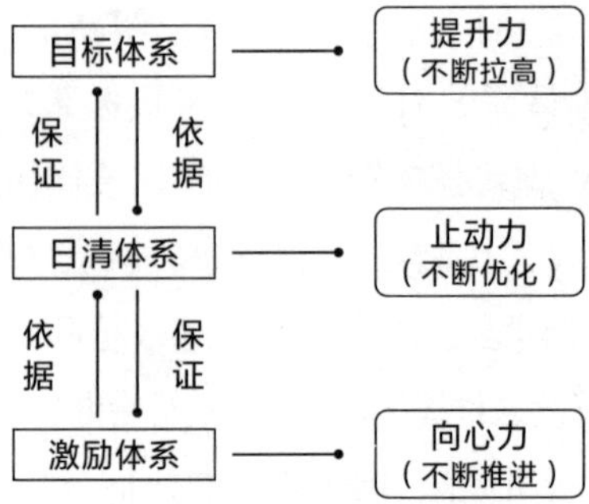

图 2-3 OEC 管理法的实施体系

资料来源：根据海尔对外交流培训中心资料（2008）修改。

OEC 管理法在实施过程中往往与其他生动有效的方式结合在一起，如海尔冰箱事业部的电工本部创造的“6S 自检站”。在该部车间入口处和作业区显眼处，印有一块 60 平方厘米大小的红框白芯的特别图案，白芯上印着一双绿色大脚印，人称“6S 大脚印”。大脚印正前方立有一块牌子，上写“整理、整顿、清扫、清洁、素养、安全”，这 6 个词的外文开头都是“S”，所以这个油漆方框叫作“6S 自检站”。每天车间班前会上，班长都站在这儿总结当天的 6S 工作，较差的员工也要站在脚印上反省自己的工作，后随着其他事业部的跟进，现场管理、质量管理、工艺改进等方面的榜样员工会被请上“6S 大脚印”介绍成功经验。“6S 自检站”是海尔将 OEC 管理法融入生产现场管理方面的创举。OEC 管理法倡导走动管理和立即行动，避免将精力浪费在形式主义的“文山会海”之中。OEC 管理法推进时期，《海尔人》报刊登内部员工绘制的多幅漫画（如图 2-4 所示），批判“开会坐等”和“空谈不行”的工作作风。

要走动管理，不要坐下开会

图 2-4 OEC 实施过程中的走动管理

资料来源：《海尔人》报。

OEC 管理法使海尔在第二个发展阶段形成了其管理风格：严、细、实、恒，即要求严、分工细、责任实、持之以恒。同时，速战速决的强执行力文化成为海尔文化基因的重要组成部分，对海尔以后各个战略阶段的文化、作风都产生了巨大影响。国际化战略阶段海尔作风的关键词是“马上行动”（文化 1.0），全球化战略阶段海尔作风的关键词是“速战速决”（文化 2.0），网络化战略阶段海尔作风的关键词是“小微引爆”（文化 3.0），其中一脉相承的是强执行力文化，其源头都是多元化阶段的 OEC 管理法。

1995 年，OEC 管理法获得“国家级企业管理现代化创新成果一等奖”。OEC 管理法实施后在业界产生了巨大的影响力，每年有数十万人次来海尔学习该管理方法。鉴于其对于改善企业经营的巨大推广价值，国家经济贸易委员会对海尔集团 OEC 管理经验进行了调研，并于 2007 年 4 月 17 日将调研报告上报国务院。在看了报告后，三位时任国务院副总理联名签署重要批示，在全国范围内推广海尔 OEC 管理经验。作为具有高标识度的中国企业管理模式，海尔 OEC 管理法对中国无数企业改善科学管理水平和提高企业执行力发挥了重大推动作用。

市场链组织：引入市场契约机制的组织探索

OEC 管理法的推行目的是通过加强基础管理提升企业的管理效率与战略执行力。随着 OEC 管理法的推行日渐深入，海尔逐渐触及组织流程的再造和组织结构的调整，因为执行力的提升最终会遇到组织问题。1998 年，海尔的 OEC 管理法向组织结构延伸，开始推进以市场链为基本导向的组织变革。

由于实施多元化战略，海尔在组织与业务规模上不断做大做强。商业史上知名的“钱德勒命题”认为，企业的战略决定组织，结构追随战略，多元化战略会导致企业出现事业部制组织结构。海尔在 20 世纪 90 年代的多元化扩张，使之围绕冰箱、洗衣机、空调等产品与业务建立起一个庞大的事业部制组织结构（如图 2-5 所示）。事业部制组织结构的顶层是海尔集团总部（投资决策中心），为整个集团发展方向和管理目标的实现提供战略决策，之下是以产品利润中心为基础的各个事业部，如冰箱电工本部、技术装备发展部、空调电子本部、冷柜电热本部和洗衣机住设本部等事业部，各个事业部的部长分别负责各自业务领域的生产和销售活动（成本利润中心），面对市场创造价值。集团与事业部之下都设有财务、人力、法律或技术研发等职能部门，整个集团的组织结构呈现为扩大化的“正三角”形态，海尔进入钱德勒所谓的“现代大型企业”阶段。

事业部制组织虽能按照产品业务门类灵活决策，调动事业部层面的创造性和积极性，但也有其固有的缺陷，如职能部门的重复设置造成组织结构臃肿、人浮于事和管理成本增加，冰箱、洗衣机、空调等各事业部之间的协调沟通也需要较多沟通成本，集团顶层的战略指令传达给基层员工的路径过长而容易造成信息扭曲，从而降低组织整体对环境变化的响应速度等。从本质上来看，事业部制组织是扩大化的正三角形和金字塔式科层制组织。这些问题在海尔实际业务中的表现就是阻碍了顾客满意度、市场响应速度和产品差错率三项指标的提高，这与走向世界后海尔的期望有差距，因而海尔

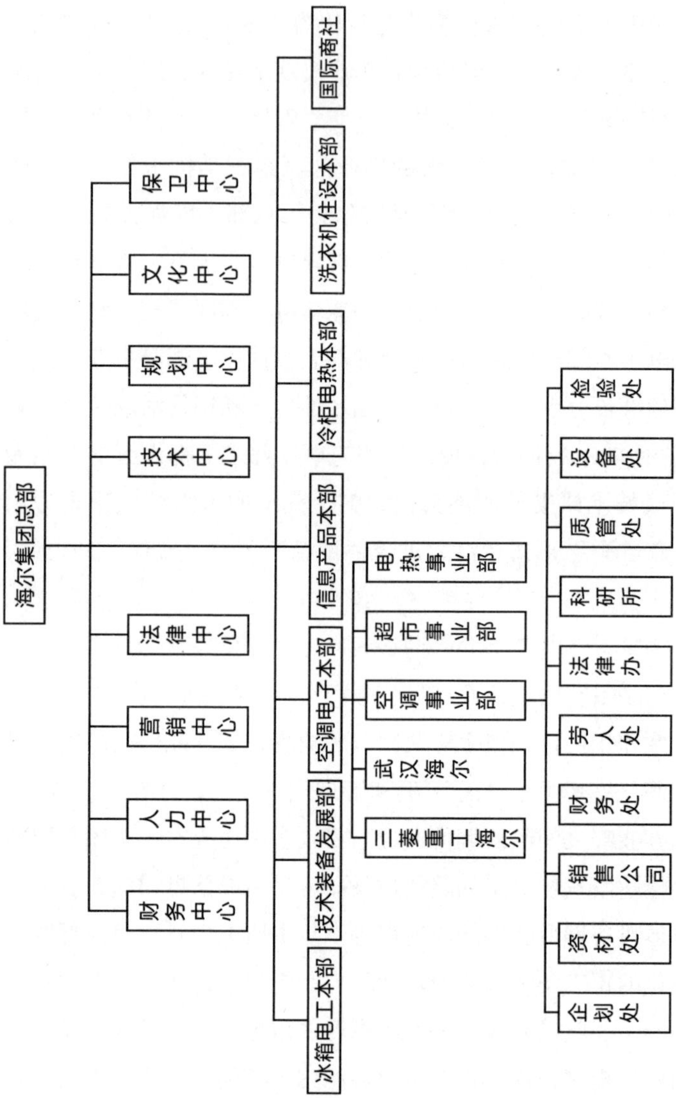

图 2-5 多元化战略阶段海尔的事业部制组织结构

资料来源：苏慧文（2001）。[5]

高层尝试从组织结构与流程层面来解决这些问题。这次组织变革的基本思想是让企业内部员工感知到外部市场需求，消除由组织结构造成的企业基层员工和市场终端顾客之间的鸿沟，以提升企业对于外部环境的反应速度和能力，实现对顾客满意度、市场响应速度和产品差错率三项指标的优化。组织结构变革的行动就是“把外部市场挪到内部来”，打造市场链组织。

1998 年年底，海尔正式提出通过“流程再造化、结构网络化、竞争全球化”，建设市场链组织，以保证集团的战略创新目标得以落实。其具体做法包括：第一，以订单信息流为中心，把原来分属各事业（本）部的销售、采购、财务业务全部分离出来，整合成独立经营的商流推进本部（营销系统）、物流推进本部（供应系统）和资金流推进本部（财务系统），实行全集团范围内统一营销、统一采购和统一结算；第二，把集团原有的职能管理资源进行集中，将人力资源开发、技术质量管理、信息产品管理、技术设备管理、法律、保卫等职能部门全部从各个事业部分离出来，使之成为独立经营的服务公司（内部利润中心性质的单位）；第三，把这些专业化的流程单位通过“市场链”连接起来，设计与签约方工作目标达成情况相关联的“SST”机制，即索酬（S）、索赔（S）、跳闸（T）标准。索酬是指流程单位通过市场链为服务对象做好服务，报酬来自为顾客创造的市场价值；索赔体现出市场链管理流程中部门与部门、上道工序与下道工序间互为咬合和协同行动的关系，如某个部门或工序履约出现问题而难以协同创造价值，合作部门或下游工序就要向相关部门或工序负责人索赔；跳闸就是发挥闸口作用，如果索酬和索赔都难以实现，第三方就会跳闸来终止项目以及时止损。经过市场链组织流程再造后的海尔集团组织结构如图 2-6 所示。

在海尔的市场链组织体系中，主流程（核心流程）的目标是要“创造市场”和对顾客订单“一票到底”地负责，在创造市场价值中实现利润；支持流程被要求转型为利润中心，并被鼓励为集团外部提供社会化服务（第三方服务）。[6] 市场链组织机制实现了市场需求、员工激励、企业资源和组织流程之间的良性互动，正如张瑞敏所说：“你的工资不应该是由你的上司说了算的，应该是你的市场说了算的，而谁是你的市场呢？你的下道工序。”这一时期，张瑞敏提出“凡墙皆是门”的经典论断，认为只有不断打破传统组织结构中的层级限制，让员工对市场需求负责而不是被动地服从高层管理者制定的工作安排，才能更好地实现企业和用户价值共创的目标。在洛桑国际管理学院演讲时，张瑞敏将市场链组织的精髓总结为：“物流以时间消灭空间，商流以空间消灭时间。我们打破了过去的职能管理制度，变职能为流程，形成围绕订单开始企业一切活动的业务流程……在新经济下给每个员工提供个性化创新的空间，以满足消费者个性化的需求。”像这样保持对新技术、新经济的敏感性，努力消除横亘在企业员工与市场消费者需求之间的组织结构障碍，实现企业与用户之间的零距离互动，成为海尔今后多次组织结构变革的一贯思想。多元化战略阶段海尔集团的营业额如表 2-3 所示。

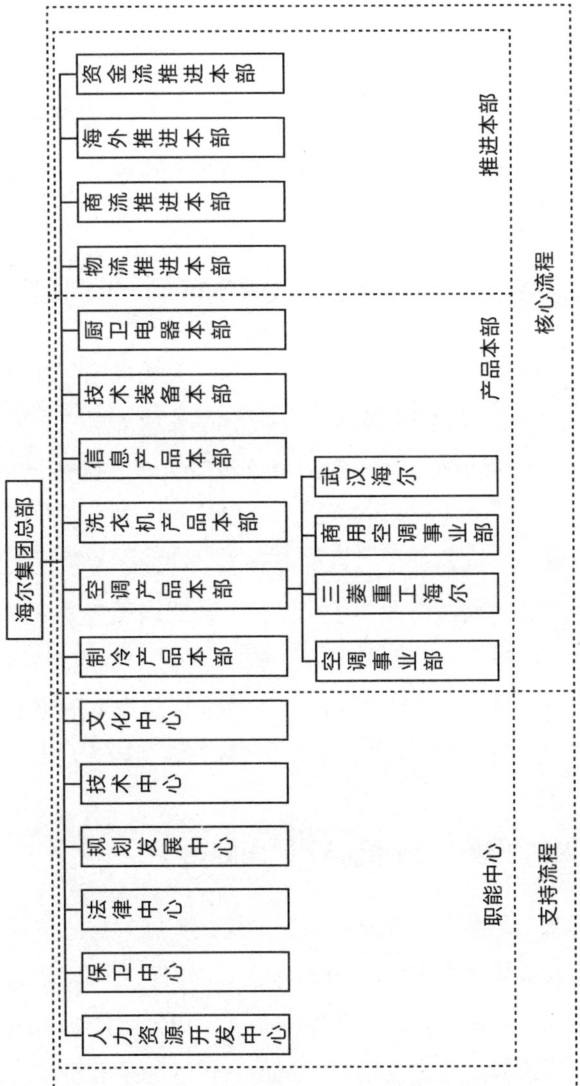

图 2-6 海尔市场链流程再造前后的组织结构

资料来源：苏慧文（2001）。[7]

表 2-3 多元化战略阶段（1991—1998 年）海尔集团营业额统计表

单位：亿元

年份	1991 年	1992 年	1993 年	1994 年	1995 年	1996 年	1997 年	1998 年
营业额	8.33	10.48	14.87	25.65	43.35	61.63	136.69	191.46

资料来源：作者根据海尔集团内部提供的经营数据整理绘制。

国际化战略阶段（1998—2005 年）：走向世界

1997 年，海尔喊出“海尔中国造”口号，开始以国际视野进行品牌定位。1998 年，经过充分酝酿，国际化战略成为海尔发展的重要推进方向。1999 年年初，海尔提出企业转型的三个战略目标：从职能型结构向流程网络型结构转变，从主要经营国内市场向同时经营国内外市场转变，从制造业向服务业转变。在此，海尔首次提出企业转型的问题，并将战略聚焦于国际化，还明确了“走出去、走进去、走上去”的三步走国际化战略，即，首先将产品出口到海外，走向国际市场（走出去），其次在国际市场推行品牌本土化（走进去），最后依托本土化推进品牌升级成为国际知名品牌（走上去）。

美国南卡罗来纳州建厂：逆流而上的国际化

海尔国际化战略按照“先难后易”的路线实施，首先在发达国家建厂，然后布局发展中国家。1999 年 4 月 30 日，海尔投资 3000 万美元在美国南卡罗来纳州建立了第一条家用电器生产线，随后在美国和欧洲推行研发、生产与销售“三位一体”的经营模式。1999 年 5 月 1 日，欧洲海尔、中东海尔、美国海尔等先后揭牌，众多海外经销商不断加入海尔的营销网络中。

在加入 WTO 前夕，海尔在美建厂面临着很多质疑。质疑者认为美国市场相对饱和，并且劳动力成本高昂（当时约为国内的 10 倍），加之当时美国的家电制造技术领先于国内，海尔在美建厂无异于以己之短攻人之长，属于盲目扩张，前景堪忧。但海尔决意在风险中把握机遇，逆流而上，认为在美建厂是理所当然之事。海尔这一决策基于以下考量：第一，“先有市场，再建工厂”，海尔已先一步打开美国市场以降低在美建厂的亏损风险。当时海尔向美国出口冰箱数量已经达到 50 万台，而达到 29 万台时就已达到建厂的盈亏平衡点。第二，在成本控制方面，美国当时劳动力的平均年薪为 2.5 万美元，确实约为国内劳动力成本的 10 倍，但在国内生产、国外销售的模式中，国内低工薪的优势被出口运费抵消，而且当时运费呈现继续攀升的趋势。第三，在美建厂有助于推动海尔在信息与技术方面的研发升级。第四，在美建厂可以使海尔对生产需求进行快速反应，降低运营成本。当时海尔从接到美国订单到生产完成大概需要 30 天，从中国到美国的集装箱运输时间还需要 30 天，在美建厂可以极大地节省时间。第五，在美建厂可以增加海尔产品对美国零售商的吸引力，使海尔平等地参与和美国企业的竞争。“下棋找高手”，在美建厂可以倒逼企业提升产品质量。

时间证明海尔在美建厂的决策是正确的。2000 年 3 月，第一台在美国制造的海尔冰箱下线，当时海尔在海外已有 6 个工厂建成投产，工厂运行良好，产品供不应求。2000 年 5 月，海尔因出色的经营业绩被美国科尔尼管理咨询公司和《财富》杂志评选为“全球最佳营运公司”，是亚太地区企业之中唯一入选的。2001 年 4 月，美国南卡罗来纳州政府为了感谢海尔为当地经济发展做出的贡献，无偿将美国海尔工厂附近的一条路命名为“海尔路”，这是美国唯一一条以中国品牌命名的道路。当月，张瑞敏应邀前往美国哥伦比亚大学和宾夕法尼亚大学沃顿商学院讲课。

与很多企业选择给海外品牌代工的捷径不同，海尔一直坚持以自主品牌开拓海外市场。长期以来，国内家电企业习惯于依赖为海外品牌代工和出口创汇，而忽视了品牌的海外打造，致使中国家电巨头品牌在海外的市场份额中始终占比不高。2019 年，腾讯企鹅号发布的阿尔法工场相关报告显示：借助制造业的制造效率，中国已是全球最大的白色家电生产基地，占全球白色家电产能的 60% ～ 70%，冰箱和洗衣机的产能各占全球冰箱和洗衣机产能的 50% 左右。但在海外，中国打造的品牌只占据了近 3% 的市场份额，其中海尔智家（原青岛海尔）占据了中国家电品牌在海外的 86.5% 市场份额。[8] 2020 年，据中国家电出口统计显示，国内白电三巨头中，海尔的海外营收占比最高，达到 49.11%。欧睿国际于 2021 年 1 月发布的数据显示，海尔冰箱零售量连续 13 年蝉联全球第一，海尔洗衣机零售量连续 12 年蝉联全球第一，海尔连续 12 年蝉联全球大型家用电器品牌零售量第一。这些成绩的取得都始于 1999 年海尔逆流而上，在美建厂。

SBU 组织：直面市场、自主管理的业务单元

海尔在国际化战略阶段的三个转型目标之一是，从职能型结构

向流程网络型结构转变。延续多元化战略阶段以市场链组织机制直面市场的逻辑，海尔在此阶段继续推进的组织变革做法是，构建“每个人直接面对市场”的 SBU 组织。海尔的 SBU 组织创新与在上个战略阶段实施的市场链组织强调组织流程再造不同，也与以美国通用电气（以事业部为基础划分 49 个 SBU）为代表的西方企业的 SBU 实践强调战略与资源的下沉不同，海尔的 SBU 组织创新更加强调人的改造。2003 年，张瑞敏明确在集团全体员工中推行 SBU 组织变革，“把海尔 3 万名员工改造为 3 万名自主管理的 SBU”。

SBU 的基本思想是战略下沉，西方企业尝试通过 SBU 把战略下沉到事业部中的团队层面，海尔则将之下沉到每个班组中的个体层面，让所有人都直面市场，承接战略并对经营结果负责，通过业务流程优化后的 SBU 组织将战略执行到底，从而实现经营与业务、战略与执行、组织与激励之间的紧密结合。在具体操作层面，SBU 由直面市场且互相咬合的 4 个要素构成：市场目标、市场订单、市场效果、市场报酬。其中市场目标指以速度来体现的市场竞争力，快速创造用户资源；市场订单指以创新的方式创造有价值的订单，实现市场目标；市场效果指凭借对订单执行到位来创造出的用户满意度的量化数据，并由企业信息化系统来显示；市场报酬指自己创造的市场增值部分在收入中的体现，并能对市场目标的再提高产生作用力。可见，海尔的 SBU 组织创新不仅仅是一种组织设计思想，而是将战略、组织与激励体系贯通起来的管理控制系统，该系统的运行逻辑如图 2-7 所示。

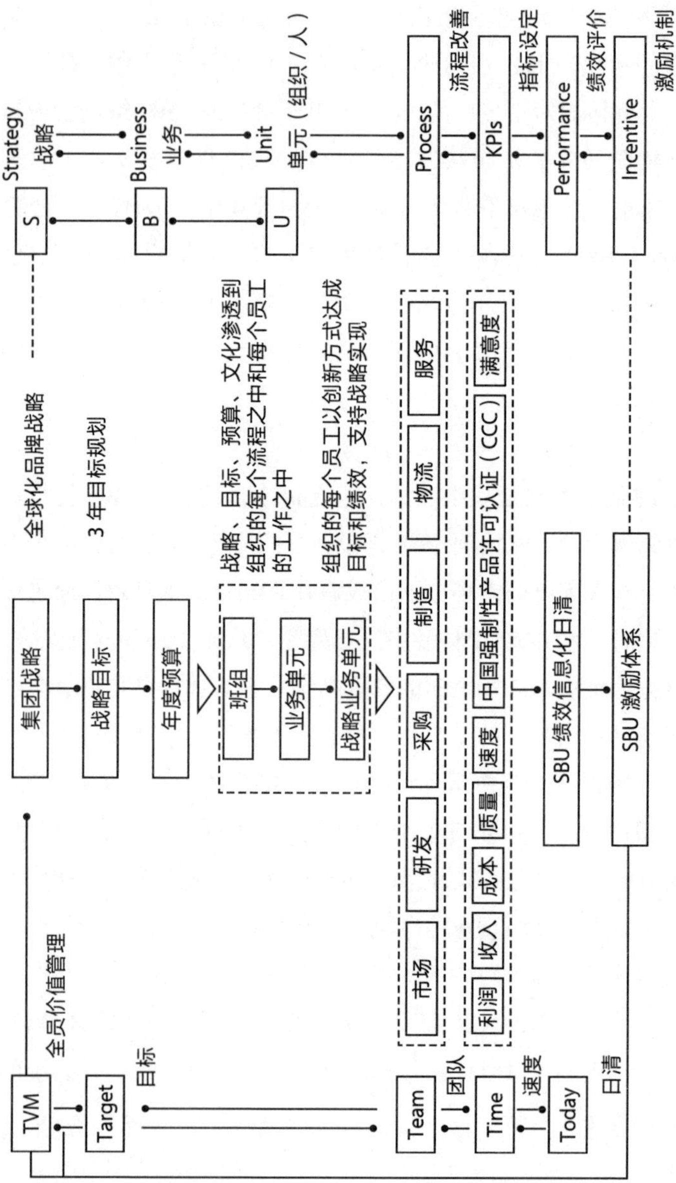

图 2-7 海尔的 SBU 组织管理系统

资料来源：汤谷良、穆林娟、彭家钧（2010）。[9]

海尔的 SBU 组织管理系统是对西方 SBU 理论与实践的拓展深化，不仅实现了罗伯特·卡普兰（Robert Kaplan）教授与戴维·诺顿（David Norton）博士[①]于 2001 年提出的“远景、战略、资源分配从公司顶部向下流动，执行、创新、反馈及学习从前方和后方向上回流”，而且将之纳入“个人价值最大化”的经营哲学之中，注重个体思想改造，“把每一个人作为 SBU”。面对瞬息万变的外部市场，企业的决策必须更多地依靠与用户距离最近和最了解市场的个体力量，通过组织管理系统激活员工的创新潜能，使每个个体成为市场创新的主体。如张瑞敏所说：“以最快的速度满足用户需求，然后在内部把庞杂的数据分配到每个人身上，让每个人都能做出经营表……最重要的一点是让员工创造的市场价值与自己的收入完全挂钩，取消原来的固定工资，员工为企业创造的效益越多，得到的就越多。”海尔将 SBU 组织管理系统与 SAP、ERP 等信息管理系统进行整合，通过战略、资源下沉和组织流程再造，将员工创造的市场价值与其收到的报酬收益结合起来，按照 OEC 管理标准，持续改进自主经营和创新能力等指标，在科研、营销、制造、服务领域全面推行以 SBU 为导向的班组管理（如图 2-8 所示）。

---

① 两位都是备受尊敬的管理大师，他们所创立的平衡计分卡是极为强大的绩效衡量体系。他们合著的《战略中心型组织》（*The Strategy-Focused Organization*）、《平衡计分卡战略实践》（*The Execution Premium*）的简体中文版已由湛庐策划，其中《战略中心型组织》已由北京联合出版公司于 2017 年出版，《平衡计分卡战略实践》将由浙江教育出版社出版。——编者注

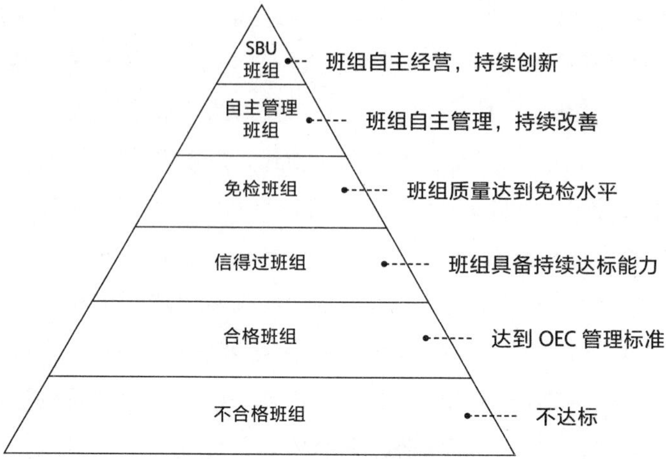

图 2-8 海尔以 SBU 为导向的班组分类及标准

资料来源：海尔模式研究院。

通过 SBU 组织创新，海尔涌现出大批具有自主创新能力的战略业务单元，极大地提升了企业的产品创新能力和员工的自我管理能力。张瑞敏指出："这样员工通过为用户创造价值来实现自己的价值，也防止企业在发展过程中产生大企业病。我希望我们的企业无论发展到多大规模，都能够迅速地满足市场的要求，永远充满活力！"这种基于"个人价值最大化"的经营哲学而进行的战略、组织、激励、财务一体化的设计思想贯穿其后海尔人单合一模式的每个发展阶段。

国际化阶段的海尔在产品质量、技术研发、品牌价值、国际声誉和财务指标方面均获巨大进步。2001 年 9 月 28 日，"全国质量管理奖"（现已更名为"全国质量奖"）颁奖大会在北京钓鱼台国宾馆召开，海尔被授予当时我国最高的质量荣誉——“全国质量管理奖”。2002 年 3 月 4 日，海尔在美国纽约中城百老汇购买原格林尼治银行大厦这座标志性建筑作为海尔的北美总部，此举标志着海尔的三位一体战略又上升到新的阶段，说明海尔已经在美国树立起本土化的名牌形象。2002 年 12 月，海尔冰箱以较大优势跃居全球冰箱品牌市场占有率排行榜榜首。

2004 年 1 月，世界品牌实验室、《世界经理人》周刊等机构联合发布“世界最具影响力的 100 个品牌”，海尔是唯一入选的中国品牌。同样在 2004 年，海尔的营业额达 1009 多亿元，首次突破千亿元大关（如表 2-4 所示）。

该阶段发生的另一桩在海尔史上具有重大意义的事件是，2002 年 3 月 21 日，电影《首席执行官》在青岛举行新闻发布会，这是以海尔集团为素材制作的弘扬民族精神的工业题材电影，展示了海尔持续创新创业，自强不息，推动民族工业走向国际化的艰难进程。《首席执行官》是对改革开放后中国企业家精神和 CEO 形象的经典诠释，在中国近现代企业史与管理史上具有特殊的符号意义。

表 2-4 国际化战略阶段（1998—2005 年）海尔集团营业额统计表

单位：亿元

年份	1998 年	1999 年	2000 年	2001 年	2002 年	2003 年	2004 年	2005 年
营业额	191.46	268.55	406.28	602.56	701.53	806.48	1009.07	1033.75

资料来源：作者根据海尔集团内部提供的经营数据整理绘制。

全球化战略阶段（2005—2012 年）：模式创新

2005 年，海尔已经成为“巨无霸”式的现代大型企业集团，面对互联网信息技术发展对传统管理方式的挑战，海尔实施了利用世界资源以打造本土化主流品牌的全球化战略。2005 年 12 月 25 日，海尔创业 21 周年暨海尔全球化品牌战略研讨会在北京钓鱼台国宾馆召开，张瑞敏宣布海尔启动新的战略阶段、发展模式及新的企业精神和作风。在此阶段，海尔意识到只有凭借“异质性”的资源与能力才能获取“差异性”的国际竞争优势。对于如何捕捉和塑造特殊的资源与能力，海尔瞄准了互联网技术及其诱发的互联网思维。迎接互联网技术对于企业的挑战，以互联网思维推进海尔由制造业向服务业的转型，打造真正全球化的国际领先企业，是海尔在本阶段的重要战略方向。应对互联网挑战的战略产物是海尔正式提出人单合一模式。海尔对外进行横向一体化扩张，通过创建战略联盟或外包等合作形式进行强强联合以整合利用全球资源，对内则以用户为导向继续企业流程再造以推进组织变革，彻底改造传统金字塔式的正三角组织，打造以自主经营体为基本组织单元的倒三角组织。

人单合一模式与互联网转型

早在 2000 年，张瑞敏参加主题为“让我们战胜满足感”的达沃斯世界经济论坛时，就意识到互联网给企业带来的巨大挑战，传统的管理模式在互联网时代可能难以发挥作用。参会归来后，他即在海尔内部提出“不触网，就死亡”的口号，推动海尔向互联网企业转型。在这种探索过程中，2005 年 9 月 20 日，海尔正式提出人单合一模式，探索互联网时代“与用户零距离”的新型管理模式。

经过多年持续的努力，海尔在颠覆组织、孵化创客等方面做出极大努力，推动企业由“电器”（以硬件为基础的制造业）向“网器”（以软件为基础的服务业）转变。人单合一模式的具体内涵及其发展将在下文专门介绍。

倒三角组织与自主经营体

人单合一模式产生后，海尔在市场链组织和 SBU 组织的基础上进一步推进“变职能为流程”的组织结构调整。本轮组织变革的核心是以自主经营体为基本组织单元，打破组织职能部门分割，打造以“零库存下的即需即供”为流程优化目标的倒三角组织。本轮组织变革启动的缘由是基于职能部门的管理流程障碍影响了用户价值的实现。在传统正三角组织的职能管理体系中，营销、采购、生产和财务等各职能部门，都在信息化建设中基于 IT 技术发展了独立的数据库与应用程序。顾客订单需要依次穿越销售部门、采购部门、生产部门、物流部门、财务部门等多个职能部门，部门利益和信息沟通障碍极大影响了顾客订单的完成效率。

为解决上述业务流程问题，海尔持续做出一系列的努力：

第一，以订单信息流为中心，把原来分属各事业（本）部的销售、采购、财务业务全部分离出来，整合成独立经营的商流推进本部（营销系统）、物流推进本部（供应系统）、资金流推进本部（财务系统），实行全集团范围内统一营销、统一采购和统一结算，这是海尔市场链的主流程。

第二，把集团原来的职能管理进行整合，注册为独立经营的服务公司，形成创新订单支持流程“3R”，即 R&D（研发）、HR（人力资源开发）、CRM（客户资源管理）和保证订单实施完成的基础支持流程“3T”，即 TCM（全面成本管理）、TPM（全面设备管理）、TQM（全面质量管理），这是海尔市场链的支持流程。

第三，梳理三大核心流程，即商流、物流和资金流，聚焦于提升全球供应链的响应速度，将原来的职能型结构变成流程型网络，垂直业务变成水平业务。

第四，在核心流程上增加战略计划、业务报告、内部审计、流程与 IT 管理等四大管理流程，把“订单信息流”作为带动商流、物流和资金流运转的中心。

以上 4 个步骤，海尔在国际化战略阶段基本完成。

第五，解决供应链偏长和管理流程复杂带来的难以系统化和可视化的问题。2008 年年初，海尔信息化管理史上最大、最复杂的 ERP 集成项目海尔全球增值系统（HGVS）上线了。但该系统因未与组织结构调整结合起来，曾在短期内造成市场销售额的一落千丈。

第六，提出“人单合一双赢模式”，核心内容是“虚实网结合的零库存下的即需即供”，即以零库存下的即需即供为目标，先把组织结构和团队做起来，再去建立相应的流程，以及解决 ERP 与组织结构油水分离的问题，之所以这样做是因为“组织结构没变，拿出一个新的流程来，这两者根本对不起来”。

第七，推动以“自主经营体”为核心的组织变革，实现战略承接、业务流程和组织结构的融合。“自主经营体”有三个准则，即“端到端”“同一目标”“倒逼体系”。“端到端”是指一线经理的工作从用户的难题出发，到用户的需求满足为止，即从用户端再到用户端；“同一目标”，是指自主经营体的所有团队成员都要按照同一目标来满足用户需求；“倒逼体系”是指将用户的要求作为目标，倒逼海尔内部所有流程进行优化。倒逼的方法是，按“交足企业利润、挣足市场费用、自负盈亏、超利分成”的原则，每个人拥有一张财务报表，成为独立核算的单位，这种思想和“每个人都是SBU”的思想一脉相承。集团赋予自主经营体三种权力：现场决策权、分配权和用人权，使之以类似于公司的形式面向市场独立运营，也就是以全员契约的形式将所有员工的创新行为导向用户。这种契约与西方企业推行的内部市场契约有所不同，张瑞敏认为：“海尔的自主经营体和西方企业一个很大的不同，从本质上说，就是打造企业和用户之间的契约——用户需要什么，我们就必须满足什么，而不是像西方企业一样打造没有用户的企业内部之间的契约。我们是以用户为中心的企业，而西方企业是以企业为中心的企业。”截至 2012 年年底，海尔集团内部共建立了 2333 个自主经营体，自主经营体成为海尔最基本的组织细胞。

第八，以自主经营体为基本组织单元，打破部门壁垒，形成直面用户的支撑体系，将组织进一步调整为倒三角式的网络组织（如图 2-9 所示）。

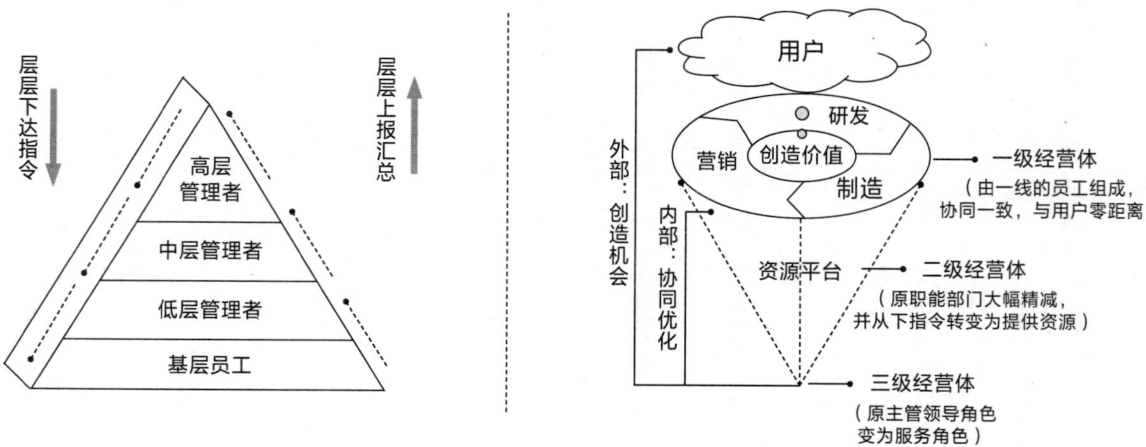

图 2-9　传统的正三角式组织结构 VS. 海尔倒三角式组织结构与自主经营体

资料来源：海尔模式研究院。

在这种倒三角组织中，一级经营体由直面用户并具有共同市场目标的一线员工组成，二级经营体由原职能部门转化而来，并为一线经营体提供资源支撑，三级经营体是提供战略支撑的原产业或部门主管，只不过其领导角色变为服务角色。也就是说，倒三角组织中的自主经营体有三种形式。一线自主经营体主要包括研发、营销、制造三类，每一类经营体又由无数个围绕特定目标组建的小型自主经营体构成。一线经营体直接面对用户提供端到端的价值创造活动，其从事的业务类似于迈克尔·波特（Michael Porter）的价值链理论中的基本活动。第二类经营体是平台经营体，主要从事财务、企业文化、人力资源和供应链管理等支撑性活动，是对传统相关职能部门的流程再造和功能重组，其从事的业务类似于迈克尔·波特的价值链理论中的辅助活动。第三类经营体是战略经营体，由原行业决策者组成，其使命是塑造和掌控海尔价值观与战略设计，整合和创造全球各种用户资源，为二级经营体提供支撑性服务和战略指引，使企业保持持续增长的核心竞争力。

跨国并购，加速全球布局

在做出业务流程优化与组织结构调整的同时，处于全球化战略阶段的海尔还通过跨国并购，加速全球生产与研发布局。2011 年 10 月 18 日，海尔和日本三洋电机就收购其多项业务签署最终协议，收购三洋电机在日本和东南亚地区洗衣机、冰箱等电器业务，主要涉及日本、印度尼西亚、越南、菲律宾和马来西亚。收购后，海尔在日本以及东南亚地区形成两个研发中心、4 个制造基地和 6 个区域的本土化市场营销架构。在日本市场实现“Haier”和“AQUA”

双品牌运营；在越南、印度尼西亚、菲律宾和马来西亚市场，海尔在运营海尔品牌的同时，将在指定期间内同步运营三洋（SANYO）品牌。2012 年 9 月至 11 月，海尔以 7.66 亿美元增持斐雪派克 80% 的股权，从而全资拥有定位于高端奢侈品家电市场的新西兰最大家电制造商。此次增持是海尔集团全球化战略发展的重要步骤之一，有助于强化海尔的全球竞争优势，为全球用户提供创新引领的解决方案。与此同时，海尔以“世界就是我的研发部”的开放体系，在全球建设了五大平台型的研发中心，分别位于中国、亚洲其他国家和地区、美洲、欧洲、澳大利亚，使公司具有了强大的领先于行业的研发能力和研发速度。

全球化战略阶段的海尔同样取得了快速的发展。2011 年，海尔旗下的两家上市公司在行业总体增速放缓的背景下，通过人单合一模式实现了业绩持续稳步增长。其中海尔电器（股票代码 01169）实现净利润同比增长 44.0%，青岛海尔（股票代码 600690）实现净利润增长 21.14%。2012 年，海尔集团营业额达到 1631 亿元，利润达 90 亿元（如表 2–5 所示）。这一年，海尔被中国质量协会评为全国首批“质量标杆示范单位”；入选国际领先的综合性品牌战略顾问与设计公司 Interbrand 发布的“2012 最佳中国品牌价值排行榜”，在中国家电企业中排名居首位，品牌价值较上年度增长 25%。

表 2–5 全球化战略阶段（2005—2012 年）海尔集团营业额统计表

单位：亿元

年份	2005 年	2006 年	2007 年	2008 年	2009 年	2010 年	2011 年	2012 年
营业额	1033.75	1075.06	1182.27	1189.57	1249	1357	1509	1631

资料来源：作者根据海尔集团内部提供的经营数据整理绘制。

网络化战略阶段（2012—2019 年）：创客平台

2012 年 11 月 6 日，张瑞敏作为中国共产党第十八次代表大会代表做客中国共产党新闻网视频访谈室时提出：抓住互联网机遇，建设平台型企业。2012 年 12 月，为更好地服务于用户需要和提升企业运转效率，海尔集团正式宣布实施网络化战略，致力于打造互联网时代的平台型企业，使海尔从制造产品的企业转型为孵化创客的平台。

小微组织与平台型企业

这一时期，海尔直面新工业革命时代大数据、智能制造、移动互联网及“云计算”等技术（简称“大智移云”）的发展形势，针对自主经营体存在的契约过多、内容烦琐、个体本位、目标分歧等问题，建设战略自主经营体、市场一线自主经营体和研发、制造等资源部门共同面向用户，全流程融入和各利益主体通力协作的利益共同体，简称“利共体”。利共体是自主经营体的外延，自主经营体和外部的供应商、合作方等利益相关方共同形成了利共体，每一个利共体按单聚散、动态变化，为了实现用户价值而自行协同合作。在实际操作中，利共体常常是几个自主经营体结合在一起，利共体的“体长”实际上不是扮演领导角色，而是资源整合的牵头角色。在利共体的实践中，海尔提出要把整个企业发展成一个大平台，作为快速配置资源的框架。2014 年年底，利共体升级为内部创业孵化的“小微”组织形式。“小微”是海尔“在线员工”（合作伙伴）与“在册员工”（具有合同关系的正式员工）共同创业、主动结成的合作组织，是为用户负责的独立运营主体，充分享有决策权、用人权和分配权。至此，海尔真正成为人才无边界、组织无边界的开放式平台，各利益相关方在此平台上共享和整合资源，将潜在的需求转化为现实的利益。

对于从倒三角式组织向基于利共体（后为小微）的平台型组织的过渡，张瑞敏曾有较为清晰的说明："海尔组织颠覆为倒三角式组织后，组织模式成功的地方就在于一级经营体，即直接和用户接触的员工，构成了一个相互协同的组织。比方说，六门冰箱的团队，包括研发、制造、营销、财务，还有供应商等，会联合起来成为一个'利益共同体'。对于二级经营体来说，它们的职能是给一线经营体提供资源。倒三角式组织解决了一级经营体的协同问题，但使原来的相关职能部门的角色从控制监督转化为提供资源则比较困难。针对这些问题，我们的组织调整又向前走了一步，就是把倒三角式组织变成'节点闭环'的网状组织。这样，原来的一级经营体、二级经营体以及合作方就组成了一个同呼吸、共命运的利益共同体，完全协同一致，形成平台型的团队，按单聚散。"

在组织结构与其运行机制方面，海尔打造自主经营体所带来的颠覆性变化是，三类经营体之间并非传统的领导与控制关系，而是依靠"服务契约"和"包销契约"等市场方式实现价值共享和资源协同的关系。也就是说，三者之间没有职务高低，只有服务活动和创造价值大小的不同。其中一线自主经营体及其员工团队是海尔经营业务的核心力量，即时获取和回应用户多样性的需求，自主经营体都拥有决策权、用人权和分配权，以及自己独立的财务报表，形成一个自负盈亏的独立核算单元和自我管理小组。二级平台经营体

图片来源：海尔集团

◎　1984 年创业初期，海尔集团前身青岛电冰箱总厂原貌

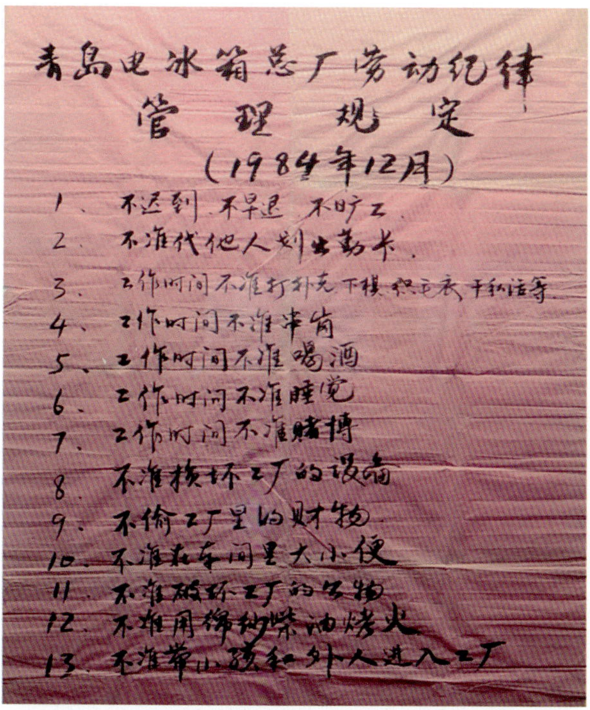

青岛电冰箱总厂劳动纪律
管理规定
(1984年12月)

1、不迟到 不早退 不旷工
2. 不准代他人划出勤卡
3. 工作时间不准打扑克 下棋 织毛衣 干私活等
4、工作时间不准串岗
5、工作时间不准喝酒
6. 工作时间不准睡觉
7. 工作时间不准赌博
8. 不准损坏工厂的设备
9. 不偷工厂里的财物
10. 不准在车间里大小便
11. 不准破坏工厂的公物
12. 不准用棉纱柴油烤火
13. 不准带小孩和外人进入工厂

图片来源：海尔集团

◎　管理十三条

图片来源：海尔集团

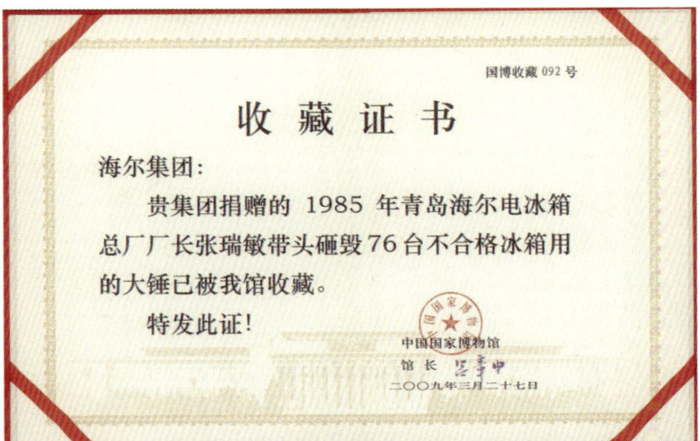

国博收藏 092 号

收 藏 证 书

海尔集团：

贵集团捐赠的 1985 年青岛海尔电冰箱总厂厂长张瑞敏带头砸毁 76 台不合格冰箱用的大锤已被我馆收藏。

特发此证！

中国国家博物馆

馆长

二〇〇九年三月二十七日

图片来源：海尔集团

◎　国家博物馆收藏的大铁锤及收藏证书

图片来源：海尔集团

◎ 1998 年，
张瑞敏首次登上哈佛商学院讲堂

图片来源：海尔集团

◎ 2016 年，海尔并购通用电气家电（GEA）

自加入海尔家族以来，GEA 不断刷新经营业绩。2017 年，GEA 创下 10 年来的最佳业绩；2018 年，GEA 在美国家电行业负增长的环境下仍实现了两位数正增长；新型冠状病毒肺炎疫情期间，在行业衰退背景下 GEA 仍然实现逆势强劲增长。在 2016—2021 年的 5 年间，GEA 的营业收入增长了近一倍，利润增长了近两倍，成为海尔制跨文化移植和人单合一模式国际化的样本。GEA 的 CEO 凯文 · 诺兰（Kevin Nolan）说 :“人单合一不是一种说明书，而是一种哲学。”

图片来源：海尔集团

◎ 2019 年，海尔生物在科创板上市

海尔生物董事长谭丽霞表示，海尔生物是在海尔人单合一管理模式、文化土壤中孵化而出的物联网科技生态新物种，并以创最佳用户体验为目标，衍生出血液网、疫苗网等多种物联网场景生态。海尔生物上市发行价为 15.53 元 / 股，经过不到两年时间，于 2021 年 9 月 21 日上升到 113.15 元 / 股，是张瑞敏“产品会被场景替代，行业将被生态‘复’盖”商业思想的样板。

图片来源：海尔集团

◎　海尔集团董事局大楼：隐喻“海尔是海”

图片来源：海尔集团

◎　海尔集团生态品牌中心大楼：隐喻“凡墙皆是门”

图片来源：海尔集团

◎　海尔集团董事局景观：上善若水

图片来源：海尔集团

◎　海尔集团董事局景观：静水流石

图片来源：海尔集团

◎　海尔集团董事局景观：独木成林

图片来源：海尔集团

◎　海尔集团董事局景观：凤凰涅槃

图片来源：海尔集团

◎　海尔世界家电博物馆

即“冰山之角”，张瑞敏用它来隐喻“时代的海尔”。一喻“资源无限”：浮起“冰山之角”的冰体主体不仅是巨大的，且可随意增大，因其周边的水资源取之不尽，恰似海尔资源无限的理念——世界是我的人力资源部。二喻“自我组织”：冰山的鬼斧神工乃自然形成，非人力能为，如同海尔的创业小微皆为无边界的自组织，而非科层制的他组织。三喻“按单聚散”：冰山的成与失系温度使然。同理，人单合一模式中“单”的聚散由用户说了算。“单”在“人单合一”中即用户的最佳体验，源于社群生态圈的共创共享，由此生态用户的进与出驱动着创业团队的聚与散。

Casarte
卡萨帝

图片来源：海尔集团

◎ **卡萨帝**

海尔旗下国际高端家电品牌。品牌名称源自意大利语："La casa"意为"家","arte"意为"艺术"，Casarte 即"家的艺术"。卡萨帝以极致高端的原创科技来打造精致产品，为用户提供全场景的智慧家庭解决方案，引领智能家居领域进入"智慧 + 艺术"的高端体验时代。

三翼鸟

图片来源：海尔集团

◎ **三翼鸟**

海尔旗下全球首个场景品牌，隐喻为"奇异吸引子"与"蝴蝶效应"。三翼鸟为用户提供阳台、厨房、客厅、浴室、卧室、全屋空气等一站式全场景智慧家庭定制解决方案，开辟了从卖产品到卖场景的新赛道。

卡奥斯 COSMOPlat

图片来源：海尔集团

◎ **卡奥斯**

海尔旗下全球引领的世界级工业互联网平台和物联网生态品牌。卡奥斯一词来源于希腊神话中的"Chaos"，中文译为"混沌"，隐喻"万物之卵"。

图片来源：海尔集团

◎ 凯度集团与海尔集团
共同发布《物联网生态品牌白皮书》

6 月 21 日，2021 年 BrandZ™ 最具价值全球品牌榜在戛纳揭晓，海尔连续三年以全球唯一物联网生态品牌上榜，品牌价值较去年提升 41%。

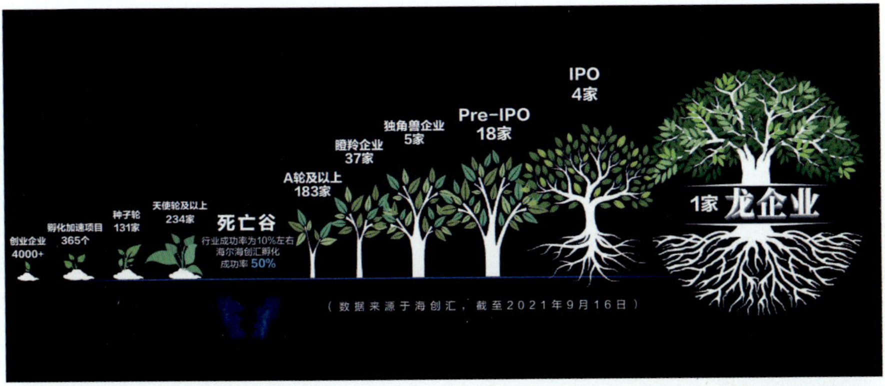

图片来源：海尔集团

◎　海创汇创业生态进化图

海尔已从制造产品的企业，转型成为孵化创客的平台。海创汇是海尔集团打造的创业孵化平台，聚合海尔生态圈产业资源及开放社会资源，为创客提供综合的创业孵化服务。目前行业内投资孵化成功率为 10% 左右，得益于海尔平台的资源、品牌和模式的赋能支撑，海创汇平台的孵化成功率达到 50%。

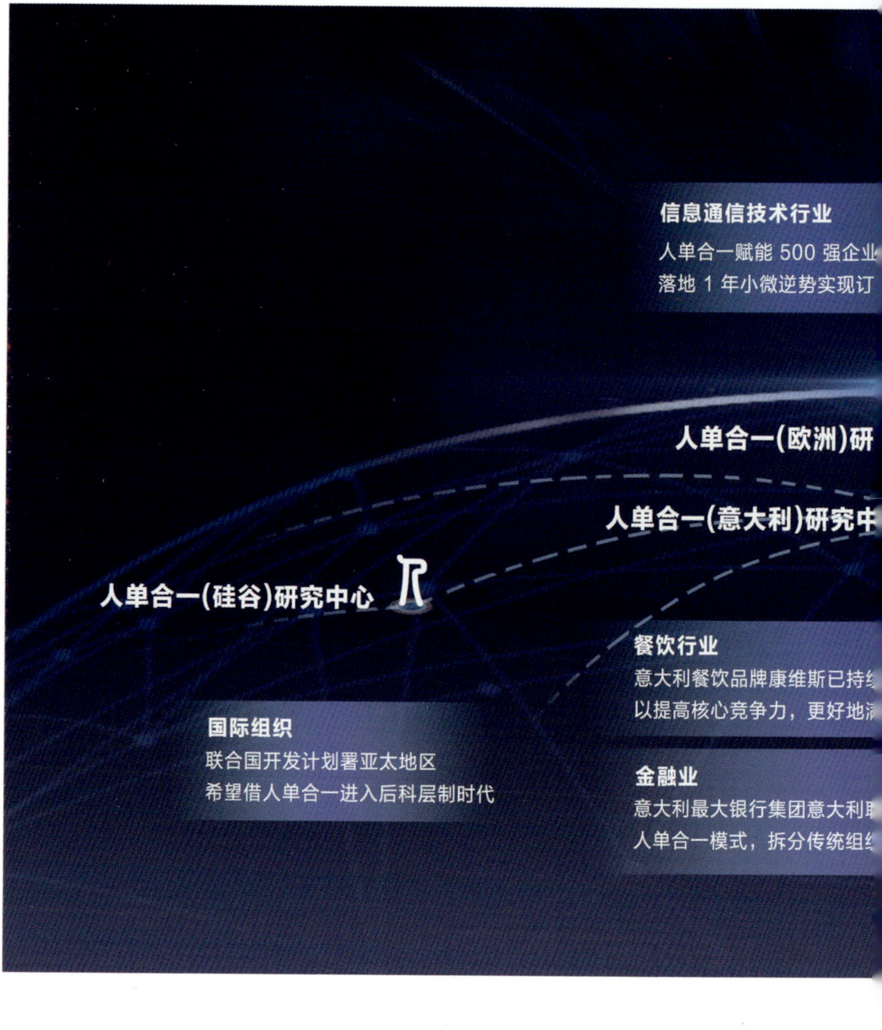

◎ 全球人单合一研究中心网络图

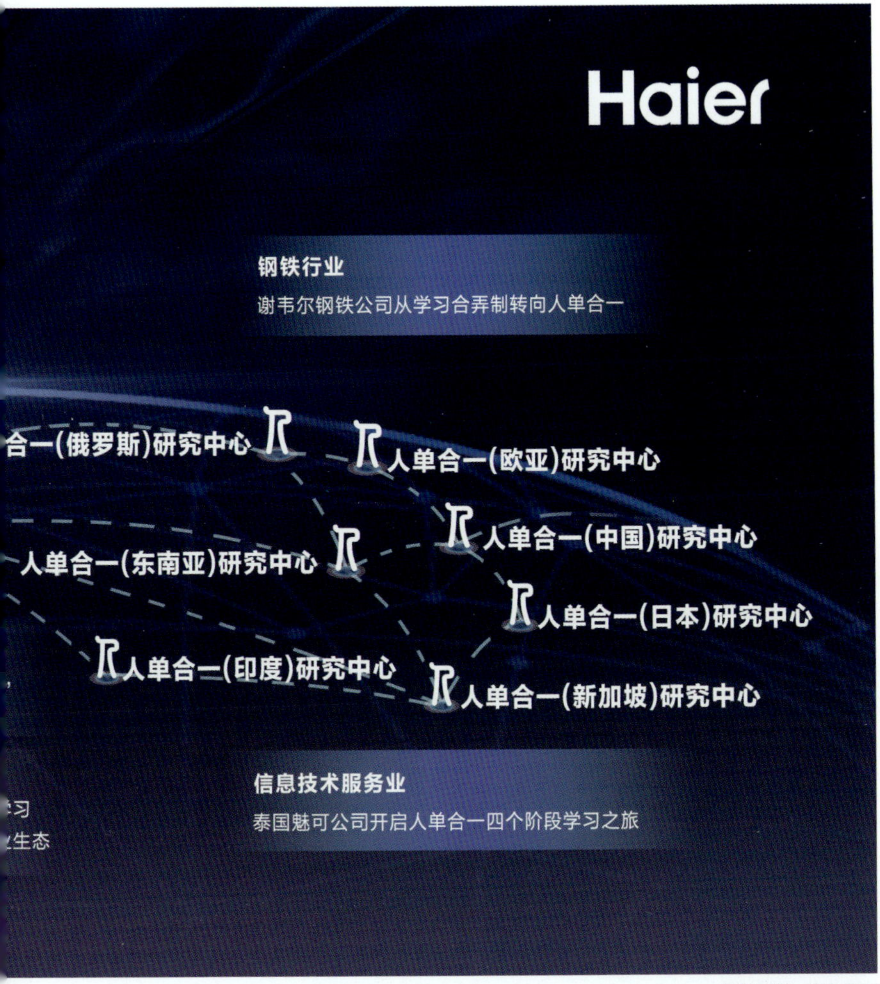

图片来源：海尔集团

截至 2021 年 9 月，全球 74 个国家和地区的 32 万多家企业注册成为人单合一联盟会员。全球十大人单合一研究中心致力于研究并协助全球企业实践人单合一模式以引领未来。 2021 年 9 月 17 日，在第五届人单合一模式引领论坛上，管理发展学界最大的国际组织、全球三大认证机构之一的欧洲管理发展基金会（EFMD）联合海尔成立人单合一模式全球认证中心，共同发布人单合一模式国际认证体系。论坛当天，欧洲管理发展基金会（EFMD）向富士通（西欧）颁发了人单合一认证首张认证证书。

图片来源：海尔集团

◎ **海尔文化展油画《荆棘路》**

寓意为鲁迅在《热风 · 生命的路》中的一句话：“什么是路？就是从没路的地方践踏出来的，从只有荆棘的地方开辟出来的。”

则为之提供财务、人力、物流等职能资源方面的支撑性服务。三级战略经营体则为平台经营体提供战略、文化与价值方面的支撑性服务。这样，海尔颠覆了传统的自上而下进行目标设定、资源配置和考核控制的金字塔式组织，通过削弱传统科层结构的权力关系和建构平等、协作及互相支撑的组织内市场关系，在结构上形成具有“上宽下窄”特征的倒三角式组织架构（如图 2-10 所示）。和原来的倒三角式组织相比，海尔的平台型企业是一种节点闭环的网络组织，进一步打破了组织内部的水平边界，并使外部边界具有高度渗透性，从而将开放、平等、共享、分权及动态等互联网技术影响下的网络特征与平台思维融入组织建构之中。

平台型企业在倒三角式组织结构基础上更加动态开放。用户导向驱动下逆向流动的权力倒逼体系及全员契约驱动下的内部市场机制使海尔形成上下协同、内外联动的自组织机制。对照普利高津等人提出的自组织机制的发生条件，我们可以发现，海尔平台型企业的自组织机制有 4 个关键性驱动要素。一是确定用户导向，使组织边界模糊化，形成内外互动和远离平衡态的混沌秩序；二是以自主经营体为基本组织单元，通过自主决策激发员工个体力量，通过上下联动的权力（及其信息系统）倒逼机制使组织具有灵活协调和维系动态平衡的环境适应能力与响应能力；三是利共体（自主经营体联合）之间通过缔结平等的合同契约来高效配置资源，通过内部市场的交换机制而非科层权力的控制体系自发地耦合互动和实现自我优化；四是激发创新精神，整合内外部资源，人人皆为创客，通过缔结小微企业，搭建利益共生和价值共享的创业社群，使系统出现非线性、模糊性而又可控的涨落，推动系统自动演化出反复迭代的秩序。

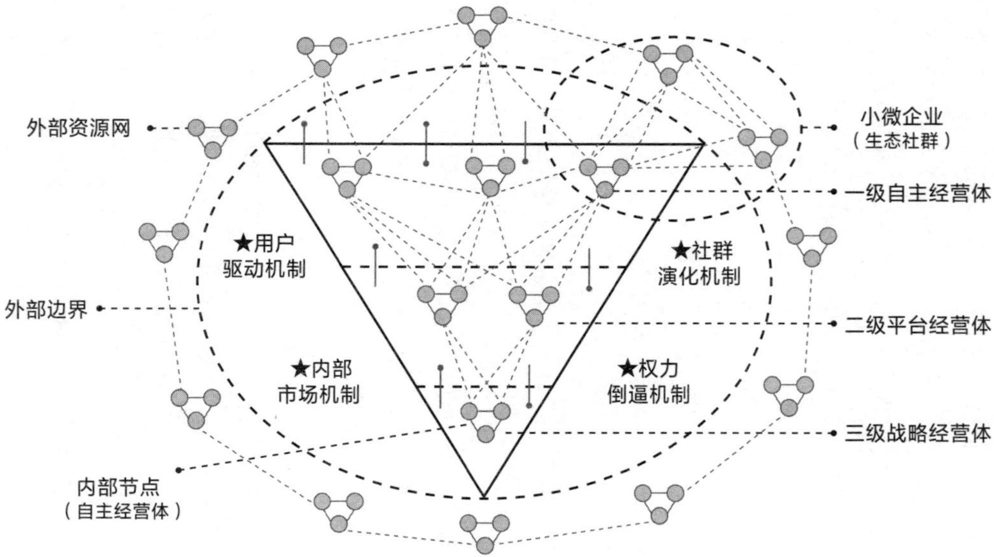

图 2-10　海尔平台型企业的结构及其自组织机制

资料来源：胡国栋（2017）。[10]

海创汇：小微创业孵化平台

海创汇是海尔集团由制造产品向孵化创客转型的资源赋能平台。海创汇与普通孵化器不同，它依托海尔生态产业资源及开放的社会资源，实现了创新与创业、线上与线下、孵化与投资的系统结合，为创客提供包含投资、学院、供应链 & 渠道、空间、工厂、创新技术等一站式加速服务。

在网络化战略的指引下，按照创建孵化创客的平台型企业的转型方向，海创汇孵化出的典型的小微创业范例包括雷神小微。雷神科技成立于 2014 年 1 月，全称为青岛雷神科技股份有限公司（Thunderobot），是一家隶属于海尔旗下、依托粉丝驱动模式发展起来的互联网游戏产业公司，由一批专门研发游戏笔记本的创客团队创建。2017 年 11 月 15 日，作为以人单合一模式孵化的创业样板小微，创业 3 年的雷神科技（股票代码 872190）在新三板挂牌上市。2019 年年初，雷神科技已形成包含“911 系列”笔记本电脑在内的三大系列、八大模具、21 款外观的产品阵列，在 22 个省份开设了 88 家线下体验店，成为中国游戏笔记本行业的领先企业。

作为海尔平台孵化的第一个小微，雷神及其诞生，颠覆了以往传统的先生产产品再匹配市场需求的思维模式。雷神完全根据用户需求设计产品，对产品进行公测、改进、再公测、再改进，之后再投向市场，然后通过上市产品吸收用户反馈，再推出迭代产品。由此，用户全流程参与产品的研发设计，雷神通过不断追求最佳产品和最佳用户体验，成为行业的引领者。

雷神最初的创客是海尔智能互联平台原笔记本产品部的三名“85后”普通员工——李艳兵、李欣、李宁（简称“三李”）。“三李”都是游戏发烧友，2013年6月，他们了解到整个PC行业市场规模大幅下滑，市场需求已陷于停滞和萎缩，但是作为细分市场的游戏笔记本市场一直处于增长状态。于是，他们开始寻找用户痛点并观察用户是不是也和自己一样对现有的游戏笔记本有很多抱怨，并花了整整两天时间从京东商城上3万条“差评”中总结出用户对现有游戏笔记本的“13条抱怨”：运行不稳定，单条内存容量过小，系统不好装，驱动难找，跑分低，散热不好，键盘松动，做工差，风扇噪声大，售后服务态度差，屏幕漏光、有亮点，喇叭声音小，硬盘不好用。带着这些数据发现，他们去百度贴吧、IT类论坛发帖，与用户沟通交互，以确认痛点的有效覆盖率。

通过与用户深度交互，“三李”产生了开发一款更适合游戏玩家的笔记本的创业想法。他们找到了海尔智能互联平台的平台主周兆林，看着游戏本样机完全背离笔记本“轻薄”的发展趋势，周兆林心里有点打鼓，这几个“小孩儿”要创业，能行吗？但他没有立即提出反对，而是让他们先去试试。周兆林之所以没有直接反对，源于海尔于2012年提出的网络化战略，倡导创客文化，鼓励创业小微发展，平台主的任务就是为小微的创业提供资源支持。正是在海尔这种创客文化的氛围中，三个年轻人获得了创业的机会，他们迅速组建雷神小微团队，小微主是曾任海尔笔记本事业部总经理的路凯林。从后端产品研发，到采购，再到市场营销，路凯林都拥有丰富的经验，在访谈中他表示：“如果没有海尔的平台，我的确从未考虑过创业。”

有了团队支持之后，接下来创客们就需要找最好的游戏笔记本生产供应商来解决用户痛点问题。作为“游戏笔记本第一代工厂”，也是外星人笔记本品牌的代工厂——台湾蓝天科技就成为“三李”最好的选择。经过 4 个多月的艰苦谈判，蓝天科技终于被“拼命三李”的决心以及细致的可行方案所打动。带着蓝天科技生产出的第一代样机，“三李”又回到交互的第一阵地邀请粉丝试玩、测评、提出改进意见再反馈给蓝天……就这样周而复始地迭代了两个多月，最终雷神游戏笔记本解决了“卡机、蓝屏、屏幕有亮点”等诸多市场产品痛点。

2013 年 12 月 24 日，雷神的第一款产品在京东商城预售，只过了 3 天时间 500 台产品便一售而空。2014 年 1 月 15 日，雷神第二批产品上线，只过了 21 分钟 3000 台产品便被抢光，创造了中国高端笔记本市场上最快的销售成绩。2015 年 1 月至 5 月，雷神游戏笔记本的销量达到 3.4 万台，销售额达到 1.87 亿元，分别同比增长 109% 和 163%。产品在 15 个月内迭代达 6 次，积累了近 150 万名粉丝，雷神成为 2014 年游戏笔记本业内最热门的品牌。雷神取得的业绩使它完全具备了成立独立法人实体小微公司的条件。2014 年 4 月，依托海尔内部创客孵化平台提供的启动资金、供应链、服务、人力、资源等支持，雷神小微注入第一批启动资金，注册成立青岛雷神科技有限公司，海尔集团占股 72.5%，雷神创始团队路凯林、李艳兵、李宁、李欣采取跟投的方式，投入 40 万元入股，获得了 15% 的股权和 10% 的期权。雷神小微实现了独立运营，自负盈亏，拥有用人权、分配权、决策权。

成为独立运营的公司，并不意味着雷神脱离了海尔在运营上的助力，集团的平台赋能对其迅速发展起到重要推动作用。随着雷神的粉丝越来越多，产品销量也越来越大。发货量的增加使得采购、质检、发货、服务、营销、财务、人力等方面的工作量都急剧增加，雷神最初的 4 人团队已经远远无法满足业务的快速发展需要。在海尔人力共享平台和财务平台的支持下，雷神扩充到了 7 人的核心团队，有人专门负责产品、营销、服务、渠道板块，还有人综合统筹整合资源，这些人分别来自海尔智能互联平台的供应链、营销、服务、质检等各个节点，对雷神提供各种资源支持。这样海尔的服务网络体系就是雷神的服务网络体系，尤其是海尔覆盖全国乡镇的售后服务网络，为雷神的售后服务提供了坚实的保障。在海尔的客户服务中心有一个“雷神游戏部落”的授权牌，这是雷神的用户服务点，既包含在海尔用户服务中心之内，又有专人服务于雷神的独立品牌，为雷神节省了铺开用户服务网络所需的资源。除此之外，在产品研发、设计、制造等过程中，海尔平台还为雷神对接国内外一流的资源，如英特尔、英伟达、微软、威刚科技、三星、友达光电等。

通过海创汇创业孵化平台和创客导师的创业培训辅导，利用创客资源漏斗提供的风投资源池，雷神成立公司后，开始与一些风险投资机构接触沟通投资事宜。2014 年 12 月，雷神科技经首批 A 轮融资获得 500 万元投资，海尔股权被稀释掉 10%，但仍然占大股。2015 年 3 月，雷神科技在京东股权众筹平台只花 1 小时便募得 1500 万元。至此雷神科技累计获取社会化资本 2000 万元。2015 年 5 月，雷神科技在京东股权众筹平台募得 2829 万元，刷新了中国股权众筹史上的纪录，它在 72 小时内就已实现 1600 万元超募。引入社会化资本的目的重在使创业项目得到市场化和社会化的验证与创业指导，而不是闭门造车，通过资本的社会化倒逼小微人才、资源的社会化。雷神清楚地意识到自己最重要的资产就是粉丝和社群。当时，雷神一共运营了 130 多个粉丝群，有 1028 万粉丝量。

得益于在打造共创共赢的生态圈方面的突破，2017 年 2 月，雷神科技完成 C 轮融资，募得 6500 万元，引进同创伟业、赛富投资基金、优格互联、海立方舟等投资机构；6 月，雷神在“618”购物节游戏笔记本市场中全网销量第一、高端型号市场销量占比第一；8 月，雷神走向海外市场，利用参加全球第三大游戏展会——德国科隆国际游戏展（Gamescom）的契机，陆续进入西班牙、俄罗斯、马来西亚、新加坡等市场。目前，尽管雷神已在游戏笔记本行业达到销量第一，但单纯的游戏笔记本市场只有 350 亿元的规模，而游戏竞技、主播等“软市场”却拥有千亿元级规模，因此雷神正由制造硬件产品向搭建共创共赢生态圈的方向演进。

网络化战略阶段的海尔，品牌价值、财务指标和社会声誉持续攀升。2018 年 7 月 19 日，海尔集团旗下的子公司之一青岛海尔，以其在智慧家庭和先进制造方面所实现的营收规模和品牌实力，进入《财富》世界 500 强。2018 年 10 月 24 日，青岛海尔通过法兰克福证券交易所的准入并挂牌交易实现上市，成为第一家于中欧国际交易所股份有限公司 D 股市场上市的公司，D 股的成功发行有助于推动人单合一模式和海尔生态品牌在欧洲的本土化。2018 年海尔集团全球营业额达 2661 亿元，同比增长 10%；全球利税总额突破331亿元，同比增长10%；生态收入达到151亿元，同比增长75%（如表2-6所示）。2018年12月18日，在庆祝中国改革开放40周年大会上，张瑞敏作为"注重企业管理创新的优秀企业家"被授予"改革先锋"称号，由习近平总书记亲自颁授奖章。海尔人单合一模式作为企业管理创新的典范，获得国家公认。

表2-6 网络化战略阶段（2012—2019年）海尔集团营业额统计表

单位：亿元

年份	2012年	2013年	2014年	2015年	2016年	2017年	2018年	2019年
营业额	1631	1803	2007	1887	2016	2419	2661	2900

资料来源：作者根据海尔集团内部提供的经营数据整理绘制。

生态品牌战略阶段（2019年—）：新物种涌现

早在2014年，海尔集团内部就提出"生态圈"的概念。自2015年开始，海尔明确了向物联网生态企业转型的战略方向。至2018年，海尔的生态企业建设已有较大成效，当年6月20日，由世界品牌实验室主办的第十五届世界品牌大会发布了2018年《中国500最具价值品牌》分析报告，国家电网、腾讯、海尔名列最具价值中国品牌三强。在这份基于财务数据、品牌强度和消费者行为分析的年度报告中，海尔以3502.78亿元的品牌价值居榜单第三位，品牌价值同比提升20%，也是唯一在榜单中被归类于物联网生态行业的品牌。榜单中海尔集团的业务门类已从"家电"转型为"物联网生态"。2019年12月26日，张瑞敏在海尔集团创业35周年大会上，正式发布海尔集团第六个战略阶段：生态品牌战略阶段。

链群组织：非线性、自演化的生态圈

2019 年年初，为解决小微各自为政而难以协同为用户创造持续迭代的价值这一困难，海尔开始实施具有更明显的非线性特征的链群生态组织体系。链群的全称是“生态链小微群”，也可以理解为小微的社群。链群的出现是为了更好地满足用户需求，链群强调的是小微与小微之间自发的、跨平台的并联，是一个以创造终身用户为目标，以实现用户体验迭代为路径，以用户体验场景为纽带的开放并联体系。在该体系中，小微是基本创业单元，作为链群的中枢神经系统，支持着链群为创造最佳用户体验而展开的活动。以小微通过人单合一、链群合约自组织形成的链群为中心，海尔形成了非线性、自演化的生态圈组织体系（如图 2-11 所示）。

该组织体系由三个层次的生态圈构成。下面是基础生态圈，主要是技术支撑平台，包含由财务、人力、法务、税务、IT 等传统职能部门转化而来的大共享平台和由农村水站、社区快递柜等构建而成的小管家平台等；中间是小微创业生态圈，是以链群、小微为主的创业体系，截至 2019 年 2 月 13 日，该体系中包含直面用户的 150 个链群、776 个创业小微和 4595 个节点小微；上面是用户体验迭代生态圈，是海尔与用户交互的触点网络，主要包括卡奥斯、大顺逛、日日顺乐家、日日顺乐农、研发平台和海创汇等持续迭代、创造最佳用户体验的平台。2019 年 2 月，张瑞敏在集团内部会议上讲话时说道：“海尔生态圈可以分为上中下三层。上层对应的是用户体验迭代，是触点网络；下层主要是技术平台，包括大共享平台、采购平台等；但是中间最重要的，就是以链群、小微为主的创业体系。”

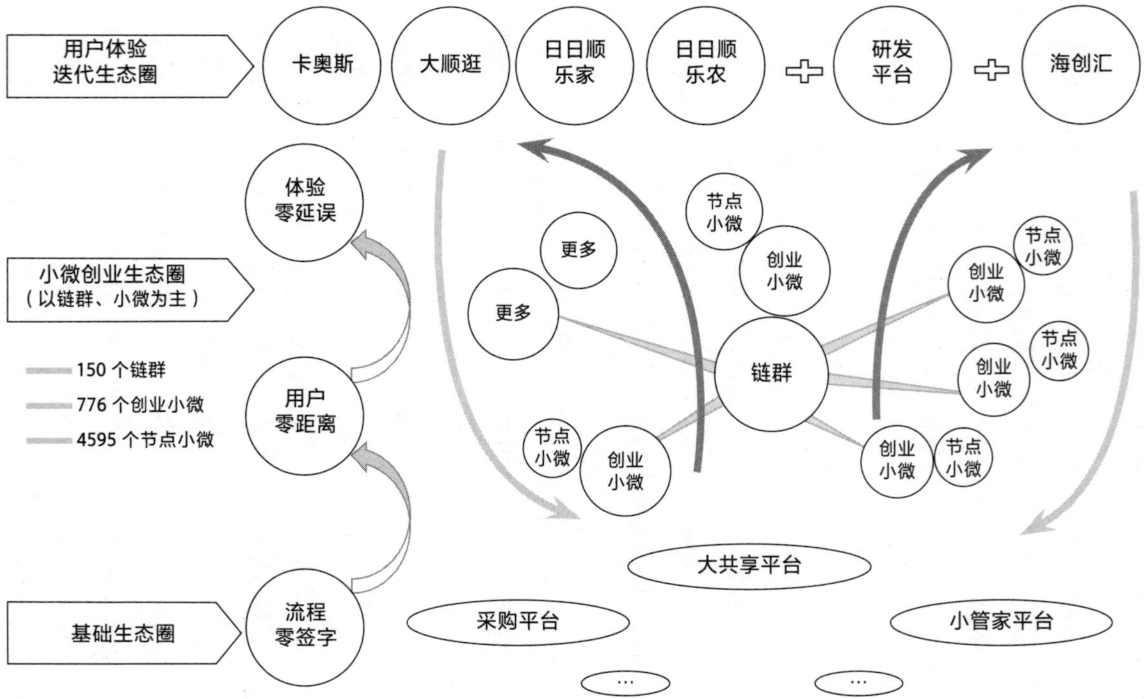

图 2-11　海尔非线性、自演化的生态圈组织体系

资料来源：根据《海尔人》报（2019）相关材料绘制。

新物种：海尔生物在科创板上市

海尔实施生态品牌战略，推动企业由家电制造企业转型为物联网生态企业的标志性事件是海尔生物在科创板上市。2019 年 10 月 25 日，海尔生物在上海证券交易所科创板举行上市仪式，成为海尔打破行业边界、向生态企业转型的试金石。2019 年海尔生物实现营业收入 10.13 亿元，同比增长 20.30%。在盈利能力层面，海尔生物全年创利总额为 2.11 亿元，同比增长 51.67%；归母净利润达 1.82 亿元，同比增长 59.76%。海尔生物是海尔人单合一模式和物联网生态品牌战略孵化出的新物种，主营业务始于生物医疗低温存储设备的研发、生产和销售。在人单合一模式指引下，海尔生物通过运用物联网科技变“电器”为“网器”，进而变“网器”为“场景”，围绕“场景”提供全套解决方案，发展血联网和疫苗网等小微企业，利用自主技术创新打破国外技术垄断，成长为基于物联网转型的生物安全综合解决方案服务商，为生物样本库、血液安全、疫苗安全、药品及试剂安全等场景提供低温存储综合解决方案。2021 年 5 月，海尔生物的市值已达 315 亿元，每股价格超过 2019 年上市发行价 5 倍，通过黑海战略实现了物联网转型和跨越发展。海尔生物的发展过程是海尔通过向物联网换道而实现转型升级的一个缩影，其产生与发展的具体过程，详细参见本书第 5 章内容。

新引擎：卡奥斯工业互联网平台与企业数字化转型

2020 年 9 月 20 日，世界工业互联网产业大会暨第四届人单合一模式国际论坛在青岛举办，技术、模式、生态互相嵌入和融合创新，创建世界智能制造“第三极”[①]的海尔卡奥斯工业互联网平台成为专家、权威机构、行业和资本方关注的焦点。作为全国首批智能制造试点示范企业，海尔从 2012 年开始建设互联工厂，从大规模制造转型为大规模定制，变产销分离为产销合一。在人单合一模式推动下，海尔研发出智能制造云平台 COSMOPlat，中文译为“卡奥斯”，寓意为创新的万物之卵，孵化出众多新物种。卡奥斯定位于中国自主研发、自主创新、引领全球的工业互联网平台与生态系统，是物联网背景下推动实现大规模个性化定制和赋能中小企业转型升级、共创共赢的多边平台。作为全球首家引入用户全流程参与体验的工业互联网平台，卡奥斯在国际标准方面频获认可，先后主导 IEEE、国际标准化组织（ISO）、国际电工委员会（IEC）三大国际标准组织大规模定制相关的国际标准。

在新基建发挥效能的 2020 年，加上受到新型冠状病毒肺炎疫情的一些影响，企业数字化转型按下了“快进键”。解决企业数字化转型“不会转、不能转、不敢转”的问题迫在眉睫。2020 年 10 月，在第三届数字中国建设成果展览会上，卡奥斯携模式、技术、机制三大创新成果为企业数字化转型提供了切实可行的方法论。2020 年 12 月 10 日至 12 日，以“点亮数字未来”为主题的 2020 中国数字化年会发布了 2020《中国智能制造企业百强榜暨中国智能制造

① 海尔集团总裁周云杰于 2017 年 3 月曾谈及，在工业 4.0 的探索方面，世界上最重要的两极就是美国和德国，德国的工业 4.0 以西门子为代表，美国的工业互联网以通用电器为代表。海尔正在探索的是以 COSMOPlat 为核心的智能制造模式，这是中国首个拥有自主知识产权的、面向智能制造的中国版工业互联网平台，希望中国成为世界智能制造“第三极”。——编者注

业发展与趋势》白皮书。由卡奥斯赋能的海尔入选并荣登中国智能制造企业百强排行榜前列，与富士康、福耀玻璃、华为被评选为“四大金刚”。2020 年 12 月 27 日，第六届中国工业大奖发布会在北京召开。会上，“基于卡奥斯工业互联网平台的智能制造转型升级示范项目”入选中国工业大奖并位列项目类首位。2021 年 1 月，卡奥斯推出了面向全场景的工业互联网分布式操作系统——天工 OS 和自主研发的统一企业服务平台——“天云”企业控制台，加速企业数字化转型。在新型冠状病毒肺炎疫情防控期间，卡奥斯创造了 48 小时赋能山西落地首条全自动医用口罩生产线的奇迹，贡献了“数字化转型”的中国范式。中国工程院院士李培根指出：“卡奥斯成为一个生态圈的构建者、滋养者、生存者，这种生态力量，使得新物种自涌现、自进化、自增值。”

没有成功的企业，只有时代的企业（2005—2021 年）

海尔人单合一模式是时代的产物，同时也是企业家整合中国哲学智慧、企业经营实践和西方管理理论进行创造性思考和实践的结果。人单合一是由张瑞敏提出并命名的一种管理模式，它不同于一般意义上聚焦于零和博弈竞争的经典管理模式，也不属于传统的聚焦于业务模式和盈利模式的管理模式范畴，而是顺应物联网时代“零距离”“去中心化”“去中介化”的时代特征，从用户、员工和企业三个维度对战略定位、组织架构、运营流程和资源配置进行颠覆性、系统性和持续动态变革的物联网企业管理模式。**经过 15 年在全球范围内的持续探索、迭代，海尔人单合一模式（“海尔制”）被认为自工业革命以来继福特模式（“福特制”）、丰田模式（“丰田制”）之后引领了第三次划时代的管理变革，是全球首个在物联网时代引领引爆的商业模式与管理范式。**

人单合一的界定与内涵

2019 年 1 月 16 日，张瑞敏在海尔集团创新年会发表的演讲中讲到，从字面释义来看，“人单合一”中的“人”是指让原本作为执行者的员工变为自主人创客；“单”是指将匿名顾客变为终身用户；“合一”是指创客彰显的价值与其创造的终身用户价值大小合一。**“人单合一”的基本含义是，每个员工都应直接面对用户，创造用户价值，并在为用户创造价值中实现自己的价值。**员工不再从属于岗位，而是因用户而存在，有“单”才有“人”。

关于“人”的界定

与其他企业对“人”的理解不同，在海尔模式中，“人”的含义有了进一步的延伸和特殊界定。首先，“人”是开放的，不局限于企业内部，包含用户在内的任何人都可以凭借有竞争力的单，通过竞争上岗来海尔创业；其次，员工也不再是被动执行者，而是拥有“三权”——决策权、用人权和分配权的创客和动态合伙人。张瑞敏在演讲中讲道：“传统企业的员工包含两个定义，一个是受雇用者，一个是执行者。我们现在的员工要变成自主人，自主创新。”

关于“单”的界定

传统企业的“单”往往指的是相对静态或固化的目标或任务，在海尔，“单”的含义也被进一步延伸。首先，“单”是“抢”来的，而不是上级分配的；其次，“单”是具有引领性的，并且是动态优化着的，而不是指狭义的订单，更不是封闭固化的。与此相关联，“单”背后的服务对象也不是指传统企业的匿名顾客，而是可交互、有体验的用户。张瑞敏指出：“传统企业的顾客都是匿名的，企业只管卖出了多少产品，卖出去后顾客的感受一律不管。所以，传统企业开年终会议时都说‘今年销量和销售额增长多少’，从来没有说‘我的用户是谁’。我们要把这些匿名顾客变成交互用户（粉丝）、感受到体验升级的用户，并由此打造终身用户。”

关于“合一”的界定

创客价值的实现和“单”的价值紧密相连，张瑞敏在演讲中讲道：“创客所彰显的价值，和他所创造终身用户价值大小成正比。”人单合一的“合一”即通过“人单酬”来闭环，每个人的酬劳都取决于用户评价，由用户付薪，而不是取决于上级评价，由企业付薪。传统的企业付薪是事后评价考核的结果，而用户付薪是事先算赢、对赌分享①的超利。**因此，人单合一是动态优化的，其特征可以概括**

① 指小微与用户或者海尔平台事前确定对赌承诺，承诺目标价值及分享空间，在达成对赌目标后，按约定分享对赌价值，并在小微内自主分配给小微成员，资源对赌、自挣自花。——编者注

为两句话：“竞单上岗、按单聚散”；“高单聚高人、高人树高单”。

“人单合一”的内涵诠释

人单合一模式以薪酬驱动的方式根本性地倒逼企业两个变量发生变革——战略和组织模式，具体实现的路径体现为“三化”——企业平台化、员工创客化、用户个性化。企业平台化，即企业从传统的科层制组织颠覆为共创共赢的平台；员工创客化，即员工从被动接受指令的执行者颠覆为主动为用户创造价值的创客和动态合伙人；用户个性化，即用户从购买者颠覆为获得全流程最佳体验的参与者，从顾客转化为与企业发生交互的用户资源。组织模式的颠覆同时颠覆了企业、员工和用户三者之间的关系。如图 2-12 所示，通过对三者关系的调整，海尔人单合一模式成功地为企业“拆墙”（拆除企业内各部门之间的墙，以及企业与外部用户、市场之间的墙）、“砸组织”（砍掉中层管理者，颠覆科层制），将企业从一个类似于“有围墙的花园”的封闭系统转变成一个类似于“热带雨林”的开放系统，成为一个自治的商业生态系统，系统内外信息自由流动、资源自由连接、创意自由组合。

传统管理模式的基本逻辑是自内而外、自上而下，市场中的用户是否选择企业的产品与服务取决于企业员工的推销能力，即“用户听员工的”，自内而外。而在企业内部，员工的行为是否适当则由管理者来决定，即“员工听企业的”，自上而下。与之不同，人单合一模式的基本逻辑是自外而内、自下而上，即员工的行为是否适当取决于能否满足用户需求，企业制造和提供何种产品与服务取决于市场中用户的个性化需求，即“员工听用户的”，自外而内，同时砍掉组织的中层管理架构，企业的平台主、小微主为创客化的员工提供服务和支撑方案，即“企业听员工的”，自下而上。人单合一驱动下的企业战略转型、组织重构和内外部关系转变带来的是整个管理模式的重建。

图 2-12 人单合一模式，拆除企业的“墙”

资料来源：《海尔人》报。

人单合一模式的理论缘起与演进历程

人单合一模式的理论缘起

人单合一模式起源于海尔管理实践，是物联网时代企业管理规律的概括与浓缩，是整合中西方管理哲学智慧之后对经典管理模式的颠覆。工业社会的经典管理模式发端于欧洲的分工思想。亚当·斯密在《国富论》中提出的分工理论奠定了现代经济学的基础，并长久规范着管理理论的发展。在分工理论的影响下，西方古典管理理论的三位先驱弗雷德里克·泰勒、马克斯·韦伯和亨利·法约尔分别提出科学管理理论、层级官僚制组织理论和一般管理理论。三人分别被后世称为“科学管理之父”、“组织理论之父”和“现代经营管理之父”。三位先驱的理论分别催生了对现代企业影响深远的流水线、科层制和职能部门。

上述理论和管理成果都建立在分工理论的基础之上，科学管理的前提是大规模生产；科层制的特征是“分部—分层”“集权—统一”“指挥—服从”；一般管理理论的五大管理职能局限于组织内部的职能活动。100 多年来，古典管理理论经过后世管理学家的不断创新发展，为第一次工业革命以来以大规模生产为基本特征的经济发展做出巨大贡献，同时，随着信息科技的发展，传统管理理论也不断受到新的挑战。

进入 21 世纪之后，以移动互联、大数据、云计算为标志的互联网科技和以智能制造、传感技术为代表的物联网科技的快速发展和深入应用，彻底颠覆了传统经济理论和管理理论。互联网带来的“零距离”促使第一次工业革命和第二次工业革命时期传统的、集中式的经营管理活动逐渐被第三次工业革命时期的分布式经营方式取代，传统的、等级分化的经济和政治权力也将让位于分布式节点组织的网络化驱动力。2014 年 8 月 23 日，张瑞敏在“中欧国际工商学院 20 周年校庆系列活动之大师课堂”（青岛）上指出，互联网带来的“零距离”将以企业为中心颠覆为以用户为中心，将大规模制造颠覆为大规模定制，这是对科学管理理论的颠覆；互联网带来的“去中心化”把员工的领导者从过去的上级变成了用户，这是对科层制的颠覆；互联网带来的“分布式”连接意味着资源不局限于企业内部而是来自全球，“世界就是我的研发部”，这是对企业内部职能再平衡的颠覆。

在互联网转型的探索过程中，海尔准确地把握住了它作为制造业企业的历史机遇，即借助物联网的传感技术和智能制造技术，发挥海尔拥有遍布世界各地的家电产品、工厂和专卖店这一实体优势，将硬件资源转化为触点网络，通过连接各类生态圈资源，为用户提供全流程交互和个性化定制的产品和服务，进而实现向物联网生态企业转型和开创引领性的物联网模式。物联网继计算机、互联网之后，掀起了信息技术革命的第三次浪潮，它的出现是人性演化的必然。与互联网相比，物联网对人类社会的改变将更加全面、深刻，物联网使得整个世界变得更像一个生命体，而不是一个冷冰冰的物质世界。2017 年 9 月 20 日，张瑞敏在首届人单合一模式国际论坛上的演讲指出：“物联网是移动互联网之后下一个最重大的经济活动，它最核心的东西是实现社群经济，所谓的社群经济就是根据每一个人的需求为他提供场景服务。”2018 年 3 月 8 日，张瑞敏在哈佛商学院发表题为“创建物联网时代的商业模式”的演讲时讲道：“移动互联网成就了电商平台，也创造了历史。但在移动互联网时代之后我们一定会进入物联网时代。电商只是交易平台，物联网要求的不是交易而是交互。”

海尔凭借人单合一模式对物联网进行的探索得到了世界知名学者的理论支撑。美国学者杰里米·里夫金在《第三次工业革命》（*The Third Industrial Revolution*）一书中提出两个观点，一是制造方式将从大规模制造变成分布式制造，二是组织将从传统组织变成去中心化、去中介化和分布式的组织。这与海尔通过人单合一模式实现的企业平台化的组织变革高度一致。2014 年诺贝尔经济学奖获得者、法国经济学家让·梯若尔（Jean Tirole）的研究表明，传统时代的市场是单边市场，互联网、物联网时代的市场应该是双边市场或多边市场，其显著特点是零摩擦进入和换边效应。这与海尔通过人单合一获取边际效益递增的生态收入高度一致。牛津大学教授丹娜·左哈尔（Danah Zohar）多次到海尔集团进行调研，并与张瑞敏进行深度交流，她提出的量子管理学是对以牛顿力学为基础的传统线性管理模式的一种颠覆。这与海尔通过人单合一实现非线性管理高度契合。线性管理的前提是科层制企业基于命令和管控的职能管理，非线性管理的前提是网状节点组织基于共享平台为员工提供资源和服务。海尔从管控型组织变为帮助创客自主创业的平台，让每个个体围绕用户需求进行创业创新，企业从管控者变成创业生态系统的搭建者和维护者。

互联网与物联网科技给传统管理模式带来诸多挑战，但与新时代相适应的新管理理论尚未形成。对新的管理理论和商业模式的探索，全世界的学者和企业家都在同一条起跑线上。张瑞敏于 2005 年提出人单合一模式和理论得到西方学界和管理界的高度关注，被认为是超前的但符合时代环境和发展趋势的引领未来方向的商业模式和管理理论。

人单合一模式的迭代历程

人单合一模式本身是不断自我迭代的开放思想体系，主要体现在张瑞敏在历年海尔集团创新年会（多举办于每年的 12 月 26 日“创业纪念日”或 1 月初）和历届人单合一模式国际论坛（多举办于每年的 9 月 20 日）上的演讲报告中，其形成与发展的具体历程如表 2-7 所示。

梳理人单合一模式的发展脉络，可以发现其一以贯之的思想是与用户零距离，建设共创共赢的生态圈。人单合一的商业模式不断强调与利益相关者进行协同共创，逐步将零和博弈的竞争逻辑转变为共创共生的合作逻辑。此外，人单合一的企业转型方向，逐步由“互联网平台企业”转向“物联网生态企业”，海尔的自我认知和定位逐渐清晰、深化。其中关键的时间节点有 4 个：一是 2005 年 9 月，海尔正式提出人单合一模式，利用互联网思维建设企业与市场“端到端，零距离”的新型关系；二是 2015 年 9 月，海尔正式发布人单合一 2.0 版本，利益主体由“员工 + 用户”的两维模式迭代为“员工 + 用户 + 利益相关者”的三维模式，与利益相关方共建“生态圈”的思想凸显，但此时企业的转型方向仍然是“互联网平台企业”；三是 2017 年 9 月，人单合一模式开始由互联网向物联网换道，这是明确创建“物联网生态企业”的重要转机；四是 2020 年 9 月，人单合一的物联网商业模式形成成熟的战略思维和操作体系，包含黑海战略、“三生体系”、工业互联网新引擎、人单合一计分卡、共赢增值表等战略推进工具。

表 2-7　人单合一模式的发展历程

时间节点	关键事件	模式发展
2005 年 9 月 20 日	张瑞敏在海尔全球经理人年会上首次提出，海尔在全球市场中取胜的竞争模式就是人单合一，目的是让每一个员工找到市场和用户，将管理聚焦在员工和用户的“端到端，零距离”	人单合一模式被正式提出
2012 年 12 月 26 日	张瑞敏在海尔集团创业 28 周年纪念会上发布网络化战略，明确将加速海尔集团从传统制造型企业向互联网时代的服务型企业转型	明确互联网企业转型方向
2013 年 7 月 28 日	张瑞敏在海尔商业模式创新全球论坛上发布打造平台生态圈的战略思想	“生态圈”成为人单合一模式组织设计的指导思想
2015 年 9 月 19 日	张瑞敏在人单合一共赢模式探索十周年暨第二届海尔商业模式创新全球论坛上正式发布人单合一模式 2.0 版本，目标从员工和用户双赢发展到相关各方在海尔平台上共创共赢	人单合一模式 2.0 版本产生，利益主体由“员工 + 用户”的两维模式迭代为“员工 + 用户 + 利益相关者”的三维模式
2016 年 1 月 23 日	张瑞敏在海尔生态圈共创共赢模式创新交互大会上发布“互联网企业”构想和理论框架，海尔的战略目标是通过共赢增值思维构建以用户为中心的共创共赢生态圈	明确人单合一模式的共赢增值思维和共创共赢生态圈目标
2016 年 12 月 26 日	张瑞敏在海尔集团创新年会暨新海尔精神海尔作风互动迭代会上，发布新海尔精神（诚信生态，共享平台）和新海尔作风（人单合一，小微引爆）	迭代出人单合一模式的企业文化新版本

续表

时间节点	关键事件	模式发展
2017 年 9 月 20 日	首届人单合一模式国际论坛在青岛冰山之角召开，张瑞敏发表题为“创建物联网时代的商业模式——人单合一”的演讲，在国际管理学界产生轰动效应	人单合一模式开始由互联网向物联网换道
2018 年 5 月	张瑞敏在集团内部会议上将物联网时代商业模式的根本特征概括为“三生”，即生态圈、生态收入、生态品牌。同年，集团旗下公司青岛海尔正式启动“AI+IOT”战略（“人工智能 + 物联网”战略），并发布“1+2+3N”平台战略	提出和探索人单合一模式“三生”体系的概念和操作方式，物联网战略路径更加清晰
2018 年 9 月 20 日	第二届人单合一模式国际论坛在青岛举行，论坛主题为“星际生态，互惠互生”，张瑞敏发表题为“首创“三生”体系，率先引爆物联网范式”的主旨演讲，正式对外发布物联网时代海尔创新的“三生模式”，并通过发布衣联网等小微实践效果实现引领目标	人单合一模式的“三生模式”正式形成和规范化，明确“物联网范式”的创新方向与引领目标
2019 年 1 月 16 日	张瑞敏在海尔集团创新年会上发表《为人单合一成为世界级物联网模式而努力》主题演讲	人单合一模式的目标被锁定为成为“世界级物联网模式”
2019 年 9 月 20 日至 21 日	第三届人单合一模式国际论坛在上海举行。张瑞敏发表《链群共赢，进化生态》主旨演讲，详细阐述了海尔在物联网时代的生态链群如何实现创造性破坏、创造性重组、创造性引领的探索实践	人单合一的链群生态思想得到系统化阐释

续表

时间节点	关键事件	模式发展
2019 年 12 月 26 日	以“人是目的，有生于无”为主题的海尔集团创业 35 周年暨第六个发展阶段战略主题和企业文化发布仪式在青岛举行。张瑞敏发布海尔集团第六个战略阶段——“生态品牌战略”，同时发布第四代企业文化，即海尔精神——“诚信生态，共赢进化”和海尔作风“人单合一，链群合约”，提出“产品会被场景替代，行业会被生态‘复盖’”的商业思想。①	人单合一模式的生态品牌战略正式提出，企业文化迭代新版本，标志着海尔明确朝物联网生态企业方向全面迈进
2020 年 6 月 8 日	张瑞敏在山东省工业互联网专题报告会发表主题演讲“为成为工业互联网的引领者而奋斗”。时任海尔集团总裁、董事局副主席周云杰发表题为“工业互联网发展理念和管理模式——海尔集团的探索和实践”的专题报告	人单合一模式的技术架构卡奥斯工业互联网平台被上升到创建物联网企业新引擎的战略高度
2020 年 9 月 20 日至 21 日	在世界工业互联网产业大会暨第四届人单合一模式国际论坛上，张瑞敏发表《于 VUCA 时代创造引领商业模式——人单合一》主题演讲，系统地从方向、路径和目标三个方面勾画了创建物联网生态企业的战略思维（物联网生态品牌的黑海战略）和管理工具（人单合一计分卡和共赢增值表，简称“一卡一表”）	首次提出人单合一模式的黑海战略，并明确了“一卡一表”战略工具

资料来源：作者整理。

① 最初提法是“产品会被场景替代，行业会被生态覆盖”，后来，张瑞敏将“覆盖”改为“复盖”。他认为，与所有传统产品品牌和平台品牌不同，生态品牌从引导行业到引领行业进化的重要体现就是创造价值循环。生态品牌要以增值分享实现两个价值循环：一是用户交互增值的价值循环，二是生态合作方通过链群合约实现的价值循环。之所以说“行业会被生态‘复’盖”，是因为价值循环是“反复”的、不间断的；而“覆”是一次性的，如覆水难收。

总体来看，人单合一模式的演化历程经过了前后两个发展阶段（如表 2-8 所示）。从 2005 年至 2014 年是人单合一模式 1.0 阶段，核心是推动海尔向互联网平台企业转型，属于平台型战略思维，组织结构是以自主经营体为基本组织单元的倒三角式平台组织，员工“人人都是 CEO”；从 2015 年至今是人单合一模式 2.0 阶段，核心是创建世界引领的物联网生态企业，属于生态型战略思维，组织结构是以小微为基本组织单元的网络型生态组织，员工“人人都是创客”。两者在技术、战略、组织、员工以及管理体系等多个维度形成不同的理论体系。但两者相同的是，在企业宗旨方面都坚持“人的价值第一”，而非传统管理模式的“股东价值第一”，在薪酬来源方面都坚持“用户付薪”，而非传统管理模式的“企业付薪”，这两方面也是人单合一模式贯穿经营哲学和财务管理的思想精髓。

表 2-8 人单合一模式两个发展阶段的多维比较

管理模式	经典管理模式	人单合一模式 1.0 (2005—2014 年)	人单合一模式 2.0 (2015 年—)
技术条件	工业技术	互联网技术	物联网技术
企业类型	传统制造企业	互联网平台企业	物联网生态企业
企业宗旨	股东价值第一	人的价值第一	人的价值第一
用户特征	标签化顾客	个性化用户（流量）	个性化用户（交互）
战略类型	产品战略	平台型战略	生态型战略
组织结构	正三角科层制组织 （金字塔式组织）	倒三角平台型组织 （平台 + 自主经营体）	网络型生态组织 （平台 + 链群 + 小微）
员工角色	执行者员工 （人人都是螺丝钉）	自我管理者 （人人都是 CEO）	自主人创客 （人人都是创客）

续表

管理模式	经典管理模式	人单合一模式 1.0 （2005—2014 年）	人单合一模式 2.0 （2015 年—）
薪酬来源	企业付薪	用户付薪	用户付薪，增值分享
管理体系	线性管理体系 ①专业化 ②部门化 ③标准化 ④程序化 ⑤集权化	非线性管理体系 “三无”： ①企业无边界 ②管理无领导 ③供应链无尺度	非线性管理体系 ①“三化”：用户个性化、员工创客化、企业平台化 ②“三生”：生态圈、生态收入、生态品牌 ③“三自”：自创业、自组织、自驱动

资料来源：作者整理。

海尔管理模式的协同演化规律

截至 2021 年，海尔的人单合一模式共有 16 年历史，但你从本章内容可以看见，海尔的管理模式创新自其创立伊始就已开启，自我管理班组、OEC 管理法、“激活休克鱼”、市场链组织、SBU 组织等 2005 年之前的管理思想都是海尔管理模式的重要组成部分。**可以说，海尔的创业史也是一部海尔管理模式的创新史。**在至今 37 年的海尔管理模式创新史上，有两个共演规律特别值得提出，说明管理活动是一个复杂的协同系统，牵一发而动全身。企业经营要协同整合各种管理元素，围绕“时代—企业—战略—组织”形成持续迭代的“问题链”与“意义链”，拒绝程式化的定论，让问题始终在场，不断在问题解决中追寻意义，唯有如此，方能使企业与时俱进，实现可持续发展。

海尔模式的“时代—企业”共演规律

张瑞敏时常说的一句话是：“没有成功的企业，只有时代的企业。”这是海尔最具代表性的理解时代和企业关系的思想，海尔也是这样做的，不断根据时代的变迁调整企业的转型方向。从 1984 年至今，海尔呈现出三个阶段的“不连续的曲线”，每次转型都体现了“时代”与“企业”的共同演化关系，也都推动着海尔的企业价值不断上升（如图 2-13 所示）。张瑞敏曾在《海尔人》报发表三篇重要文章，都涉及对时代的认识以及对企业的定位，在海尔内部被称为“时代三章”（已被收录于本书附录之中）。

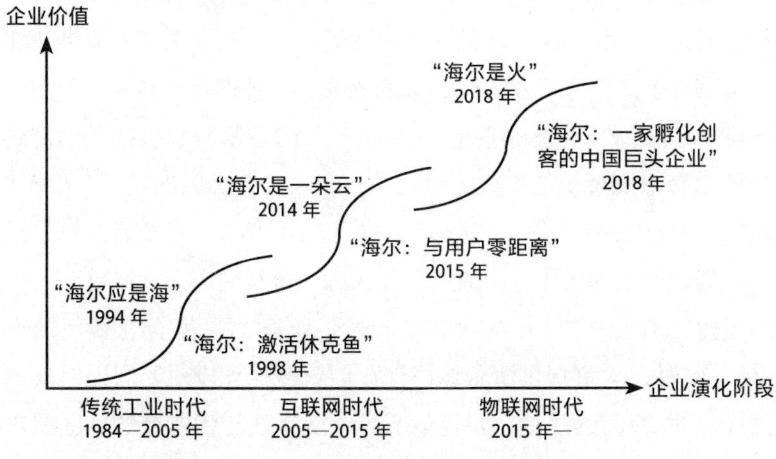

图 2-13　海尔模式的“时代—企业”共演规律

资料来源：胡国栋、路江涌：《海尔模式手册：方法篇》（2019，非公开出版资料）。

1994 年 2 月 10 日，《海尔人》报刊发张瑞敏署名文章《海尔是海》。文中指出：**“海尔应像海。唯有海能以博大的胸怀纳百川而不嫌弃细流，容污浊且能净化为碧水。”**快速增长的海尔，以“海”之博大和包容走在规模扩张的路上。1998 年，“海尔：激活休克鱼”被收录进哈佛案例库，这一案例非常精准地概括了这一时期通过并购来实施多元化增长的海尔特征。从 1984 年至 2005 年，海尔将自身界定为“家电制造企业”，充分运用传统工业时代的文明成果，也取得了巨大的成功。

2014 年 11 月 27 日，《海尔人》报刊发张瑞敏署名文章《破一微尘，出大千经卷——致创客的一封信》，呼应其在互联网时代提出“海尔是一朵云”的企业观。文中指出：“当互联网带来指数科技的繁荣时，我们又一次站在了时代的风口，就在大工业发展正在把每一个个体变成机器部件的最危急关头，时代列车转入一个新的轨道，‘零距离’‘去中心化’‘分布式’的互联网思维把我们带进一个充满生机与挑战的人人时代，一个人人创客的时代。”文章回顾了海尔过去 30 年取得的成就：“历经 30 年的创新发展，海尔从一个濒临倒闭的集体小厂成长为今天的‘全球白电第一品牌’……海尔得以在短短 30 年的时间里走过传统发达国家企业百年的道路。”同时，文章指出海尔要以创业创新精神来应对互联网时代的挑战，**“面对新的挑战，我们剩下唯一没有被时代抛弃的武器是永远的‘双创精神’，永远创业，永远创新”**，创新的方向则是打造创业平台和生态系统，“海尔选择的是，从一个封闭的科层制组织转型为一个开放的创业平台，从一个有围墙的花园变为万千物种自演进的生态系统”。从 2005 年到 2015 年这 10 年，海尔的转型方向都是“互联网平台企业”。2015 年，“海尔：与用户零距离”被收录进哈佛案例库，也精准地捕捉到了这一时期海尔创建互联网平台企业的典型特征。

2018 年 1 月 1 日，《海尔人》报刊发张瑞敏署名文章《新年只是一个数字，新我才能迎接新的太阳》，呼应其在物联网时代提出“海尔是火”的企业观。文中指出：**“物联网时代在人类进化史上如何定位未为可知，但可以明确的是，物联网时代的企业必须变成生态圈，物联网时代的组织必须变成自组织，物联网时代的管理必须变成人单合一。”**文章指出，迎接物联网挑战的途径就是通过人单合一模式颠覆科层制，重塑组织，打造物联网生态系统，**“企业由科层制的钢筋水泥所构筑，消失是它的归宿；组织是人的价值和使命的共同体，永恒是它的主旋律”**。物联网时代的隐喻是“生生不息之火”，“在物联网时代，我希望海尔是火，融入每一个用户的生活和每一个创客的生命中，薪火相传，生生不息”，此外，张瑞敏还特别强调了东方传统智慧在创建物联网模式中的特殊意义，**“量子时代，东方文化的系统论思想重新照亮科学和哲学的夜空”。**2015 年以来，海尔明确将企业转型方向界定为物联网生态模式。2018 年，“海尔：一家孵化创客的中国巨头企业”被收录进哈佛案例库，概括了这一时期海尔通过打造创客孵化平台来创建物联网生态企业的特征。

海尔模式的“战略—组织”共演规律

海尔管理模式中有两个关键要素，分别是战略与组织，这两者也是管理模式的核心要素，前者框定战略方向，后者关乎组织执行。钱德勒曾提出一个经典命题:“战略决定组织，结构追随战略。”从 1984 年到 2019 年，海尔先后迭代了 6 个战略阶段，每个阶段都有相应的组织结构调整，战略与组织共同演化的规律在海尔体现得特别明显（如图 2-14 所示）。本章前半部分在介绍海尔创业史时即以战略与组织的共演为基本线索，将重大历史事件贯穿其中，在此不再赘述。

需要强调的是，海尔的组织结构随着战略演化，先后出现正三角科层制组织、事业部制组织、市场链组织、SBU 组织、自主经营体、利共体、小微、平台、链群等多种形式，其间一以贯之的线索是不断颠覆科层制组织的命令控制架构以重塑无边界组织，不断解放和释放员工潜能使之成为“自主人”，不断追求和用户零距离以满足用户最佳体验，实现“人的价值最大化”。从隐喻的角度来看，这些组织形态大体可以概括为正三角组织结构、矩阵式组织结构、倒三角组织结构、引力场组织结构、生态圈组织结构 5 种组织结构，分别对应名牌化、多元化、国际化、全球化、网络化、生态品牌 6 个战略阶段的迭代过程。海尔战略与组织的共同演化及其产生的经济效益同时印证了钱德勒提出的“是组织能力和管理而非市场结构决定企业增长”的观点。海尔的管理实践证明，组织能力与管理没有最优模式，唯有持续不断地进行战略调整和组织变革，通过管理模式创新才能获取持续的竞争优势。

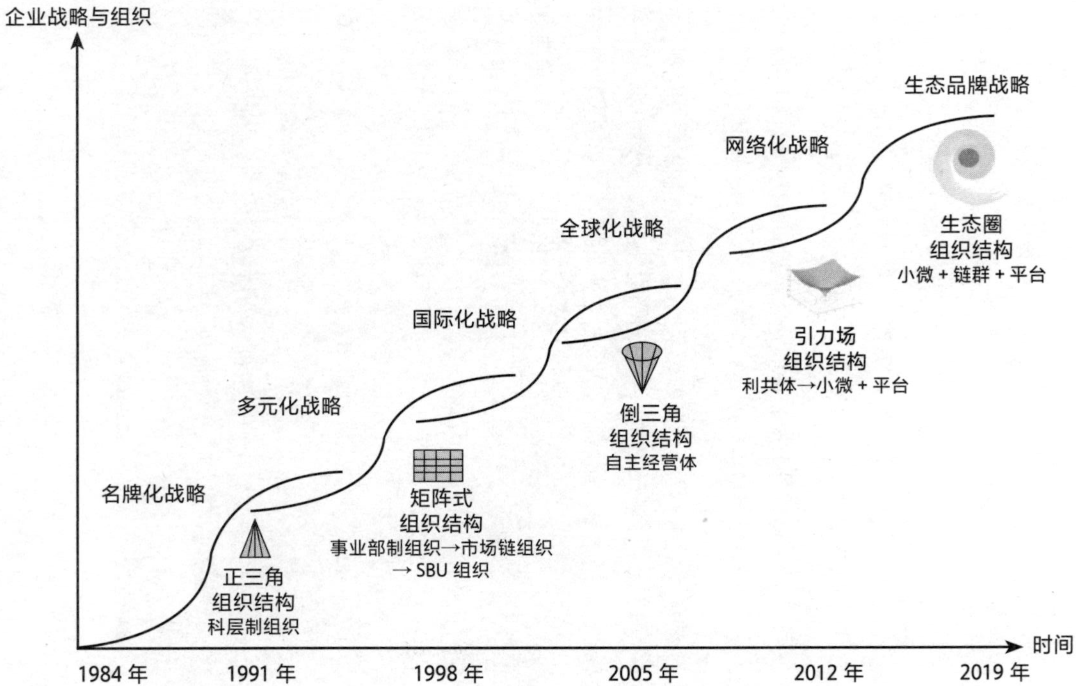

图 2-14 海尔模式的“战略—组织”共演规律

资料来源：根据胡国栋、路江涌编著《海尔模式手册：方法篇》改编绘制。

张瑞敏谈海尔

Haierism

- 面对新的挑战，我们剩下唯一没有被时代抛弃的武器是永远的两创精神，永远创业，永远创新。

- 海尔的文化是“自以为非”，经常对自己提出质疑，自我颠覆。

- 什么是创新精神？我个人觉得就是在现有资源之外，寻求一种新的机遇，或者创造一种新的资源的精神。

- 企业在市场上如同斜坡上的一个球体。“球体”在“斜坡”上很难自动保持静止，它受到来自市场竞争和内部员工惰性而形成的压力，如果没有止动力——基础管理，就会下滑，同时还需要有上升力——创新管理的牵引。

- 海尔的自主经营体和西方企业一个很大的不同，从本质上说，就是打造企业和用户之间的契约。我们是以用户为中心的企业，而西方企业是以企业为中心的企业。

- 传统企业的顾客都是匿名的，我们要把这些匿名顾客变成交互用户、有体验升级的用户，并由此打造终身用户。

Haierism

第 3 章

海尔制的框架体系

随波逐浪，月印万川

企业由
科层制的钢筋水泥所构筑，
消失是它的归宿；
组织是
人的价值和使命的共同体，
永恒是它的主旋律。

2020 年的新型冠状病毒肺炎疫情打破了全球企业的常态化经营环境，所有公司都需要在突如其来的非连续变化中寻求生存之道，这给公司的管理模式带来了前所未有的挑战。2020 年 8 月，日本第二季度国内生产总值较上一季度环比下滑 7.8%。受疫情防控影响，日本本土的 52 家上市公司接连开始大规模实施“提前退休或自愿退休”动员计划以削减企业成本，日立、东芝、松下电器、三菱等大型企业中申请提前退休的人数远远超过了企业原计划人数。以终身雇佣制见长，注重高关系认同和高福利报酬的科层制组织结构如同顽疾一样长期困扰着日本企业，在新型冠状病毒肺炎疫情冲击下更是暴露出很多问题。与之不同的另一番景象是，在新型冠状病毒肺炎疫情期间日本家电行业一片惨淡的局势下，海尔的销售额逆势增长 21%，冷柜在日本市场一度打破三菱不可动摇的地位。

人单合一模式已经引起日本企业的重视和复制。2020 年 4 月，富士通在欧洲就开始实践人单合一的小微组织模式。6 月，日本驻中国青岛总领事井川原贤来访海尔总部，表示人单合一模式非常值得日本企业学习。2020 年，被海尔并购的美国 GEA 和日本三洋电机，通过实施人单合一模式均在本国市场整体颓势的背景下实现逆势增长。此前的 2019 年下半年，法国迪卡侬和俄罗斯谢韦尔钢铁的高管团队均到访海尔参观学习人单合一模式，尤其关注海尔如何通过人单合一模式将科层制组织转变为链群组织。这些事件传递的一个可能的信息是，**自 20 世纪 80 年代开始，世界企业学习复制以“丰田制”为代表的日本管理模式的管理移植浪潮出现了新的转向，以海尔为代表的中国企业的管理模式已经成为世界企业模仿复制的对象。**

2019 年 12 月，张瑞敏在海尔集团创业 35 周年大会上做了题为“人是目的，有生于无”的演讲报告，报告中以“随波逐浪，月印万川”8 个字寄托了对人单合一模式的时代性、引领性与普世性的期望。其中，“随波逐浪”出自《五灯会元·云门偃禅师法嗣·德山缘密禅师》中的“函盖乾坤、截断众流、随波逐浪”。在一百余年的现代管理思想史上，以往能够函盖乾坤的是美国、日本以福特制、丰田制为代表的经典管理理论，海尔希望与时俱进，随波逐浪，能够创造物联网时代具有引领性的新管理范式。如果全球企业竞相学习人单合一模式，说明原来的经典管理模式被截断众流，如果人单合一模式能够跨文化（国家）、跨行业复制，则说明中国企业的管理模式也可以函盖乾坤，实现月印万川。“月印万川”出自佛教华严宗：“一月普现一切水，一切水月一月摄。”意指天上月亮出来后，地上每个水域里都能映现同一轮月亮，这里指代人单合一模式的普世性。

早在 2018 年 4 月，当北京大学经济学家周其仁到访海尔集团时，在调研之后与张瑞敏的交流中，他就指出企业变大后会出现各种问题，这时，海尔人单合一模式的价值就会充分显现。**“海尔制”是继福特制和丰田制后又一时代产物，“海尔制”就是人单合一。**[1] 2018 年 6 月到 9 月，笔者在《清华管理评论》连续刊发三篇介绍海尔制的理论文章，首次对海尔制的体系进行较为系统的梳理。[2]

2019 年 4 月，席西民在中国管理 50 人论坛的总结报告中指出：“在世界日益复杂不稳定、新技术不断涌现的当代，管理研究遇到了重塑的机会。考虑到我们身处备受世人关注并日益成为世界强国的中国，其丰富的管理实践、深厚的中国文化、神秘的生存智慧、举世瞩目的发展成就和日益强大的影响力，可能使管理研究进入又一个起跑的时代。这不仅对中国来说是个起跑的时代，对全世界而言也是一样的，这是中国管理界起跑的一个难得的机会……我曾经将研究分为三类，‘竖篱笆桩子、编篱笆、修补篱笆’，当前在论文发表考核的驱动下，我们有太多‘修补篱笆’式的研究。但处在当下范式革命的时代和拥有丰富的管理实践及探索的中国，我们应有更系统性的研究，理论上应敢于‘竖篱笆桩子’。”从范式层面提出海尔制概念并建构其框架体系便是这样一个“竖篱笆桩子”的行动。那么，人单合一作为一种个性化的实践模式能否上升到一种具有普世性的“海尔制”理论范式呢？如果可以的话，理论化的海尔制框架体系又是什么呢？海尔制的提出对于中国与世界的管理学界有何种特殊意义呢？

继福特制、丰田制，管理思想史上第三次革命

“范式”与“范式转移”

“范式”一词最早由美国科学哲学历史主义学派创始人托马斯·库恩（Thomas Kuhn）于1970年提出，库恩在其著作《科学革命的结构》（*The Structure of Scientific Revolutions*）之中指出“范式”的基本含义是“在科学实际活动中某些被公认的范例——包括定律、理论、应用以及仪器设备统统在内的范例——为某种科学研究传统的出现提供了模型”。范式由一系列符号、概括、模型和范例组成，是科学共同体所认可的范例，告诉科学家应该做什么，提什么样的问题，什么才是成功的应用以及“范例式的观察和实验”。[3]依据库恩的理论，“管理范式”可以被界定为从事管理学科的研究者所共同达成的关于组织与管理的世界观、基本假设、理论焦点、研究方法的共识或约定。传统的经典管理理论，就由科学共同体分享着共同的理论假设，如组织中的人是“经济人”，理想的组织结构是高度形式化的科层制，企业的边界由交易成本决定，经营的目的是股东价值最大化等。

库恩认为，当旧有范式遇到“反常现象”时会出现范式危机并导致范式转移：“范式规定了共同体所研究的谜题和问题。一切运

转良好，直到为范式所规定的方法不再能应付一系列的反常现象，由此危机爆发并不断持续，直到一项新的科学成就诞生，重新指导研究，并被封为新一代的范式。”[4] 人单合一模式能否开启新的管理范式革命，我们需要分析它能否应付传统管理范式难以解释或应付的一系列反常现象（管理异象）。此外，根据伊姆雷·拉卡托斯（Imre Lakatos）的科学哲学理论，范式进而可以从“硬核”与“保护带”两个维度来分析。其中“硬核”代表着影响一个科学研究框架的领导者们的纯属形而上学的信仰，而环绕“硬核”的辅助性假设是可检验理论的“保护带”。要知道人单合一模式能否开启新的管理范式革命，我们也需要梳理以人单合一模式为代表的海尔管理实践创新，以检验为应付上述管理异象所产生的新理论有无冲击到主流管理范式的“硬核”与“保护带”。

尽管实践是理论的来源与检验标准，但是管理的实践模式与理论范式之间依然具有巨大的鸿沟。管理实践是生动多样和具有个性化色彩的艺术，管理理论则是具有严谨性、规律性和普世性的科学。在管理思想史上，“其兴也勃焉，其亡也忽焉”的企业组织不可胜数，并不是每个有效的实践模式都能上升到理论高度且具有久远的生命力，其中抵达管理理论的范式层面并具有“颠覆性”“转折点”“里程碑”等历史意义的企业实践模式则更是屈指可数。在实践层面，海尔无疑已经针对以往的管理模式做出“颠覆性创新”，但在理论层面，海尔人单合一模式究竟冲击了西方经典管理理论的什么原则？它揭示了哪些旧有管理范式难以解释的物联网时代新管理规律？这种规律在人性假设、理论焦点、基本原则、研究逻辑等理论范式的“硬核”方面与已有的企业管理理论有何不同？在赞誉、振奋和喧嚣之后，海尔需要更多的冷静、沉淀与担当。

首先，我们需要甄别的是人单合一模式是针对何种管理异象提出了应对方案，它能否成为有中国特色的原创理论。建立在人性三维结构（而非片段化的人性假设）与管理实践整体系统（而非局部性的管理分析单元）基础之上的管理学科体系，是管理科学、管理伦理与管理艺术三位一体的综合性知识，管理学是自然科学、社会科学与人文学科综合交叉的，以解决问题为导向的应用学科。与自然科学相比，管理活动的规律本身具有“弱普世性”或“情境依赖性”，对其所处的时空环境具有敏感性。以往成功的管理规律和管理理论，随着时代变迁（往往意味着技术、市场与人员环境的变化），往往难以继续具有适应性，而需要发展新的管理理论来解决新的管理问题。也就是说，新管理理论的提出与企业所处的时代环境密切相关，管理异象的出现意味着新的管理难题亟待运用新的管理理论予以解决。所谓“管理异象”就是在管理活动中所表现出来的、与现有管理理论相悖的现象。管理异象的频现构成了对于现有管理理论的重大挑战，因此这些现有管理理论就需要得到修改和创新。[5] 目前，企业的经营环境面临百年未有之大变局，新技术、新思维必然带来新的管理挑战，现有管理理论存在需要被予以修正或被新管理理论替代的可能性，这也意味着新时代为具有原创性的新管理理论的产生提供了重要契机。

海尔人单合一模式在某种程度上揭示了“新技术革命下的管理变革与创新”（物联网技术如何影响企业的经营战略、组织结构与生产方式？），“产业升级与企业数字化转型的管理创新”（传统家电制造企业如何向物联网生态企业转型升级？）以及“智能物联时代大型企业集团效率低下和创新能力弱化等大企业病的解决方案”等百年变局下复杂管理活动的新规律。具体来说，人单合一模式在应对以下重要管理异象与挑战时具有理论开发价值：海尔物联网商业模式与生态品牌实践创新解决了“基于共创共生思维的新型商业生态系统的战略转型及其治理问题”，海尔海创汇创业孵化平台实践创新解决了“大型企业平台赋能小微企业进行裂变式创业的机制与路径问题”，海尔的生态链小微群组织解决了“新经济与后科层制时代的组织重塑问题”，海尔的黑海战略解决了“高不确定性环境下企业的动态能力与跨界竞争的风险防控问题”，海尔创客制解决了“共享经济背景下员工的持续激励问题”，海尔的卡奥斯工业互联网平台解决了“用户个性化定制与工业互联网的机制设计问题”，海尔的大共享平台解决了“基于共享平台的组织流程再造问题”，海尔的共赢增值表解决了“用户数据等战略资源与共创共赢战略思维如何落实到财务报表的问题”等。在 37 年管理实践基础上形成的人单合一模式，提供了解决新时代背景下重大管理问题的中国方案，具有开发特色原创理论的潜力。

其次，我们需要分析人单合一模式涉及的原创理论之丰富性是否足以促使管理发生范式转移。将管理视为一种科学、一种技术或一种阐释的现代主义企业管理理论，正步履蹒跚走向尽头。[6] 管理的技术化和科学化倾向也使之在以知识经济为表征的后现代社会里遇到诸多价值迷思。组织作为一种由人而非纯粹物质性技术构成的特殊实践系统，需要在各种关系中寻找人类所特有的意义指向，由此强调价值无涉[①]的传统管理理论面临着脱离实践的问题。对于传统经典管理范式的批判由来已久，尤以后现代管理学派为甚，它从哲学范式层面动摇了现在主流管理范式的理性主义根基。但是长期以来，后现代管理理论展示的更多的是在价值与哲学层面的诉求，因缺乏具有成功经验的企业管理实践支撑而难以获得认同。现在这一局面有可能被改变，充斥着各类新鲜陌生词汇[②]，貌似混沌无序的海尔集团，承载着管理学者关于"下一个社会的管理"[③]的一切想象。由汤姆·彼得斯（Thomas Peters）提出的"解放型企业"、由彼得·圣吉（Peter Senge）提出的"学习型组织"、由彼得·德鲁克提出的"未来的组织"、由拉里·唐斯提出的"大爆炸式创新"、由埃森哲高级常务董事埃里克·谢弗尔（Eric Schaeffer）提出的"工业 X.0"、由丹娜·左哈尔提出的"量子管理"、由加里·哈默提出的"终结科层制"等各类关于人类未来管理的预测与设想似乎都能在海尔找到实践的影子。由于人单合一模式的出现，由米歇尔·福柯（Michel Foucault）、理查德·罗蒂（Richard Rorty）、雅克·德里达（Jacques Derrida）等哲学家开启的思想源流，由彼得·德鲁克、查尔斯·汉迪（Charles Handy）、汤姆·彼得斯、彼得·圣吉等人在企业组织中传播的后现代管理理论，已经不再是哲学上的空想、

① 价值无涉是指在科学研究工作中不使用价值判断，只采用逻辑判断，即客观地说明"事实是什么""事物是如何变化的"。——编者注

② 为解决大量新概念的理解与应用问题，同时有效推进集团文化与战略的执行力度，海尔企业文化中心专门组织研究力量编撰了《海尔人单合一模式辞典》，供内部员工学习和对外学术交流之用。

③ 彼得·德鲁克在 2000 年曾出版《下一个社会的管理》（*Managing in the Next Society*）一书，预测现有的企业形态在未来的知识社会中将难以幸存。

呼吁和价值诉求，而是已经悄然来临并剧烈改变人们的生产、生活方式和企业组织形式的现实力量。

海尔制范式：管理思想史上里程碑式的新探索

通过比较研究可以发现，海尔的人单合一模式具备塑造和开发新时代新管理理论范式的潜力。这一潜力在海尔与管理思想史上的标识性企业的比较中得以彰显。在海尔出现之前的管理思想史上，曾经在管理思想演化与创新的过程中留下浓墨重彩之笔的企业有贡献了“泰勒制”（Talorism）的美国伯利恒钢铁公司、贡献了“福特制”的福特汽车公司、贡献了“丰田制”的丰田汽车公司，“丰田制”也被称为“后福特制”。

1898—1901 年的美国伯利恒钢铁公司，工程师泰勒在此进行钢铁搬运试验，对工人的每项劳动过程进行动作分解和秒表测试。1911 年泰勒出版《科学管理原理》，在企业生产管理过程中导入了亚当·斯密的“经济人”假设和分工原则，将理性控制思维根植于企业组织之中，从而开创科学管理理论，即泰勒制。泰勒制的原理是将劳动分解为若干运动进程，这些进程是以时间和空间维度衡量的若干精细化的单位，然后组织按照降低生产成本、提高生产效率的原则将这些单位重新组合起来。泰勒制的出现标志着管理从经验上升到科学层面，现代意义的管理学得以产生，随后西方国家出现追求效率至上的科学管理运动。

20 世纪二三十年代，随着资本主义市场的扩大及生产技术的提高，在汽车、铁路、通信等领域，泰勒制的升级版本——福特制出现了。福特制是第一次世界大战后美国福特汽车公司推行的以“泰勒制 + 流水线生产”为主要内容的生产组织方式和管理模式，是第一次世界大战后至 20 世纪 70 年代西方大型制造企业的主导性生产组织形式。福特制摆脱了泰勒制严密分隔的生产工序，转而与大规模生产结合，改变了原来单个产品独立生产的格局，形成了一个个完整的生产流水线，极大地提高了生产效率，推动着管理进入规模经济时代。以大规模生产见长的福特制生产方式带来的规模经济效应，使大量生产和集中分配的作业按照纵向一体化模式向一家公司集聚，最终形成多职能事业部的 M 型组织结构。

20 世纪七八十年代，丰田制发轫于日本的丰田汽车公司，其核心思想是“精益生产”，即工人、技术人员和管理者实施团队合作，各管理主体不再固守传统僵化的劳动分工，而是通过柔性制造随时随地解决“无库存生产方式”中出现的各种问题。与福特制相反，丰田制强调团队合作和顾客导向，通常与更小型、更灵活的生产单位相关，这种生产单位能够满足更大范围以及特定消费者的个性化需求。丰田制对欧美管理思潮产生了深远影响，它的出现使全球企业界在20世纪后30年掀起了学习和研究日本管理模式的高潮，威廉·大内（William Ouchi）的《Z 理论》（*Theory Z*）等经典理论均产生于这一时期。

泰勒制、福特制与丰田制的先后出现展现出整个 20 世纪管理思想演化的一条基本线索，管理理论呈现出由分工原则向合作原则、由注重分析的西方思维向注重整体的东方思维演变的基本规律。如表 3-1 所示，纵向比较三种管理模式可以发现，泰勒制与福特制在理论上同属一种管理范式，丰田制则是管理思想史上一次里程碑式的范式创新。泰勒制与福特制拥有诸多共同的理论硬核，它们共同塑造了大规模制造的高效率模式。两者都以追求物质报酬最大化的“经济人”作为最基本的人性假设，对企业的基本预设都是在稳定、统一的市场环境中生产和销售产品的效率系统，将分工、标准化、等级化作为管理的基本原则。两者有所不同的是，福特制体现了大规模生产和规模经济的特征，对泰勒制中分割的生产工序进行串联，从而产生了更加高效的流水线。泰勒制与福特制都是工业时代与相对稳定的工业经济相适应的经典生产组织形式与管理思想。

丰田制是福特制之后管理思想演化的重要里程碑，它创造了持续改善的产品零缺陷模式。丰田制契合了丹尼尔·贝尔提出的“信息社会”（后工业社会）以及彼得·德鲁克提出的“知识经济”的时代特征，将和谐、合作、信任等东方思维植入组织管理之中，标志着日本管理模式的产生。丰田制挑战了泰勒制、福特制关于人性假设、企业本质、时代属性、员工价值、管理原则等理论硬核，并在组织结构、激励方式等各个领域生成了高度聚焦的理论保护带，标志着一个新管理范式的产生。

表 3-1 管理思想史上的企业管理革命

	泰勒制（Talorism）	福特制（Fordism）	丰田制（Toyotaism）	海尔制（Haierism）
形成时间	1911 年	20 世纪二三十年代	20 世纪七八十年代	2005 年
产生公司	美国伯利恒钢铁公司	福特汽车公司	丰田汽车公司	海尔集团
市场需求	低价 + 单一品种	低价 + 单一品种	低价 + 多品种	用户体验 + 个性化定制
生产方式	单一品种小件生产	单一品种大批量生产	多品种大批量生产	多品种大规模个性化定制
生产组织	标准化 + 分工（生产工序分割）	标准化 + 流水线（生产工序串联）	精益生产 + 持续改进（生产工序局部集成）	智能互联工厂（生产工序成为“并联生态圈”）
管理原则	等级管理、强制性控制	等级管理、强制性控制	团队协作，全面质量管理	人单合一，共创共赢
组织结构	科层制	科层制	科层制 + 工作团队	平台 + 链群 + 小微
员工价值	高工资	高工资	参与权（投权）	自我实现（创业）
激励方式	经济报酬	经济报酬	高福利 + 情感认同	价值创造 + 自我实现
人性假设	经济人	经济人	社会人	自主人
企业假设	企业是在稳定、统一的市场环境中生产和销售产品的效率系统	企业是在稳定、统一的市场环境中生产和销售产品的效率系统	企业是在高不确定性、超常规竞争的市场环境中满足多样化需求的适应系统	企业是在高不确定性、超常规竞争的市场环境中进行内外互动、价值创造的生态系统
时代属性	工业社会 + 工业经济	工业社会 + 工业经济	信息社会 + 知识经济	物联网社会 + 社群经济

资料来源：作者整理。

丰田制的兴起与日本企业的崛起息息相关。20 世纪 70 年代，日本一跃成为世界第二大经济体和最大债权国，它的汽车、电子、电器等产品在世界市场上取得了超越美国的竞争优势。以美国为代表的西方社会密切关注日本经济奇迹背后的管理因素，随后威廉·大内的《Z 理论》、理查德·帕斯卡尔（Richard Pascale）和安东尼·阿索斯（Anthony Athos）的《日本企业管理艺术》（*The Art of Japanese Management*）、特伦斯·迪尔（Terrence Deal）和艾伦·肯尼迪（Allan Kennedy）的《企业文化》（*Corporate Culture*）、汤姆·彼得斯和罗伯特·沃特曼（Robert Walterman）的《追求卓越》（*In Search of Excellence*）四部企业文化理论领域的经典著作陆续出版，人的社会属性尤其是情感归属、文化信念在管理理论中得以充分彰显，丰田制推动着组织管理理论进入日本时代。

然而，以丰田制为代表的日本管理理论依然存在内生痼疾，片面强调高福利和情感认同，导致员工唯尊者是从、唯上级是从，重视资历和权威，在增加运营成本的同时削弱了企业内部竞争动力和外部市场反应能力；此外，丰田制的运行依然建立在科层制组织结构之上，团队协作只是提高了部分员工的工作热情，整个组织仍旧在部门分割和等级序列下进行资源配置，柔性制造也只是指在生产过程中通过响应顾客需求而对市场进行有限的变通，而且搜集和分析差异化的市场需求需要投入大量的成本。总之，在丰田制中，员工是“受到关怀的被控制者”，依然未能解放自身，顾客在这一管理体系中依然是消极被动的存在者和分析对象，科层制组织的固有刚性限制着它进一步提升效率的空间。

丰田制的这一切弊端在物联网时代的海尔制那里得到了有效解决。所谓海尔制，即海尔人单合一模式的理论化与系统化，是人单合一模式的理论形态。海尔制以 2005 年人单合一模式的提出为标志，产生于互联网技术蓬勃发展的 21 世纪初，最突出的特征是与时俱进和迭代创新。如张瑞敏所说："没有成功的企业，只有时代的企业，所有的企业都要跟上时代的步伐才能生存。"海尔制首先立足于海尔对新时代属性的预判基础之上，在多年打造"互联网企业"之后，张瑞敏指出："物联网是移动互联网之后下一个最重大的经济活动。它最核心的东西是实现社群经济，所谓的社群经济就是根据每一个人的需求为他提供场景服务。"与此相适应，海尔制突破以往管理范式中做出的"经济人""社会人"假设，将企业家精神遍植于每一个员工身上，从而发展出"自主人"假设，并将企业预设为：在高不确定性、超常规竞争的市场环境中进行内外互动、价值创造的生态系统，而不是丰田制定义下的单向而有限地满足市场多样性需求的适应系统。与这些关于管理的世界观、基本假设、理论焦点相适应，海尔制将共享、开放、创新、创业等管理原则根植于组织之中，通过卡奥斯工业互联网平台进行多品种、大规模的个性化定制，强调用户体验和员工自治，拆解组织部门隔阂，解散中层管理人员，打破员工与用户之间的界限，将原来的自主经营体发展为一个个独立核算、自主经营的"小微企业"，使海尔整个组织转型为整合社会资源、孵化创业小微的生态平台。在员工激励方面，海尔制则改变了丰田制片面强调高福利、情感归属和对绩效重视不够的方式，转而通过人单合一模式，以价值创造为标准，将员工报酬、用户价值和企业目标有机结合在一起，鼓励员工自我实现、自我驱动和自我领导。

承载着新的时代基因与中国智慧的海尔制，在时代属性、人性假设、企业本质、管理原则，以及组织结构、激励方式等各个领域，均与福特制、丰田制形成对比。海尔制冲击了自泰勒制以来的科层制等级控制体系，通过重塑组织结构将企业的适应能力、创造能力和生产规模结合在一起，将组织经济绩效、员工自我实现和用户个性化需求有机融合，以智能互联工厂连接组织社群中的一切资源，淡化企业与市场之间的界限，通过持续、动态的内外交互消除组织边界，并获取生态价值。可见，海尔制是将从管理哲学到战略制定、组织结构、激励方式与生产方式等各个维度都包括在内的理论体系，其内涵与外延都可以与代表美国管理理论的福特制与代表日本管理理论的丰田制相比拟，触及了经典管理理论范式的人性假设、哲学基础与管理原则等理论硬核，冲击了传统管理理论范式在战略、组织、激励、生产、控制等方面的理论保护带，孕育出新时代管理理论发生范式转移的基本元素。总结来说，海尔人单合一模式是丰田制之后管理思想演化史上又一具有里程碑意义的理论探索。**继福特制、丰田制之后，海尔制正在开启管理思想史上的第三次企业管理革命，同时也预示着中国管理模式即将在世界舞台登场。**

需要说明的是，海尔制作为一种理论形态，其实践载体并非专指海尔一家企业。在制造业企业、新兴互联网企业以及其他一切希望立于时代之巅、获取商业进步与工作效率的组织，未来我们都会或多或少地看到这种新兴管理范式的影子。由于海尔经过近 40 年的管理实践探索和理论总结已具备此管理范式的代表性特征，并且它提出了已经具有世界影响力的人单合一模式，所以我们将这种通过解释新时代管理异象和解决新时代管理挑战而塑造未来商业世界的新管理范式命名为“海尔制”。尽管人单合一模式在海尔并购的GEA、三洋电机等跨国企业以及旅游、汽车、钢铁、服装等跨行业实现了有效推广，但任何理论都有其边界条件，基于海尔一家企业成功实践的管理研究不能代表所有企业的经验，也未必能在其他所有的企业得以成功复制。事实上，管理移植与生物移植的重大不同就是它不能完全被照搬复制，而必须结合移植企业的具体情境进行创造性学习。但从企业在新时代面临的共同管理挑战及其问题解决的共性规律来看，海尔制是一种契合与引领时代趋势的新兴管理范式与理论体系，代表着未来商业世界运行的基本规律，具有可以复制推广的科学性与普世性。

海尔制在中国企业史上的历史坐标

改革开放 40 多年来，中国成功企业的逆势反超得益于持续性的开拓创新，并且大体形成了 5 种创新模式：其一，体制创新，中国大多数大型国有企业，其经济效益得益于政策优势和改制所释放的经营活力；其二，商业模式创新，以阿里巴巴为代表；其三，技术创新，以华为为代表；其四，产品创新，以腾讯为代表；其五，管理创新，以海尔为代表。能够成功进行上述 5 类创新的企业是中国经济崛起的骨干力量，都会在中国现代企业史上留下重要痕迹。

截至目前，在这 5 种成功模式中，无论其代表性企业的未来走势如何，单从理论与思想的贡献来看，以海尔为代表的第五种模式尤其具有管理理论范式创新的潜力，覆盖从管理哲学到战略、组织等几乎所有理论维度，并在管理思想史上具有与福特制、丰田制同等的历史地位[①]。2016 年海尔并购 GEA 并成功对外输出人单合一模式，在某种程度上说明中国企业已经告别了经营管理的“西方文明中心论”，结束了完全模仿、复制西方管理模式、制度和理论的时代，开始走进自主创新与引领的时代。这是海尔制在中国企业史上可能具有的特殊地位和历史意义。

除此之外，海尔制在中国企业史上还具有一些显著的时代内涵与意义。这些意义根源于中国企业目前所处的阶段性特征：其一，中国企业目前处于互联网与物联网时代；其二，中国制造业目前处于转型升级的特殊阶段；其三，中国企业目前处于中国特色社会主义新时代。从这三个方面来看，海尔制不仅提供了大型企业集团克服大企业病，实施组织变革，开启互联网与物联网时代中国企业“去科层化”的组织重塑的样板，还提供了大型企业落实和贯彻国家“双创”与供给侧结构性改革、通过大型企业平台化组织架构赋能小微企业进行裂变式创业的样板，以及在新科技革命背景下传统制造业进行转型升级，通过“互联网 + 制造业”实施“中国智造”战略的样板。目前，我国社会主要矛盾已经转化为人民日益增长的美好生活需要和不平衡不充分的发展之间的矛盾。张瑞敏认为:“破解这个矛盾，就要把提高供给体系质量作为主攻方向，显著增强我国经济质量优势，其中大企业的努力必不可少。”海尔制即是从企业层面对接和落实国家宏远发展战略的产物。

2017 年 11 月，《人民日报》头版发表《用中国智慧创造美好生

---

① 并不否认其他企业在中国企业史上的重要地位，本书侧重分析组织管理理论。

活——访海尔集团董事局主席张瑞敏》一文。张瑞敏在文中指出："习近平新时代中国特色社会主义思想是我们党迈进新时代、开启新征程、续写新篇章的政治宣言和行动指南，海尔将抓住新时代的新机遇，用根植于中华文化的人单合一模式为中国、为世界创造美好生活！"海尔自主建立的卡奥斯工业互联网平台，就是先进制造业与互联网、大数据、人工智能深度融合的典范。张瑞敏认为这种互联工厂改变了以往制造工厂单纯生产产品的功能："过去工厂提供的是产品，满足人民的物质需要。现在我们的互联工厂提供的是用户的个性化体验，满足的是用户物质与精神的双重需求。"也就是说，卡奥斯工业互联网平台为广大民众，包括员工与用户在内，提供了通过企业组织来实现美好生活的平台。在企业层面用中国智慧创造美好生活，是海尔制在新时代具备的特殊价值，进一步丰富了海尔制向世界输出的时代内涵和中国元素。张瑞敏曾自信地指出："人单合一模式正引领世界管理潮流，我们正在证明中国企业管理模式可以成为最好的模式。"在21世纪，海尔制已然成为凝聚中国智慧、时代精神和世界格局的全球化企业引领的管理思想象征。

海尔制框架，打造价值循环的生态系统

作为一种理论范式，海尔制必然有其内部自洽的逻辑体系。在主流的管理理论体系中，一个系统的管理理论框架往往包含企业文

化、战略、组织、领导（含激励）与控制等基本维度。作为管理系统高度复杂化且处在经历曲折的互联网、物联网转型过程的制造类企业，海尔有着近 40 年的管理实践经验，奠基于此的海尔制几乎涉及上述所有理论维度。需特别指出的是，在主流管理理论体系中不甚突出和未具独立地位的管理哲学，在海尔制的理论体系中尤其突出。海尔制在对中西方管理智慧融通创新的基础上，提出了新的时代观与世界观、新的人性假设和管理思维，并对企业本质和经营宗旨等终极问题进行了探索，这使得海尔制具有显著和清晰的管理哲学体系，构成其理论范式的“硬核”。

此外，在战略层面，强调以外部用户为导向和新价值创造途径的商业模式的地位更加突出；以领导者为本位的领导活动则被以员工为本位的激励机制所涵盖，作为决策中枢的领导功能更多地体现在战略层面的领导力上。再者，在信息技术发达的今天，或者说在一个基础管理相对成熟的企业中，管理的控制过程往往被软件化的 SAP、ERP、集成供应链（ISC）等各类管理控制系统替代，海尔亦是如此，但在多年的生产制造系统的智能化升级过程中，海尔开发了一系列与其管理哲学和战略思维相匹配的基础工具，包括赋能平台卡奥斯工业互联网平台、大共享平台和财务驱动工具共赢增值表。

基于上述分析，我们可以用一张房屋框架图将海尔制的理论体系展示出来（如图 3-1 所示）。在该图中，处于房顶的是海尔制的顶层思想，即沉淀在海尔史中的创新创业精神，这是海尔制的文化基因，其最核心的内容是自以为非与迭代创新，本书第 2 章对此已有详细说明。房顶下的墙体是海尔制理论框架的核心内容，即由“管理哲学（Management Philosophy）——战略愿景（Strategy，也就是商业模式）——组织体系（Organization）——激励机制（Motivation）”构成的动态互动体系（简称PSOM框架），如同房屋墙体的4个核心支柱。

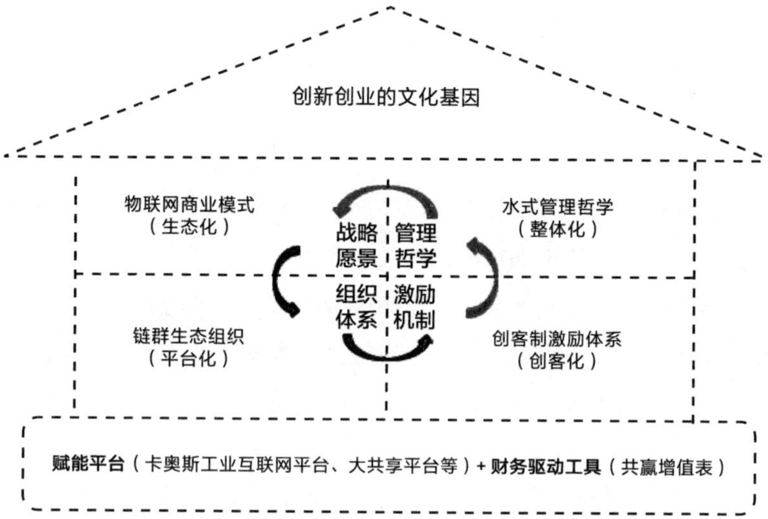

图3-1　海尔制的理论体系：基于PSOM框架的房屋模型

资料来源：作者绘制。

其一，是整体化、动态化和非线性的水式管理哲学（P）。管理哲学是海尔制最深层、最基础的管理理论，同时也是海尔制区别于其他企业管理模式的标识。正是由于人单合一模式突破了管理制度、方法与技术层面的范畴，具有了系统化的管理哲学思想，海尔制才得以在管理思想史上具有一席之地。海尔制从管理哲学的角度整合了世界前沿的管理理论和中国传统的经营智慧。张瑞敏一贯的思想原点是传承并发展从康德到马克思的“人是目的，不是工具”思想。人的价值和尊严是贯通海尔制在不同阶段变革的一条思想主线。在某种程度上，海尔制立足于物联网时代精神和人类尊严，通过对传统大型企业组织的解构，在管理学中书写了一种反对理性主义、权威主义与中心主义的新自由叙事模式。在组织的理性控制系统之外，海尔制建构了一种基于用户价值创造的“自由–自治”开放系统，从而将组织的宗旨导向服务于人类自由和幸福的生活。马克斯·韦伯曾说：“科层制发展得越完善，越趋于非人性化，越能彻底地消除一切纯粹的逃避计算的个人、非理性和情感因素。”海尔制则奠基于人性价值和人类尊严，刻画了未来企业更多地依赖于激情、兴趣和利益的混合逻辑进行经营，进而使员工和用户经由组织实现美好生活的新图景。海尔的管理哲学汲取了东方哲学智慧和西方量子思维，尤其是《易经》中的阴阳变通思想。与西方基于分析、分工线性思维的主流管理模式不同，海尔管理哲学以整体化、动态性和非线性为基本特征，类似于中国哲学中的“水”的意象，本书将之称为“水式管理哲学”。

其二，是由管理哲学决定的物联网商业模式与生态品牌战略（S）。虽然在实践中商业模式是一个备受推崇的概念，但在经典的管理学理论体系中没有关于商业模式的专门知识。商业模式是由用户价值、企业资源和能力、盈利方式构成的价值体系，它与公司管理哲学和经营战略息息相关。管理哲学中的时代格局预判、管理思维方式、管理终极价值、企业本质与用户价值的界定，以及企业与社会之间的关系等基础命题，直接决定企业如何组织和配置其资源和能力，进而构造盈利模式。海尔商业模式的最大特色是将“用户需求个性化”作为基点，将“企业生态化”作为努力方向，激活员工价值创造能力，以用户体验为中心，把员工和用户需求紧密结合到一起，通过打造社群生态来架构内外商业生态圈，建设物联网时代引领性的生态品牌，最终构建共创共赢、多元互动、协同治理的商业模式。商业模式决定战略选择。战略是企业经营中关乎未来、全局与长远的重大决策，是在管理哲学的价值指导和对企业内外部环境进行审慎评估的基础之上，对企业资源与能力的协同组合，其最终目的是通过获取核心竞争优势来构建企业的商业模式。相对于我们熟知的红海战略与蓝海战略，海尔的生态品牌战略被称为“黑海战略”，其具体内容参见本书第 5 章。

其三，是由黑海生态战略决定的链群生态组织，即以企业平台化、网络化支撑小微自主联合创业的非线性组织体系（O）。“结构追随战略”是钱德勒的经典命题。组织是对人员、资本、设备、信息等资源与能力的配置方式，是战略目标得以实现的执行保障。组织结构如同企业的“骨骼框架”，其内容包括权力关系、管理幅度、信息沟通和问责机制等，组织结构设计影响企业实现战略目标的方式和路径，同时也是战略执行与运营控制的基础条件。如本书第 2 章所述，海尔的历次战略变革都导致组织结构的相应调整，丰富的组织创新实践为海尔制在组织层面设置了一系列理论问题，比如，大型企业平台化如何赋能小微企业进行创新创业？链群生态组织如何在科层权力与市场价格之外，开启第三种网络化组织的资源配置方式，能否成为“后科层时代”的网络组织典范？大型企业通过孵化创业小微来增强组织活力对于经典的组织理论有何冲击？平台、链群与小微企业的关系是什么，其构成的无边界、网络化、生态化组织的运行机制是什么？这种剧烈的组织结构变革又对组织的内涵、功能和企业性质产生什么影响？针对上述问题的思考使海尔制在组织管理理论层面不断得到完善。

其四，是由非线性组织体系决定的基于增值分享的创客制激励体系（M）。组织结构搭建了企业各类资源和能力的组合框架，除此之外最重要的工作就是在这个组合框架下综合运用权力、契约与信任等整合力量激活员工的潜能，激励组织所有成员为实现战略目标而协同行动。由组织结构决定的权力为谁拥有以及权力运作的流程是影响组织效能的关键要素，它影响和塑造着组织成员的行为和态度。与平台型企业的组织结构相适应，海尔的权力体系形成一种特色鲜明的权力倒逼机制。在该机制中，权力的终极来源是被传统领导理论排斥在外的用户，权力的行使主体则是在传统领导理论中处于组织底端的员工，即创客，而创客所归属的小微和平台则为其创新创业活动提供支撑性的服务。在此，海尔通过人单合一，链群合约，形成用户付薪和增值分享机制，实现了用户需求与员工价值的无缝对接，形成了“用户—创客—小微—链群—平台”这样自下而上运行的权力流向和倒逼体系。海尔的创客具有组织主人翁态度，是拥有决策权、用人权和分配权的自我管理者和全员自治的创业者，目标的制定、执行的监督以及工作激励都由员工自我生成和自动优化。

员工个体层面的诸多管理变革，使海尔制对传统的人力资源管理理论产生重大冲击：组织能否将企业家精神赋予基层员工，使员工创客化，打造全员共治的动态合伙人机制？该机制具体是如何实现和运行的？海尔的“创客所有制”与西方学者提出的“股东所有制”“员工所有制”有何区别？权力倒逼机制能否提供一种后现代社会“无领导”“去中心化”的新型员工管理模式，通过增值分享的链群合约在企业中实现道家“无为而治”的自组织理想？在这种机制中，分散多元的员工活力与企业作为一个组织的整合力有无矛盾，新的组织凝聚力和认同感又来自何处？如何在权力、价格与信任之间界定创客、小微、平台之间的关系？经典管理理论对这些新的实践问题鲜有解释，这也是海尔制在人员管理层面需要深入探讨和提炼的理论问题。

PSOM 框架构成的墙体下面是支撑整个房屋的地基设施，对于海尔制来说，主要包括两个部分：其一是赋能平台，其二是财务驱动工具。地基中的赋能平台包括卡奥斯工业互联网平台、大共享平台和海创汇创业平台等，分别构成数字化的技术赋能、流程赋能和资源赋能路径，是 PSOM 框架得以落地实施的基础支架。

卡奥斯工业互联网平台是海尔可持续发展的新引擎，也是中国独创、全球引领、具备自主知识产权并融合技术、机制和模式于一体的以用户为中心、实现用户终生价值的工业互联和智能制造平台，其核心特征是基于用户体验的大规模个性化定制。卡奥斯工业互联网平台定位于凭借自主研发、自主创新引领全球的工业互联网平台与生态系统，是物联网下共创共赢的多边平台。

大共享平台是打破职能部门分隔，将财务共享平台、全球税务平台、内控内审平台、人力共享平台、数字技术服务平台 DTS、诉讼及反舞弊平台、商业法律平台、数据增值平台和人单合一研究中心等 9 个平台融通为一体的流程赋能体系，为 PSOM 框架的实施提供“用户零距离、流程零签字、体验零延误”的非线性操作体系，为链群小微创新创业活动进行赋能增值。

海创汇创业平台是海尔由制造产品向孵化创客转型的资源赋能平台。海创汇打造了一个开放的共享资源平台，吸引全球创客都聚集到海尔的创业平台上，使世界成为海尔的人力资源部。

海尔制地基的另一重要构成部分是指海尔独创的共赢增值表，是 PSOM 框架落地的财务驱动工具。共赢增值表将用户资源、利益相关者等数字资源写入财务报表，是海尔管理会计创新与探索的产物，被视为“数字化时代的第四张财务报表”。共赢增值表是衡量海尔人单合一模式最终实施效果的财务管理工具，其目的是打造共赢增值的物联网生态企业。与传统企业的由资产负债表、利润表以及现金流量表构成的财务工具不同，海尔创造了基于商业生态系统之中用户终生价值创造的共赢增值表，用以呈现海尔实施人单合一模式的结果，即在用户资源、资源方、生态平台价值总量、收入、成本以及边际收益等 6 个方面的综合表现。

在海尔制的房屋模型中，房顶是文化基因，墙体是 PSOM 框架，地基是赋能工具，而其砖瓦条石等材料则是一系列具有“家族相似性”[①]的海尔制概念。如前文所述，在很多人看来，海尔创造的概念如同其产品一样繁多。在实践中被证明行之有效的术语，有些难以被清晰而严谨地进行理论界定，但有其自洽的逻辑体系。学院派的研究者往往关注概念的界定及其可能形成的科学理论，而对理论背后的哲学思想和理论落地的操作方法重视不足；而企业实践者面临复杂多变的管理情境，往往热衷于寻找能够帮助其解决现实管理问题的哲学思维和方法工具。海尔的管理实践创新兼有理性设计（围绕愿景与使命而不断展开的战略领导力）与自然演化（问题涌现与解决的自组织过程）的特征，围绕管理问题的解决而自然形成诸多概念和工具。但与其他企业不同的是，在近40年实践中沉淀下来的诸多海尔概念覆盖了从文化哲学、科学理论、工具流程到经验艺术的完整的知识体系[②]。海尔制的概念大体形成“文化哲学—科学技术—战略愿景—组织结构—人员激励—薪酬财务—品牌范式—时代诉求”的逻辑链条，其逻辑进路如图3-2所示。

① “家族相似性”是奥地利哲学家路德维希·维特根斯坦（Ludwig Wittgenstein）提出的一个哲学术语，意指一类概念范畴难以用已有的经典模式去概括，而需以一种“家族相似性”的原则组织起来。其中一类概念中的“成员”就如同一个家族的成员，每个成员都和其他成员共有一项或数项特征，以环环相扣的方式通过相似性而联系起来成为一个类别体系。[7]

② 路江涌在其所著的《图解企业成长经典》一书中将人类的知识体系分成互相贯通的4个层次：经验、工具、理论和哲学，并指出中国人擅长重复从经验到哲学，再从哲学到经验的大循环，而西方人擅长开发科学理论和技术工具之间的小循环。

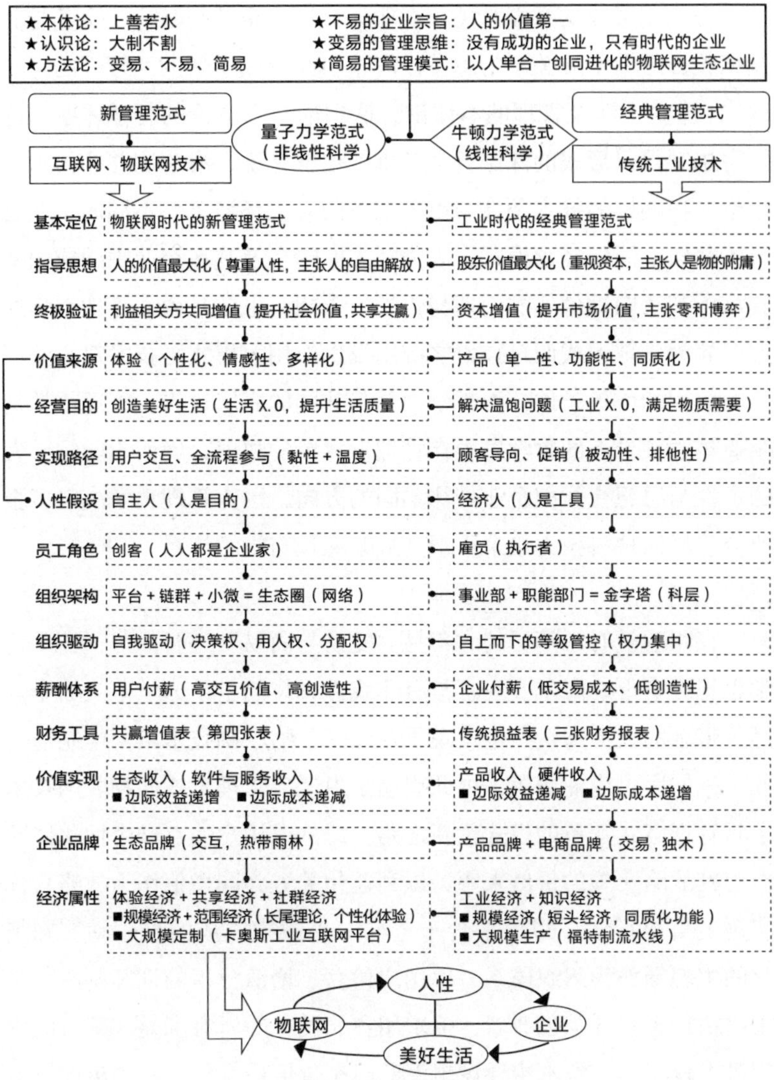

图 3-2 海尔制的概念体系及其逻辑进路

资料来源：作者绘制。

海尔制形成的开端是关于企业与人性、企业与时代、企业与利益相关方之间本质关系的思考，海尔由此形成了新的“管理的世界观”，建立了涉及管理的本体论、认识论与方法论的哲学体系，这是海尔制得以形成的深层哲学基础。也就是说，海尔制并非技术决定论，在同样的技术条件与市场结构的时代环境下，不同的企业会形成截然不同的经营模式，因为技术的组合及其在企业中的应用受到赋予其意向性价值的伦理与哲学的影响。也就是说，管理哲学通过沉淀为管理模式而对技术之应用发生作用，模式是技术对企业产生的效用的前提条件，而哲学则是其共同的底层逻辑。管理哲学是企业核心领导人的哲学思想在管理世界中的映射，因而不同领导人的个性与思想往往把企业带往不同的方向，因为管理哲学决定了企业会选择何种科技力量来重塑其战略愿景与组织体系。

在张瑞敏时常阐释的“不易、变易与简易”（简称“三易”）哲学思想影响下，海尔发现了具有非线性思维的量子力学范式为企业经营带来的无穷力量，也发现了互联网、物联网技术给家电制造企业带来的巨大商业契机，由此启动了由经典管理范式向物联网技术下新管理范式变革的模式创新之路。海尔以用户痛点和个性化体验作为其战略实施的价值来源，以利益相关方共同增值作为战略目标实现的终极验证，以“平台 + 链群 + 小微”构成的自驱动、网络化的生态圈作为组织体系，以用户付薪、增值分享的创客制激励员工由执行者转变为创业者，追求用户、员工等所有利益相关者的价值最大化，而非资本主导逻辑下的股东价值最大化。海尔由此打造出“物联网生态品牌”这种新品牌范式，通过大规模个性化定制创建物联网生态企业，实现体验经济、共享经济与社群经济的时代诉求，最终通过经营企业实现更加契合人性需求的美好生活。

我们从海尔制的概念体系及逻辑进路可以看出，在创新创业的文化基因的引领下和赋能平台、财务驱动工具的支撑下，由“管理哲学—战略愿景—组织体系—激励机制”构成的 PSOM 框架各要素之间是协同促进与循环发展的。这表明海尔制具有长期稳定的经营定力和保持清晰战略、聚焦工作重心以及敏锐洞察趋势与突变以营造共生系统的能力，具有一种“孕育、保护和促进边缘或颠覆性创新（Edge or Disruptive Innovation）的能力[8]，能够适时促进生态系统不断自我升级。因而，海尔制是一种具有包容力、反思性和自我更新能力的理论范式，海尔概念的迭代更新说明它能够对管理的历史经验及其承载的知识进行“反省性思考”（Reflective Thinking），进而通过边缘或颠覆性创新来重建组织运作的深层机理，不断提升企业的动态能力和获得持续性发展。

融合创新，从管理模式向理论范式升华

新时代开启新征程，需要中国企业续写新思想与新理论。从中国特色社会主义道路自信、制度自信、理论自信、文化自信“四个自信”的高度，推动海尔人单合一实现由管理模式到理论范式的历史性飞跃，以全球化的格局、物联网的时代精神和儒释道涵容的中

国智慧，从理论层面研究开发海尔制并向世界输出海尔制十分必要。截至目前，关于海尔人单合一模式的新闻报道、商业评论、论文专著等不胜枚举，但高质量、成体系的理论成果寥若晨星。其间原因颇多，其中最重要的一条是，完成上述开发海尔制理论的目标，既需要具备哲学、管理学、经济学、社会学的跨学科知识基础和经过严谨的科学方法训练，又需要对东西方哲学、文化与企业发展史有较为透彻的理解，同时还需要具有深入企业实践进行参与式研究的勇气和洞察力。同时具备这些条件，并且能跟得上张瑞敏的格局、思维、深度与创新速度，能够从范式层面进行系统化的理论开发的学者微乎其微。

现在从事海尔模式研究的群体大体可以分为三类：海外知名管理学家、中国财经媒体评论人以及中国学院派教授。从上述海尔制的研究要求来看，这些研究群体均存在一定程度的问题。海外知名管理学者具有世界格局，并掌握前沿管理理论的发展动向，同时能够深入企业进行扎根研究，但是缺少对中国文化、中国哲学与中国企业史的深切理解，难以发掘海尔制中深层次的中国理论元素；财经媒体评论人存在欠缺理论深度与学术训练的问题；中国学院派教授的研究则容易一味地追求研究的科学严谨性，导致实践相关性不足，存在知识体系狭窄、缺乏跨学科的知识基础和问题意识，以及与企业实践较为疏离等问题。因而，海尔制的理论开发与对外输出需要构建具有学术共同体性质的研究生态，在提纲挈领的理论统合之下，进行学术资源的交互整合和开放式创新。

那么，如何对海尔制进行理论开发？理论来源于实践，并随着实践的变化而动态发展。海尔模式的管理实践复杂而多变，且依然处于动态的创新之中，“自以为非”“自我颠覆”已经成为海尔人单合一模式的文化基因，因而对海尔制的研究也是一个复杂、庞大且动态的过程。但是，万变不离其宗，海尔模式的变易之中定然有一以贯之的根本规律。作为对海尔模式的抽象与概括，海尔制理论需要具有稳定性、规律性与系统性。

其一，确定海尔制的研究目的，是开发合规律性与合目的性的中国管理理论，更好地指导物联网时代的企业管理实践，并向世界输出中国管理模式。

与其他非西方国家一样，中国的管理研究始于对西方管理知识的移植与复制，因而现代意义上的管理科学在中国其实是一种舶来品。国内企业家和管理学者常常不加批判地照搬西方管理理论、概念与操作方法，许多理论研究的旨趣是在中国情景中验证西方前沿管理理论，鲜有学者研究中国本土产生的管理思想如何向世界输出的问题。事实上，这种研究取向仅仅验证了诞生于西方国家的管理理论在中国是否适用，而根植于本土实践的原创性理论少之又少，其结果是中国管理研究很大程度上依赖于西方学术并脱离中国企业实践，企业家在繁杂的世界管理理论中往往无所适从。

经过 40 多年的改革开放，中国创造了世人瞩目的经济社会发展的“中国模式”与“中国经验”，管理学界迫切需要回应“中国模式的管理元素是什么”等时代命题。对海尔制的理论发展与系统研究，肩负着这一时代使命。因而，海尔制的首要研究目的就是开发中国管理理论并将它向世界输出，以更好地指导物联网时代的企业管理实践。

为实现上述目的，对海尔制的研究，既要从管理科学层面提炼其对物联网企业管理的规律性，又要从管理哲学层面提炼其服务于人类长远福祉和人的自由发展的目的性。德鲁克在《下一个社会的管理》一书中指出："资本主义忽视了生命其他层面的意义，只注重经济交换，市场只有短期作用，除了规范短期行为以外，市场毫无用处可言。"海尔制既要发现物联网时代激活组织长期行为的规律，将市场机制在企业组织中的作用发挥到最大，同时也要将市场机制导向人的生命意义。只有清晰揭示其规律性，海尔制方能突破中国情境而具有普世价值，才具备向世界输出的合理性与可能性；只有明确揭示其目的性，海尔制方能建立在坚实的人性基础上，具有人文价值。因而，代表中国管理理论的海尔制必然是合规律性与合目的性的统一。

其二，明确海尔制的研究思维和研究立场，是将本土智慧与世界格局、时代精神相结合，将西方前沿管理理论与中国传统管理哲学相结合，以文化自信的高度对东西方管理思想和文化进行融合性创新。

海尔制是以世界格局、历史视野对当今的时代精神与西方经典管理理论进行淬炼的管理思想结晶。海尔自成立伊始就积极主动地学习西方的先进管理理论和技术方法。全面质量管理、目标管理、顾客价值管理、知识型员工的自我管理、企业成长的第二曲线、企业流程再造、动态能力等西方现代管理的先进理念和方法，都被海尔较为彻底地引入组织实践之中，并以强大的执行力来贯彻推进。海尔制推行的企业无边界、管理无领导、供应链无尺度和企业平台化、员工创客化、用户个性化等一系列组织与管理的新理念，将组织行动者的个人自由、个人力量和个人价值无限放大和激活，更多地依靠市场机制、价值观引领来组织和激励员工。海尔组建自主经营体及小微企业，打造开放式的创新创业平台，将物联网时代协作共享和利他利己的观念融入海尔制之中。海尔以放眼全球的大格局、宽广恢宏的历史视野和谦逊开放的学习心态，立足于物联网与社区经济的时代高度，迅速、高效地利用大数据技术、智能制造和移动互联网技术等提供的新技术、新思维，吸收西方经典管理理论精华和前沿管理理念，这是海尔制能够产生并具有时代引领价值的重要原因。

海尔制根植于中国本土的特殊情境，将西方前沿管理理论与中国传统管理哲学相结合，是以文化自信的高度对东西方管理思想和文化进行融合性创新的管理智慧结晶。西方主客二分思维与科学主义思潮支配下的主流管理理论内在地存在普世性与特殊性的悖论、理性计算与情感价值的悖论、科学严谨性与实践相关性的悖论，造成全球化管理中民族认同与个人身份认同的双重危机，使管理研究出现严重的“学科属性”问题与“文化乡愁”问题。海尔制则根植于中国传统文化，彰显了中国企业的文化自信，提供了解决物联网时代世界管理难题的中国智慧与中国方案。张瑞敏曾说：“海尔人单合一模式，即‘员工的价值实现与所创造的用户价值合一’，就是发扬了中华优秀传统文化中的系统论，颠覆了以西方原子论为基础的经典管理理论。”海尔制代表了文化自信前提下中国企业制度模式与管理理论的创新，它的普世性蕴藏着东方文化系统论的基因。道家上善若水、无为而治、大制不割的系统与变易思维，儒家“合生万物”“万物并育而不相害，道并行而不相悖”“人人皆可为圣人”的和合精神与性善论，佛家“度一切苦厄”的救赎精神等均在海尔制的形成过程与运行机制中有重要体现。如，人单合一管理模式就汲取了无为而治、和合精神等智慧，打破了西方经典管理理论中的非此即彼的主客二分思维和线性因果关系思维，将员工任务、员工激励、顾客价值、顾客资源及企业利润等传统管理中相互分离的要素有机地“合”在一起，最终实现了企业无边界和管理无领导。在某种程度上，人单合一、共创共赢的海尔制就是中国无为而治、和合精神与德鲁克的目标管理理论有机融合的结果。

我们要想挖掘海尔制之中的中国元素，向世人展示海尔制是中国模式与中国理论的范例，需深刻、精准地掌握中国哲学智慧与中国企业实践，需要东西方思维的融合创新，这意味着未来海尔制需要跨国家、跨学科人才的介入和跨界研究。加拿大华人学者梁鹤年曾在《西方文明的文化基因》(*The Cultural DNA of Western Civilization*)一书中对中西方文化差异进行了较为形象的比喻：西方人是用一只眼睛看世界，就像射击瞄准，看得比较“清”，他们的文化是“追求目标”的文化。我们是用两只眼睛看世界，就像引线穿针，看得比较“全”，我们的文化是“处理关系”的文化……如果想看得清楚些，用逻辑；如果想看得全面些，用想象；逻辑使人有信心但容易变得刚愎自用，想象使人能虚心但容易变得优柔寡断……一只眼睛不能穿针，两只眼睛难以瞄准，我们要“清”且

“全”，才可得“真”。海尔制是逻辑与想象在企业组织中相结合，东西方思维在管理中融合性创新的产物。张瑞敏对东西方文化有较为客观的评判：“中西文化各有所长，我们非常注意把中西文化结合起来，从中汲取最有价值的营养。中国文化好的一点是它会将某件事看作一个整体的系统，不会只见树木不见森林，这点可以从传统中医和西医的差别看出来。西医非常注重量化，而中医是把人看作一个系统。”在 2017 年首届人单合一模式国际论坛的演讲中，他以《道德经》中的“大制不割”思想收尾，并特别强调“中国的系统论文化对中国企业今天适应物联网时代非常有帮助”。可见，张瑞敏已经有意识地把中国的系统论、整体论当作海尔管理哲学体系的重要立足点，唯如此，海尔制才能做到“清”且“全”，才能通过中国智慧把握住物联网时代最“真实”的客观管理规律。

因而，研究海尔制需要博大的文化格局与心胸视野，既不能盲目自大，搞民粹主义；也不能崇洋媚外，搞全盘西化，而是在坚持合规律性与合目的性相融合的理论标准下，以文化自信的立场提炼海尔制内含的独特中国智慧与全球普世价值。

其三，海尔制的研究需要增强组织性与统合性，选择多元研究方法，管理知识要覆盖从生产（科学研究）、传播（教育培训）到应用（决策咨询与复制推广）等研究生态链的各个环节。

理论开发不同于商业活动，其本身具有公益性、外部性。管理类的学术研究虽然具有应用性，在某种程度上可以带来间接的经济效益（往往还具有时效上的滞后性和因果关系上的模糊性），但如果完全依靠市场机制，以利益和价格机制替代公共责任，则易于使研究活动因丧失客观性和公共性而难以产出高质量的学术成果。海尔制历经近 40 年的实践锤炼，涉及几乎所有管理维度的理论创新，系统开发完整的理论体系，全面对标主流管理学并重新书写物联网时代的新管理范式，是具有历史意义的艰巨任务。因而，组建专门的海尔模式研究机构并整合企业、高校、协会、期刊等各类研究资源，建立具有“学术共同体”性质的研究社群，增强海尔制研究与推广的组织性和统合性十分必要。

在研究方法论方面，我们倡导具有问题意识和思想高度的研究，鼓励思辨研究、案例研究、实证研究等多元研究范式和分析方法。科学的研究方法对于保证产出高质量的研究成果和实现研究目的至关重要，对海尔制的研究需要延续中国学术传统，借鉴西方研究方法，反对缺乏深刻思想和问题意识的实证主义主导的纯粹西式研究，同时反对缺乏科学规范和严谨性不足、主观武断、空洞抽象的本土研究。如果我们希望将海尔制提升为一种新时代的管理范式，则应该注意以下 4 个紧密相关的要素：

◎ 掌握西方科学哲学和方法论知识，弄清何谓理论和何谓科学，方能增强研究的科学性、严谨性和普世性；

◎ 掌握中国哲学和本土智慧，弄清中国特殊的制度与文化情境，方能增强研究的本土性和民族性；

◎ 熟悉掌握西方管理思想史和前沿理论，弄清管理哲学、战略愿景、组织体系、激励机制等各管理维度的基础理论和学术动态，方能在对话和批判中增强研究的全球化和世界性；

◎ 长期跟踪海尔与中国其他卓越企业的创新实践，弄清海尔创新的真实而具体的运作过程，方能在比较中增强研究的实践性与应用性。

在研究生态方面，我们倡导以科研为中心，打造结构完整、良性互动的产学研生态链条，覆盖科学研究、决策咨询、人才培养、教学培训、推广交流等各相关领域。其中，处于知识生产环节的科研是第一要务，是海尔制理论发展与对外输出管理模式的源动力和知识源泉，是海尔建立企业文化和思想影响力的根基。没有强有力的科研和高质量、成体系的研究成果，其他各环节活动的开展均会成为无水之源、无本之木。除研究之外的其他各环节本质上都属于海尔制的传播与输出活动：决策咨询是对公司内部经营的服务性活动，海尔制与海尔人单合一模式都随着时代变化和公司战略进行动态发展，海尔集团在研究和开发海尔制的同时，也需要完善、升级和发展海尔制，为其战略经营和组织管理提供决策咨询和理论指导；人才培养、教学培训、推广交流都是海尔制对外在教育、企业、社会服务等领域的成果输出和应用。作为物联网时代中国管理模式的代表性成果，海尔制能够在中国高校商学院人才培养、管理学教育和学术研究、企业高管培训、传统制造业转型升级、创新创业等方面做出更为广泛的社会贡献。我们要寻找这些领域存在的痛点和解决方案，整合生态链资源，在输出、应用海尔制研究成果的同时，探索海尔制从企业模式到社会模式，从中国模式到世界模式发展的可能性途径，提升海尔制研究的深度和广度。

张瑞敏谈海尔

Haierism

- “海尔制”是继福特制和丰田制后又一时代产物，“海尔制”就是人单合一，即“员工的价值实现与所创造的用户价值合一”。
- 世界就是我的研发中心。
- 海尔能够在激烈的竞争中“赢了，再赢一次”，源于多年前我们提出的“只有创业，没有守业”和“步步是创业的冲动，时时皆创新的激情”。
- 小微企业间的联系不是传统的串联模式，而是通过平行方式进行并联，共同为用户创造价值。
- 物流以时间消灭空间，商流以空间消灭时间。我们打破了过去的职能管理，变职能为流程，形成围绕订单开始企业一切活动的业务流程……在新经济下给每个员工提供个性化创新的空间，以满足消费者个性化的需求。
- 过去工厂提供的是产品，满足人民的物质需要。现在我们的互联工厂提供的是用户的个性化体验，满足的是用户的物质与精神的双重需求。
- 互联网思维对传统制造业企业可能带来颠覆性的影响，海尔以网络化战略来迎接这种挑战，具体的实施路径是“企业无边界，管理无领导，供应链无尺度”。

Haierism

第4章

水式管理，海尔制的哲学思想

上善若水，大制不割

量子时代，
东方文化的系统论思想重新照
亮科学和哲学的夜空。
不，
事实上它从来
都没有熄灭过。

管理哲学是对管理活动的哲学理解，是对组织与管理的本质问题、终极意义与基本规律的追寻，包含决定管理价值观的本体论、决定管理思维的认识论与决定管理方法的方法论等基本内容。管理哲学不是抽象的理论思辨或批判，而是改造组织实践以追求更高效益的行动哲学，是领导者个体哲学在管理实践活动中的映射，同时也是组织文化的深层精华。

托马斯·库恩在《科学革命的结构》一书中指出：一个新理论之所以被选择来取代旧理论，与其说是因为其真，还不如说是因为一种世界观的转变。科学的进步并非通往单一真理的简单直线，我们所说的进步，体现在去追求更为恰当的世界观念和更融洽地与世界互动。相对论和量子物理结合在一起，所抛弃的不仅仅是旧的科学，还有其得以建立的形而上学基础。[1]可见，科学范式的转移总会触及旧理论的形而上学基础，而管理学领域中这类知识或智慧的获得，只能存在于管理哲学之中。嵌入在管理思想史中的管理哲学，是人类进入实证科学时代以来，长期被忽略而又对组织管理极为重要的一个研究领域。目前企业经营面临的外部技术与制度环境具有 UACC 特性，即不确定性（Uncertainty）、模糊性（Ambiguity）、复杂性（Complexity）和多变性（Changeability）。伴随 UACC 环境而来的是与之相适应的新的管理世界观以及突破传统稳定环境下管理范式的“复杂心智”（Complexity Mindset）[2]，这同时也意味着作为新范式硬核的管理哲学具有巨大的创生空间。

海尔管理哲学是以复杂心智对 UACC 环境、组织与人性构成的复杂系统的运行规律的新诠释，包含对时代局势、企业本质、组织演化规律、企业与人性的关系等诸多深层次问题，触及管理的本体论、价值观、认识论与方法论以及企业文化的核心价值观等基本范畴，形成了一套具有时代特性和中国特色的管理哲学体系。人的生命本身就是一个动态性、非线性、自组织的复杂生态系统，不断地与周边环境进行信息与能量的交换，方能维持生存和发展。[3]海尔的管理哲学汲取和融合了具有整体性、系统化特性的中国传统管理哲学智慧和西方前沿的量子管理思维，塑造了一套兼具复杂性、非线性和去中心化特征的组织行动体系，因而是一套更加符合人的生命特性和时代特征的行动哲学，同时也是一种具有后现代主义意蕴的新管理范式。

心、知、行合一，海尔制的管理哲学体系

管理的元理论与中国管理哲学的新发展

元理论研究是对某一学科基础理论，即“元”问题的根本性思考，管理学作为一门应用学科，其研究离不开对管理元问题的根本性思考，管理研究中对元理论的省视是深化对管理学原理层面的基础理论认知，进而进行理论建构和实践指导所必需的基础性工作。当我们研究管理学的元理论时发现，哲学是一切知识和行为的元理论。[4] 英国战略与组织理论专家乔纳森·谢德（Jonathan Schad）等认为从哲学的视角确定元理论原则并说明其在管理领域的应用是管理研究的重要议程。[5] 已有管理研究对元理论的忽视使得中国本土管理学在发展过程中所提出的根本性问题事实上很难在当今主流管理研究中找到答案，相关争论已进入管理哲学层面。[6] 因而，从管理哲学层面建构管理学的元理论，发展具有时代契合性与引领性的中国本土管理理论非常重要。

从对问题进行总体和直观把握的隐喻来看，中国管理哲学具有水的意象。中西方文化差异导致东方与西方人形成截然不同的思维方式，西方文化具有典型的火型特征，中国文化则将水视作世界本原，[7] 中国古代管理哲学的许多核心概念都以水为文化基质来表达

思想和指导行动。老子常以水论道，认为水是道的物质原型，道是水的哲学升华。[8] 水虽顺势无为，但却衍生出沉潜蓄势、灵变顺势、积蓄能量、开放汇源和永续前行等含义，进而展现出动态性、灵活性、适应性、开放性和持续性等水式管理特性。[9]

张瑞敏水式管理哲学的形成是对中国管理哲学的创造性转化与延续性发展。张瑞敏多次指出海尔的管理创新受到《道德经》《易经》等传统哲学智慧的影响，如他曾提出“海尔是海”，意思是“海尔应像海。唯有海能以博大的胸怀纳百川而不嫌弃细流，容污浊且能净化为碧水”，其哲学渊源就是道家管理哲学。[10] 张瑞敏将“海尔全球模式创新中心”这一机构所在建筑命名为“冰山之角”，其表层含义是海面上的冰山虽然只露出一角，但冰山之大无法以一角而窥之，承载冰山的是无穷无尽的大海，而深层含义则是海尔拥有无限的资源，成为无边界组织，持续跟踪并满足用户的动态需求。[11]“海尔是海”与“冰山之角”都直观地体现了中国传统管理哲学智慧。在物联网时代，张瑞敏在首届人单合一模式国际论坛的演讲中讲述人单合一商业模式时提道：“老子的《道德经》中有一句话叫‘大制不割’，意思就是说，所有的机制是一个系统，是完整的，不能把它割得七零八碎，不能切割开，否则，（我们）看不到整体的、总的面貌。”在此，他直接将道家管理哲学中的整体性思维作为其商业模式的哲学基础。海尔的水式管理哲学延续性地发展了中国管理哲学的智慧，在同西方管理理论和哲学思维对话的基础上，融合时代属性和海尔管理实践，深化了对管理基础理论的研究。

海尔水式管理哲学的框架体系

海尔水式管理哲学的框架体系大体由三个层次构成（如图 4-1 所示）。位于最高层次的是由本体论、认识论和方法论组成的精神核心层（心），是管理哲学最根本、最稳定的基础性内容。具体来说，海尔水式管理哲学是以“上善若水”为本体论、以“大制不割”为认识论、以“变易、不易、简易”为方法论的系统性理论体系。位于中间层次的是由灵动—无界、自由—开放、连接—系统三对思维范畴构成的认知思维层（知），是管理的世界观与价值观等精神核心转化为具体管理行动的中介性思维体系。位于底层的是由战略、组织与激励构成的相机行动层（行），是依据“情”“形”“势”等具体情境而不断相机创新的管理权变行动，其背后是海尔自以为非、创业创新、互利共赢的核心价值观。可见，由精神核心层、认知思维层与相机行动层构成的海尔水式管理哲学是顶天立地、知行合一的思想体系。本章在接下来的内容中会分别对上述三个层次的管理哲学进行详细阐释。

三者互动的结果是使组织在 UACC 环境中获得动态变革力、共演自驱力与整合转化力等动态创新与持续发展的能力，如同水流一般因势利导、道法自然。动态变革力反映海尔在动态环境中革新突破的应变能力，具体体现为灵动与无界的思维方式指引海尔顺应时代进行战略转型和无边界组织变革；共演自驱力反映海尔员工自我驱动以及同外部利益相关者共创、共赢、共生的演化能力，具体体现为自由与开放的思维方式引导海尔始终坚持“人的价值第一”而不断进行迭代创新和自我演化；整合转化力反映海尔通过万物互联打造生态系统的聚合能力，具体体现为在连接与系统的思维方式下海尔一直将用户、员工与利益相关方视作一体，致力于打造共创共赢的生态圈。

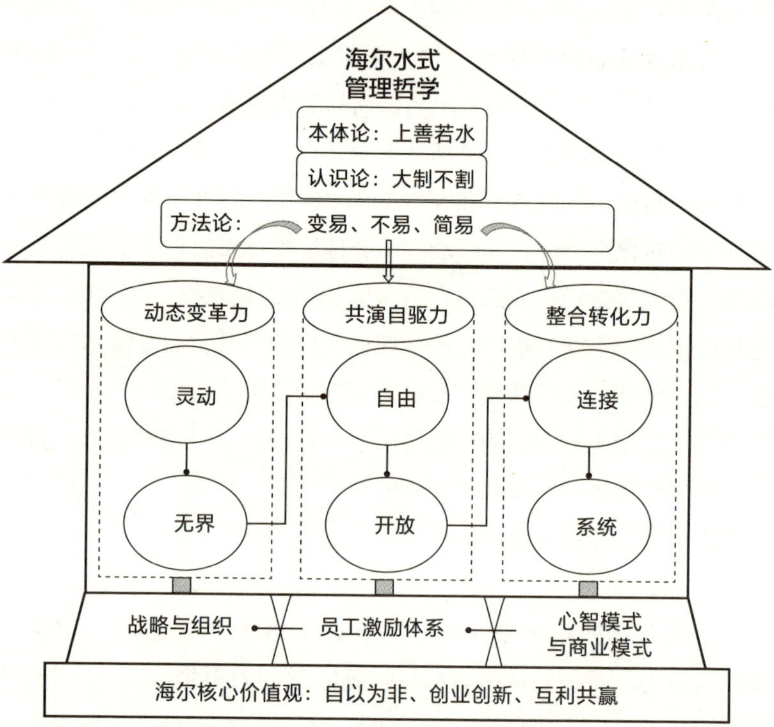

图 4-1 海尔水式管理哲学的框架体系

资料来源：作者绘制。

上善若水，大制不割，海尔制的精神核心

上善若水，海尔的本体论与共生价值观

本体论是探究世界的本原或基质的哲学概念，道家核心思想“道”是中国传统哲学中最为本原的规律，亦是中国传统哲学的本体论。老子《道德经》开篇就写道：“道可道，非常道；名可名，非常名”，用以表达“道”的玄妙之处和不可言说。老子在《道德经》第八章写到“上善若水，水善利万物而不争，处众人之所恶，故几于道”，表明了老子将“水”视作阐释“道”的特有载体和对“道”的根本性认知。从老子起到庄子、稷下道家都展示了以水论道的哲学思维方式，并逐渐明确了以“水”为本原的宇宙观。[12] 如稷下道家的管子学派在典籍《管子·水地》中表达了水的本原意蕴：“水者何也？万物之本原也。”张瑞敏特别推崇道家思想，“道”本体论及其水意象是海尔紧随时代变化进行管理实践创新的底层逻辑，他提出人单合一模式及对人性价值的尊重也是深刻领悟“上善若水”的结果，因此道家思想“上善若水”思想是张瑞敏水式管理哲学的本体论。

“上善若水”作为海尔管理哲学的本体论基础，其思维内核是变异思维。不同于西方主流管理范式机械地强调效果和“经济人”

假设，过分注重确定性思维，致使环境适应力和过程掌控力的缺失，“上善若水”反映的是灵活性思维和适应性思维，赋予物联网时代企业管理实践以动态含义。“上善若水”也从管理哲学层面决定了海尔管理实践体系的核心思维导向，以环境的不确定性为基本预设，发展出一种柔性灵动、无界包容、利他助人和汇聚开放的思维，这是一种尊重客观规律，道法自然、顺势而为的经营哲学。

上善若水的本体论决定了海尔“人是目的”和“社会价值最大化”的共生价值观。海尔的这种价值观体现在围绕企业本质而展开的两对关系之中，即企业与人的关系是什么，以及企业与社会的关系是什么。

第一，企业要处理的第一对关系是企业与人，尤其是与股东、员工、用户等直接利益相关者之间的关系。我们一般认为企业是以盈利为目的的经济组织，主要是赚钱的工具。由于股东对于企业的创立和经营承担较大的责任和风险，因而企业治理和利益分配的基本准则是股东价值最大化。张瑞敏对企业的认识与众不同，他认为“企业即人”。“所有的企业，硬件即使再好，没有人也不能增值；同样一家企业，同样的硬件，不同的人会经营出不同的结果，这就是人的因素（有差别）。”[13]在企业中，厂房、设备，甚至资金都不能增值，唯一能创造价值的因素是人。2013 年 4 月 3 日，张瑞敏在青岛市企业思想政治工作会议上发表了以“企业是人，文化是魂”为题的讲话，其中谈道：“企业就是人，所有的资产要增值都要靠人，人是企业的关键。如果把人抛到一边，资产负债表就没有多大用途。”张瑞敏坚信，人的价值最大化才是一切商业模式的核心，这也是人单合一模式的初心所在。

传统经济学缺乏对个性化的“人”的分析，只有作为数字的“人口”分析。互联网科技塑造的电商平台也没有给予人以应有的位置，仍然将流量和商品作为经营的重心。张瑞敏曾引用古希腊历史学家修昔底德的话：“人是第一重要的，其他一切都是人的劳动成果。”承继禅宗强调每个人“自性具足，见性成佛”，以及王阳明“人人皆可为圣人”的传统哲学智慧，张瑞敏强调人人皆可成才，每个员工都可以成为自我实现的创客。张瑞敏对人的价值最大化的诠释和实践已成体系。[14] 在这个体系中，人是目的，不是工具。海尔相信每一个人的潜能都是无限的，员工潜能的开发不能靠自上而下的权力控制来实现，而是要将员工从执行者转变为可以自创业、自组织、自驱动的创客。因此，海尔给员工提供的不是唯尊是从的岗位，而是一个创造价值同时实现自我价值的机会。企业成败的关键在于经营人，而经营人主要是经营人的观念。这种企业观与“人是目的”的价值观一道，共同构成了海尔制百变不离其宗的基本准则。

第二，企业要处理的第二对基本关系是企业与社会的关系。长期以来，围绕这个问题存在两个竞争性的理论：股东利益至上理论与利益相关者理论。股东利益至上理论的基本理念是管理者服务于股东，股东是公司剩余风险的承担者，股东拥有使用、处置、转让其产权的权力，企业经营的目标就是追求股东价值最大化。股东利益至上理论对于美国的公司治理模式影响巨大。利益相关者理论的基本论点是企业不仅要对股东负责，而且要对与企业有经济利益关系的相关者负责。在企业中，并非只有股东承担剩余风险，员工、用户、供应商、债权人都可能是剩余风险的承担者，所有利益相关者的投入都可能是相关专用性资产，这部分资产一旦改作他用，其价值就会降低，因而企业经营的目标是让各利益相关方的价值最大化。利益相关者理论对于德国与北欧国家的公司治理模式影响巨大。

张瑞敏原则上同意利益相关者理论的观点，但海尔做的更进一步，就是通过人单合一模式搭建一个共创共赢的生态圈，让利益相关各方在这个生态圈中实现自身价值最大化，但又不是让各方根据契约分享相对固定的价值收益，而是让各方在海尔的生态圈中彼此交互并连接更多资源，发挥最大的潜力为用户创造最大价值，海尔在各方共同获利的基础上实现生态收入。在此模式下，海尔财务收入的增长以各利益相关方的价值实现与分享为基础，这其实是一套社会价值最大化的经营哲学。

张瑞敏常用“上善若水”来形容海尔与社会的关系。“上善若水”的字面含义是人的至高善行就是做到如水一样，在至柔之中做到至刚和能容，帮助世间万物却不争夺名利，身处人们看不到的地方，因此最接近“道”。[15] 张瑞敏对“上善若水”有深刻的领悟和认同，如在海尔建筑设计中，董事局大楼生动立体的水波纹外观，展示水流自由涌动，如大海的波涛，寓意海尔在不确定环境中求变创新和自组织运作的精神文化。海尔董事局大楼南门广场前的一座名为“上善若水”的水滴雕塑，展示了海尔围绕用户创造价值的商业理念。张瑞敏对此景观的解释是：“‘上善若水’象征海尔的经营哲学，回答了海尔为什么做企业——海尔不是以自身利益最大化为目的，而是与时代的潮流融为一体，为社会的发展无私奉献。即‘水善利万物而不争’。”[16] 对于海尔来说，企业存在的唯一目的就是为社会创造价值，其他都是载体和手段。为社会创造价值的内涵非常丰富，企业通过自身的健康发展来为社会创造税收，进而拉动就业、造福社区等，都是社会价值的体现。**但海尔更本质的、更有意义的社会贡献是把人的价值发挥到极致，海尔在为用户创造美好生活的同时，使汇聚到海尔平台上的所有利益相关方共创共赢，即通过人单合一模式激活人的自我实现潜力，进而创造源源不断的社会价值。**

大制不割，海尔的认识论与二元企业观

认识论是对人类认识的本质与客观规律的关系等复杂认识对象的探索。西方自然哲学中古希腊伟大的唯物主义哲学家德谟克利特提出以原子论为认识论，片面强调单一的、线性的认知方式；根植于中国传统哲学的道家思想更强调“大制不割”，以整体的系统观为认识论。张瑞敏致力于打造共创共赢的生态圈和人人创客时代，对人性潜在的价值需求关注到了极致，将万物视为同源一体，同根而异名，并基于对“上善若水”的深刻洞悉，将组织活动中的各个参与方全部纳入企业整体运转中来，着眼于整体的系统，帮助员工、用户和外部资源方都实现自身价值，亦反映出“道”的本质。因此，道家“大制不割”思想可被视为张瑞敏水式管理哲学的认识论。

“大制不割”出自老子《道德经》第二十八章，原文为“知其雄，守其雌，为天下谿……朴散则为器，圣人用之则为官长，故大制不割”。“朴”就是道，这句话可以理解为知行合一的至善之人掌握道的要旨后把它运用成一种工具，如果运用得好就会成为卓越的领导者，由于道贯通天地、不分不割，因而凡是顺遂于道的行为和建制也必须符合连接和系统的思维方式。河上公在《老子》中将“大制不割”注解为：“圣人用之则以大道制御天下，无所伤割。”王弼在《老子》中解释说：“‘大制’者，以天下之心为心，故无割也。”张瑞敏在讲述人单合一商业模式的重要讲话中强调海尔要遵循“大制不割”的思想，**“大制不割”作为张瑞敏的水式管理哲学的第二个核心思想，其内核是系统与整体性思维。**不同于西方古典管理理论中割裂环境和人性因素，片面关注机械的线性因果关系，一味强调分工、分裂思维而缺乏系统性的传统认知，“大制不割”反映的是连接和系统的思维方式，更加契合物联网时代信息技术快速发展和生产关系动态复杂的客观情况。“大制不割”也从哲学认知层面决定了海尔管理实践行动体系的核心思维导向，海尔也因此以整体化和系统性为认知基础，创立了物联网时代企业作为共创共赢生态圈的管理模式。

近代科学深受二分法的影响，看待世界往往采取非此即彼的二分思维。这种思维影响下的经典管理模式往往在组织世界中形成领导者与员工、企业与竞争者之间的对立形势，进而往往通过控制与并购等权力途径来寻求整合和协作。与近代科学看待世界的主客二分思维不同，中国哲学认识世界的思维是一分为三的系统论。在中国传统思维中，大制不割的整体论在认知操作层面是个“一分为三”的认知体系。道家在《道德经》第四十二章提出“道生一，一生二,二生三,三生万物”的宇宙生成过程，儒家提出“天人合一”“执两用中”（“叩其两端而执其中”）的思维方式，都是一分为三的认识论。孔子与同时代的亚里士多德都认为只有中道才是值得人类追求的美好德行，中道之外的两端分别被称之为过度和不及。“世界本来便是三分的。中间和两端，本是相比较而存在，经指认而得名的。人们在认识上，会有一个先后的次序，事务的存在，也常有隐显的不同，但一分为三的事实，则是客观的无处不在的。”[17]

张瑞敏对大制不割的整体论和一分为三的系统观推崇备至。在对传统职能部门进行小微化改造时，他指出中国传统哲学对其进行管理模式创新所具有的启发性价值。张瑞敏在首届人单合一模式国际论坛中说：“如果一个企业管理有问题，找一个咨询公司来咨询，咨询公司会找出很多原因，分别在不同的部门，这是财务的，这是采购的……所有部门都有责任，但是，根源问题到底是什么？他们可能找不到。我们现在做的，是把部门都取消掉了，所有的部门都变成了小微，小微里面有所有的职能，因此可以跟用户零距离，可以根治所有的问题。我非常希望利用中国 2500 多年以前的传统智慧、哲学思想，使我们今天在物联网时代，在管理模式上超越并且走在世界的前列！”

基于上述认识论，海尔人单合一管理模式中出现大量的“一分为三”体系。

◎ “三易”：不易、变易、简易；

◎ “三化”：用户个性化、员工创客化、企业平台化；

◎ “三生”：生态圈、生态收入、生态品牌；

◎ “三自”：自创业、自组织、自驱动（2020 年升级为链群进化的“三自”，即自涌现、自裂变、自进化）；

◎ “三权”：决策权、分配权、用人权；

◎ “三无”：企业无边界、管理无领导、供应链无尺度；

◎ “三零”：用户零距离、流程零签字、体验零延误。

每个“一分为三”的体系之间都存在逻辑递进关系，并且各体系紧密衔接，互相印证与支撑。比如，在解释“三化”与“三无”的关系时，张瑞敏指出：“企业无边界也可以归纳成企业平台化，管理无领导也可以体现为员工创客化，每个员工都是一个创客，供应链无尺度可以体现为用户个性化。我们可以用这‘三化’来体现‘三无’，即企业平台化、员工创客化、用户个性化。”[18] 这是海尔人单合一管理模式呈现出的特殊而又必然的现象，其背后一以贯之的深层次根源便是大制不割与一分为三的整体性认识论。

大制不割的认识论决定了海尔无边界、非线性的二元企业观。对“企业是什么”这一本质追问，企业无法回避，这是企业理论与公司治理领域一个基本问题。经典的解释来自罗纳德·科斯（Ronald Coase）于 1937 年所著的《企业的性质》一文，即企业是通过科层权力而非市场价格机制来配置资源的一种方式，通过权力控制来替代市场中的讨价还价机制，以降低交易成本。该理论中的企业必然具有一个边界，即企业的经营范围，它由企业与市场的界限所决定，即根据交易成本的大小来判断，哪些经营活动由企业自身通过权力控制来完成，哪些经营活动通过市场的价格机制来完成。企业是利用权威方式来配置资源的特殊社会组织，在这样的组织中，非人力资产的物质所有权直接或间接地控制人力资产。这可能导致的一个问题是，在这样的企业组织中，人会变成查尔斯·汉迪笔下的"空雨衣"：他们只是薪水名册上的编号，经济学或社会学研究中的"原始材料"，以及分析报告中的统计数字。科技和资本通过对人力的操纵，不断扩展着企业的边界和业务范围，制造工厂规模越来越大，逐渐演进成美国历史学家乔舒亚·弗里曼（Joshua Freeman）笔下的"巨兽"，谈起企业，人们最直观的印象常常是大规模的工厂或者人头攒动的写字楼。[19]

由于时代原因，科斯的企业理论没有考虑互联网和物联网等技术的影响。如同张瑞敏在首届人单合一模式国际论坛中所说，物联网时代的企业是互联网或物联网的一个节点，不能自我封闭。每个企业就好比是一台电脑，电脑如果不上网则难以发挥其价值，如果上网则可以无所不能。在大制不割的认识论影响下，基于对物联网时代的技术特征与经济逻辑的深刻认知，张瑞敏提出了企业无边界的经营思想。他认为，企业无边界的核心思想是开放交互：一方面，企业从原来封闭的体系，变成一个开放的体系，企业的业务范围不再完全受制于其资源和能力，而是可以通过连接实现与其他各方的资源和利益分享，"世界就是我的研发中心"；另一方面，企业从原来与内外部各利益相关方进行博弈的关系，变成一个交互的共生关系。之前企业的发展大多基于一种零和博弈的竞争思维，企业与供应商可能是进行价格博弈，谁的报价便宜则选择谁；对用户则更多是促销博弈，即通过促销宣传来说服用户实施购买行为；与员工则更多地进行控制与反控制的博弈，企业通过强制性控制来约束员工采取有利于企业发展的行为。而在物联网时代，企业首先需要转变观念，从博弈转变到交互，通过交互来增加价值。[20]

海尔通过三张表来打造开放交互的无边界企业，即在日常运营过程中以纵横运营表（又称二维点阵图）、共赢增值表、用户乘数表[21]来构建用户零距离、流程零签字、体验零延误的共享平台和生态圈。2019 年 2 月 13 日，张瑞敏在集团战略会上对集团 2019 年 1 月的经营进行战略指导，在阐释三张表的逻辑关系时正式提出“二元企业”概念。张瑞敏认为，传统企业与以电商为代表的平台企业，都属于一元企业，单纯地追求将企业规模做大做强，背后是线性管理的帝国思维。海尔努力构建二元企业，即同时追求以“三高”衡量的产品市场价值和以“三生”衡量的用户生态价值两个不同的目标。

纵横运营表的横轴是“三高”，即高增长、高盈利、高市场占有率，衡量的是企业的财务价值，纵轴是“三生”，即生态圈、生态收入、生态品牌，衡量的是企业的生态价值。其中，三高是“果”，代表财务指标结果，三生是“因”，代表生态品牌战略方向，两者紧密相连，但又是不同层面的目标，此即企业的二元性。海尔按单聚散的基本依据就是纵横运营表。通过纵横运营表，海尔使每个创客都同时追求业务层面的市场目标和战略层面的生态目标，从而将战略与执行结合在一起。海尔之所以能够打造二元企业，就是能够通过纵横运营表构建共创共赢的创业平台。共赢增值表则颠覆了传统的损益表，通过计算生态收入强化生态圈建设，转变单一市场维度上的价格战和零和博弈，实现边际收益的递增。用户乘数表，则将通过持续满足用户个性化体验，在交互的过程中将单次交易的顾客变成多次互动的终身用户，依此倒逼小微企业搭建共创共赢的生态圈，进而创造用户生态价值。通过这三张表来驱动无边界的二元企业，海尔实现了从大规模制造到大规模个性化定制的升级，以及从消费级互联网到工业级互联网，即物联网模式的升级。

海尔的二元企业论对化解“马奇悖论”具有一定的启发性。著名管理学大师詹姆斯·马奇（James March）教授曾提出企业的两种组织学习理论，即探索性学习（Explorative Learning）和应用性学习（Exploitive Learning），认为企业如想要在市场中保持动态灵活和持续成功，就必须注重“探索”和“应用”的平衡。马奇提出了两种组织学习与创新的悖论和理想状态，但没有解释如何同时追求二者或使二者协调一致。日本管理学家野中郁次郎指出，为构想和激发创意从而使企业维持持续创新，管理者和组织必须面对和解决马奇的悖论，企业无法单纯进行探索性或应用性学习，往往需要同时进行两项活动。但是管理者如何将这些经常相互矛盾的理论原则合成具体行动，目前还没有直接的经验证据。[22] 在大制不割的认识论指导下，海尔通过人单合一模式打造二元企业，将执行者员工转变为自创业、自组织、自驱动以开发创意的自主人创客，并通过三张逻辑递进的管理表格工具将之落地，将对新机会的探索和对现有资源的应用挖掘整合在一起，将人类心智的交互性、生成性与具体的管理环境都联系起来，对其他企业化解马奇悖论和获得持续创新的动态能力具有重要启发。

变易、不易与简易：海尔的方法论与相机行动

方法论是关于人们认识世界和改造世界的方法的哲学概念，笛卡尔的著作《方法论》提出将复杂问题进行拆分的解决问题方法；中国上古哲学著作《周易》是《道德经》的思想源泉，主张以“三易”原则——变易、不易、简易作为解决复杂问题的方法。方法论面向实践，因而与嵌入在特定情境中而相机行动的管理活动密切相关。张瑞敏在为斯图尔特·克雷纳所著《管理简史》一书作序时详细解析了《周易》的“三易”原则及其在海尔管理模式中的运用[23]，其中“变易”指管理创新要坚持时代性，“不易”指人的尊严和自我价值实现，“简易”指聚焦“价值”，将用户和员工永远连接在一起，“三易”原则是海尔认识组织世界和指导管理实践的方法和工具的总和。因此，“三易”原则可被视为海尔水式管理哲学的方法论。

张瑞敏认为，企业家需要在管理思想史的长河中去理解管理创新变与不变的规律。管理思想的历史悠久绵长，以轴心时代“终极关怀的觉醒”为标志，春秋时期的中国文明和西方的古希腊文明蕴含着流淌千年、绵绵不绝的管理智慧，沿着赫拉克利特的“万物皆流”之河一直流淌至今天。现代管理学的产生则以 1911 年泰勒出版《科学管理原理》一书为标志，一百多年的管理理论发展都可以看作泰勒制在不同历史阶段的演绎，泰勒制拥有创造 20 世纪工业文明巨大财富的光环，一直到今天这光环都闪耀在福特制的信徒们

越来越智能的流水线上。物质财富可能稍纵即逝，但创造财富的管理思想却如永恒的星辰。治史是为知今和明变，《周易》的变易、不易、简易思想是海尔管理创新知今、明变的基本方法论。

变易的原则

张瑞敏认为管理创新要坚持时代性，对企业来说，没有成功的企业，只有时代的企业。任何企业都不能超越时代，唯有适应时代变化，踏准时代的节拍，方能持续发展，这便是管理的“变易”原则。《孙子兵法》博大精深，但精髓不外乎“兵无常势，水无常形，能因敌变化而取胜者谓之神”。自第一次工业革命以来，根据科技发展和管理模式的变化大体上分为三个时代，传统工业时代、互联网时代和物联网时代，每个时代都有不断变易的管理思想出现。

传统工业时代的商业模式是大规模制造，靠流水线创造高效率，竞争力的核心是品牌，品牌的强度决定了企业的规模、范围和溢价能力。1776 年发生了三个影响世界历史的事件：亚当·斯密的《国富论》出版，美国发表立国文书《独立宣言》，瓦特发明的蒸汽机正式量产。《国富论》提出的分工理论、美国独立后建立的资本主义生产关系，以及机械制造技术的规模使用为科学管理的诞生奠定了理论基础和社会技术条件。1911 年，泰勒的《科学管理原理》出版，成为管理领域从原始经验管理飞跃到科学管理的重要分水岭。在泰勒的时间动作研究成果基础上，亨利·福特发明了流水线，让福特汽车成为大规模制造的典范。由此，大型工业企业成为工业时代的宠儿，不但彻底摧毁了低效率的手工作坊，也成就了艾尔弗雷德·钱德勒的巨作《规模与范围》(*Scale and Scope*)。在这部巨作中，钱德勒通过研究1870年到1938年期间美国、德国和英国的大企业，提出了一个著名命题，即企业成长取决于两个关键变量：战略和组织。其中，战略决定组织，结构追随战略。该理论成为诸多企业家奉若圭臬的管理“圣经”。

互联网时代到来之后，传统的大型工业企业像恐龙一样忽然从时代宠儿变成了经济活力不振的替罪羊而遭遇灭绝的命运。2014年诺贝尔经济学奖获得者让·梯若尔以双边市场理论解释了“恐龙”灭绝的可能原因。政府和市场有时会同时失灵，因为传统经济中市场进入门槛太高，从而阻碍了市场效率的提升。而互联网产业是一个双边市场，与传统线性的单边市场不同，双边市场是一个非线性的平台，供需双方在同一个平台上创造价值。对互联网平台来说，竞争力的核心不是品牌，而是平台。在传统工业时代，要么成为品牌，要么给品牌打工；在互联网时代，要么拥有平台，要么被平台所拥有。电商平台迅速成长为互联网时代的宠儿。

就在电商平台几乎无所不能的时候，它本身的缺点也充分暴露出来。电商虽然是平台，但只是价格交易的平台，用户更加需要的情景感知和个性化体验迭代呼唤新的商业模式。孕育用户美好体验的土壤逐渐成熟起来，这便是物联网商业模式。区别于上一代的互联网商业，物联网时代企业竞争的核心既不是品牌，也不是简单的流量平台，而是看企业拥有多少终身用户。新的时代需要新的商业模式，海尔提出人单合一模式，就是希望能够率先引领物联网时代的管理模式发展。

不易的原则

世界唯一不变的法则就是永远在变，但在万变之中有一条主线永远不变，那就是人的尊严和自我价值实现，这便是海尔的“不易”原则。海尔自 1984 年创业以来，历经 6 个发展战略阶段，前 5 个阶段的周期都是 7 年。7 年这个战略迭代周期并不是海尔刻意为之，而是其踏准时代节拍，紧密围绕不易的原则而与时俱进的必然结果。海尔从创业初期资不抵债亏空 147 万元，到连续 10 余年蝉联世界大型家用电器品牌零售量第一，成为物联网时代商业模式创新的首创者和引领者，“人的价值第一”主线贯穿全过程。与传统模式下西方企业遵循的“股东价值第一”宗旨不同，海尔人单合一管理哲学坚持“人的价值第一”，也就是员工和用户的价值第一。人单合一模式使人的价值得以实现，这是海尔区别于其他企业的基本价值观。

这条不易的主线之所以能始终不变，恰恰是因为前提假设一直在变。以科学管理为源头的西方传统管理理论始终在制度和人性之间摇摆徘徊。从古典经济学的“经济人”假设，到行为经济学的“社会人”假设，变来变去，这些经济学思想都没有从根本上改变管理的主体和客体的关系，比如“赋权”“分权”的思想，无论在技术层面上做得多么细致，传统工业时代和互联网时代的企业都没有改变员工一定要服从上级领导的宿命。海尔在探索人单合一模式的初期受到的最大质疑就是违背了科斯定理[①]。但在物联网时

① 科斯定理意味着在交易成本为零的情况下，不管权利如何进行初始配置，都会实现资源配置的帕累托最优；在交易成本不为零的情况下，不同的权利界定和分配，会带来不同效益的资源配置，因为交易成本的存在，所以产权制度的设置是优化资源配置的基础。——编者注

代，零距离、去中心化、去中介化的新动力推动着企业必须从封闭的线性组织转型为开放的网络组织。在网络上，任意一个节点都可以直接连接另外一个节点，交易成本的存在基础从根本上被动摇。每一个员工都成为网络上的一个节点，可以直接连接用户需求，并根据用户需求连接全世界的资源。这样，员工能够真正成为自己的主人。

2016 年，海尔并购 GEA，其后在 GEA 推行人单合一模式。按照 GEA 的传统，企业领导人的接班人培养有个“长板凳”方式，一旦最终任命其中一人担任领导者，被培养的其他领导者都要离开企业。海尔在 GEA 实施竞单上岗，从 5 位参与竞单的候选人中选出 3 位成立一个委员会，在委员会主导下推行人人都是 CEO 的创客制和小微化改革。经过人单合一模式的管理革新，GEA 迅速实现在美国市场的逆势增长。张瑞敏认为，美国《独立宣言》倡导“人人生而平等”思想，可是在美国大企业里我们看不到人人生而平等，CEO 往往是大权独揽的国王，现在 GEA 让每个人都要成为自己的 CEO，员工真正成为“自主人”，都可以拥有尊严和实现自身价值，这是激活企业活力的根本动力。

简易的原则

那么，如何才能以“不易”（不变）应“变易”（万变）呢？对此，张瑞敏以“简易”的人单合一原则，聚焦于“价值”两字，探索海尔的管理模式创新。在他看来，价值把用户和员工永远连接在一起，用户价值由员工来创造，员工在为用户创造价值中实现自身价值。商业模式不变的宗旨就是两条：一是价值主张，即创造用户价值；二是价值网络，即价值传递到位，让相关各方共创共享。

第一，价值主张。以大制不割的认识论和西方量子纠缠理论来诠释，物联网时代的用户价值体现的是“互联的整体、并联的价值”，物联网时代商业模式的价值主张用一句话来概括就是：用户价值源于网络价值。具体来说，张瑞敏围绕企业、员工、薪酬三个要素来诠释用户价值创造：企业方面，将有边界的科层制组织，转换为网络化的节点组织；员工方面，将传统企业中的“经济人”“社会人”定位升华为“自主人”，即拥有决策权、用人权、分配权的创客；薪酬方面，将传统的岗位薪酬（固定工资）和委托代理激励机制（金手铐）[①] 转换为用户付薪驱动的创客制。

第二，价值网络。关于用户价值传递的价值网络，张瑞敏从制造、零售和内部创业三个领域来诠释。在制造领域，海尔从传统制造企业升级到智能互联工厂，搭建了网络化的制造平台卡奥斯工业互联网平台。与德国以西门子 MindSphere 为代表的工业 4.0 模式和美国以通用电气 Predix 为代表的先进制造模式不同，海尔的卡奥斯工业互联网平台不是以企业为中心，而是以用户为中心，第一次实现了用户体验的全流程参与，在制造产品的同时也在创造用户。在零售领域，海尔把电商模式转变为社群交互平台。海尔大顺逛平台以社群经济为目标，实现“三店合一”，即线下店、线上

① 金手铐是股权激励制度的一个形象化比喻，是一种基于经营结果对经营者实行长期激励的报酬制度。——编者注

店和微店融合。通过“三店合一”，海尔形成了具备情景感知和诚信的触点网络，在城市有遍布社区的社区驿站，在农村则有毛细血管般的水站，这成为海尔的一大优势。在内部创业领域，海尔把企业内部的投资孵化平台开放为社会化创业平台。海创汇平台和美国的FirstBuild平台[①]都以创客经济为目标，建立以寻求新商机和第二曲线为主的创业网络，成为全产业资源汇聚的加速器和涌现创业家的热带雨林。

“创造价值，传递价值”的人单合一模式是海尔实现其经营目标的简易方法论，在坚持将人的价值作为主线的前提下（不易），在实践中不断地动态优化（变易），形成可操作的系统（简易），引领物联网时代的企业转型升级。作为企业家，张瑞敏解读“三易”不是坐而论道，而是将之视为海尔持续获得动态能力的方法论，结合海尔实践来改善企业经营效果。对海尔来说，不易即不变。永远不变的是自以为非的“创业创新精神”和“人的价值最大化”的价值观。变易即变化，永远在变的是形势，故而人单合一模式需要与时俱进。简易即不易与变易的辩证统一，也就是只有不易，才有面对变易的机会；只有不断与时俱进地变易，才能保持不易的主线得以贯穿实现。简易是实践创新的相机操作方法，是不易与变易辩证的验证体系。

① FirstBuild平台是海尔收购的GEA旗下基于社区和众包理念的“梦工厂”，旨在发展成为“硬件的硅谷”，被海尔收购一年后即转亏为盈。

“三易”在海尔管理实践中的相机行动过程

2018 年 12 月 26 日，海尔集团举办创业 34 周年纪念会，张瑞敏发表《海尔“双创精神”与“三易”辩证思想》主题演讲，从品牌、创客和模式三个方面详细诠释了三易原则在海尔落地的过程和方法。其中，品牌是企业的无形资产，经营企业说到底就是经营品牌；创客则是品牌的创造者，无创客就无品牌；人单合一模式则是保障，驱动创客持续创造新品牌。[24] 关于人单合一模式的相机创新与迭代过程，本书在第 2 章已有详细说明，在此仅介绍“三易”方法论在品牌与创客实践中的相机行动落地过程。

三易在品牌实践中的相机行动

从海尔的品牌实践来看，创业以来始终“不易”的是，海尔品牌的指导思想是“创用户最佳体验”。“变易”是指海尔在每个时期要创造的用户最佳体验的内容是不同的。“简易”是指海尔在每个时期创用户最佳体验的路径不断相机创新。

海尔创业初期处于产品短缺时代，品牌创造的用户最佳体验是“零缺陷”。产品短缺时代企业经营的路径依赖是“要产量不要质量”，因为当时很多商品普通群众都买不到。张瑞敏回忆说，20 世纪 80 年代国内的冰箱质量差，商场里每卖一台都要现场开箱，插上电看看能不能制冷。这时海尔坚持“要质量不要产量”，在商场里只有海尔冰箱不用开箱检查，因为海尔冰箱质量是“零缺陷”的。“零缺陷”就是当时的用户最佳体验。这个时期“简易”管理的标志性事件就是“砸冰箱”事件。一锤砸出员工“零缺陷”的质量意识。通过“砸冰箱”事件，海尔人梳理了“下道工序是用户”“高质量的产品是高质量的人干出来的”等质量管理观念。1989 年，全国冰箱市场忽然遇冷，当其他品牌都纷纷降价以迎接挑战的时候，北京各大商场里的降价广告后面都要加一个括号，写上“海尔例外”。

海尔在国际化战略阶段创造的“用户最佳体验”是“出口创牌”。自 1998 年起，海尔开始实施国际化战略。当时中国制造的产品质量获得提升，但在国际市场上没有建立起品牌，因此那时的“走出去”一般是指“出口创汇”，只要定牌[①]不要创牌。这时海尔坚持的品牌指导思想是一定要打造自主品牌以“出口创牌”。海尔打造自主品牌面临很多挑战。当时美国一家有自己的品牌的经销商主动联系海尔，认为海尔的产品质量很好，只要放弃自有品牌给它定牌，价格可以提高，出口量可以翻番。对此，张瑞敏坚决拒绝，如果当初答应此类要求，今后美国市场可能永远不会有“海尔”两个字。海尔的“不易”在此阶段体现在，无论多么困难也要坚持做自主品牌和走创牌的国际化。此时的“简易”是缝隙战略，即以个性化创新切入缝隙市场。比如，海尔为美国大学生设计的“带学习桌的小冰箱”满足了大学生的特殊需求，迅速占领美国大学生市场 50% 的份额。这一时期，海尔还为巴基斯坦市场设计能洗大袍子的洗衣机，为印度用户设计不用弯腰的冰箱，这些都是缝隙战略

---

① 定牌是指在国际贸易中，买方要求卖方在出售的商品或包装上标明买方指定的商标或牌名的做法。定牌加工即贴牌生产，是由境外委托方提供商标，境内企业进行加工或装配产品后，再贴上境外委托方指定商标或品牌返销国外的经营活动。

的产物。当时海尔曾经为美国市场设计带抽屉的冷柜，并被美国当地品牌模仿，这个事件还成为当时的国家对外贸易经济合作部与美国进行谈判的有力支撑证据。缝隙战略的目标不是为做大规模，而是为通过缝隙市场获取海外用户的心。海尔通过交互获得用户信任，逐渐进入到主流渠道。2018 年 11 月，张瑞敏在欧洲工商管理学院（INSEAD）讲学期间，走访了欧洲很多卖场，很欣慰地看到海尔的产品已经跟当地的顶级品牌摆放在一起，售价甚至比欧洲品牌还高。对此张瑞敏指出："'将军赶路，不撵小兔'，品牌是企业人性化的面孔，核心是信任，要获得用户的心，而不是追求短期利益。"

海尔在物联网时代创造的"用户最佳体验"是基于场景体验的"生态价值"。张瑞敏认为，在物联网时代，企业必须从原来的交易平台转变成用户交互的生态圈，用户则从原来的交易顾客变为终身用户。企业只有让用户的最佳体验不断迭代才能获得持续生存，但用户体验的持续迭代只靠一个企业难以实现，因为用户需求的不再是产品功能，而是美好生活解决方案。品牌价值也从原来的产品溢价变成终身用户的递增价值，这就需要整合资源，通过生态圈的共创共享才能实现。海尔这个时期的"简易"方法，就是将先进制造业与现代服务业深度融合。中国已经是世界制造业第一大国，在量的增长上已没有太大空间，中国向制造强国转变就需要企业从卖产品到提供美好生活的解决方案转变。海尔已连续多年蝉联世界大型家用电器品牌零售量第一，量的突破难以为继，所以需要质变式的转型升级，海尔模式需要从"工业 X.0"转型到"生活 X.0"，围绕智慧家庭的生活场景为用户提供持续不断的生态价值。海尔的衣联网、食联网、血联网、卡奥斯工业互联网平台等都在往生态品牌这个方向转型。

三易在从创客实践中的相机行动

从海尔的创客实践来看，海尔创业以来始终“不易”的是，海尔坚持“人的价值第一”的企业价值观永远不变。“变易”是指海尔在不同时期坚持的“人的价值第一”表现不同。“简易”是指海尔在不同时期为实现“人的价值第一”所采取的路径也不同。

海尔在创业初期就坚持“人的价值第一”的价值观。当时的工资制度是固定的，企业不能自主为员工多发工资，海尔坚持“人的价值第一”价值观落地的创新路径就是成立“自主管理班组”，不能从物质上多发工资，海尔就突出精神鼓励。这一时期，海尔将表现优秀的班组升级为自主管理班组，自主管理班组可以自主决定班组的一些管理事务。此外，海尔还使用员工的名字来命名各种小发明，如“晓玲扳手”“启明焊枪”等，目的都是让每个人成为自主人，让每个人把自己的潜能尽情发挥出来。

海尔在多元化扩张时期仍坚持“人的价值第一”这一“不易”原则。当时形势的“变易”是由兼并带来的新管理问题。海尔在这个时期兼并的企业被比喻为“休克鱼”，指的是硬件不错但因管理文化落后而亏损的企业。海尔的做法是在“盘活资产前，先盘活人”。此时的“简易”方法就是通过盘活人的思想来“激活休克鱼”。张瑞敏回忆说，当初兼并一个洗衣机厂的时候，海尔只向管理团队委派了一个总经理。张瑞敏没有给这个总经理一分钱，“不是没有钱，而是靠给钱盘活企业是不可持续的，你必须改变人的思想”。这位总经理到了被兼并的洗衣机厂后，发现厂子亏损的直接原因是产品卖不出去，渠道认为洗衣机有质量问题工厂却不给退换。总经理随即表态，有质量问题的产品都算海尔的，第二天即把有质量问题的洗衣机全部换成新品。这个故事后来写入哈佛商学院的教学案例，成为哈佛商学院第一个来自中国企业的案例。

在物联网时代，海尔坚持“人的价值第一”的做法是让每个员工成为自主人创客并实现跨文化推广。张瑞敏指出，全世界任何民族、任何国家的人都希望维护自己的尊严和实现自己的价值。此时，海尔的“简易”方法就是在跨国并购中进行“沙拉式”文化融合，海外被并购企业的员工也能成为具有自主性的创客。跨国并购往往因为文化冲突而失败，其原因是兼并方认为自己的管理和文化优于被兼并企业，并强制要求对方服从。海尔则尝试进行优势互补，做法是像蔬菜沙拉一样实现文化融合，蔬菜各有不同，但沙拉酱是一样的，就是坚持“人单合一”，把每个人的创造性和活力激发出来。2016 年 GEA 加入海尔后实施人单合一模式，结果其营业额在 2018 年美国家电市场负增长的情况下实现 11% 的增长率，并被美国《消费电子周刊》评为“2018 年美国家电业最具影响力十大品牌”第一名，排在第二名到第五名的品牌则分别是 LG、三星、惠而浦和博世。

动态变革、共演自驱、整合转化，海尔制的认知思维

灵动—无界思维与动态变革力

《道德经》第七十八章中写道："天下莫柔弱于水，而攻坚强者莫之能先，以其无以易之也。"[①] 海尔水式管理哲学的灵动—无界思维是指组织像水流一样以灵动姿态应对环境变化，以强大动能打破僵化的组织，以实现非线性的持续变革。在这种思维方式下，企业具备与复杂环境变化相匹配的动态变革力，在战略层面体现为感知时代发展机遇，成功进行战略升级。波特的竞争战略理论作为西方主流的战略管理理论，指导企业以规模化实现成本最优，以差异化预设用户需求，以高效化主攻特殊用户群。然而，该理论以用户需求稳定为前提，将企业本身视作组织生产活动的中心去选择业务范围，而在物联网时代企业生存与发展更依赖于用户需求，并且用户需求变得具有即时性、个性化且更加复杂多变等特点。灵动—无界思维发展了波特的竞争战略理论，启示企业遵循时代特性不断进行战略升级，始终以用户为是，以自己为非。

① 意为，天下没有比水更柔弱的，但攻坚克强却没有什么能胜过它，因为没有什么可以真正改变得了它。——编者注

持续的动态变革有助于增强组织柔性，进而加速组织的无边界化。封闭组织的内部沟通合作能力和外部资源整合效率往往较低，因此，组织需要通过无边界变革获得灵活性和适应性[25]。在西方经典管理理论中，泰勒划定了不同的管理主体和职能界限，法约尔看重组织中不间断的等级链和等级制度。但显然，在物联网时代下这种高度机械化、封闭化的组织结构必然产生资源不均衡、信息传递效率低下等一系列问题。水式管理哲学的灵动—无界思维有助于解决上述主流管理理论的痼疾，主张打造无边界组织，使组织内及组织间各种资源要素自由流动，获得足以应对内外部环境变化的动态变革能力。

企业动态能力是指组织有效地掌握变化万千的商机，以及持续地建立、调适、重组其内外部的各项资源与智能来获得竞争优势的一种弹性能力。美国经济学家、创新研究专家戴维·蒂斯（David Teece）认为企业内外部能力包括组织技术、资源和能力，并且构建了形成动态能力的过程、位置和路径分析框架。海尔的网络化与生态化战略是一种典型的动态战略，整个战略实施过程按照灵活性、敏捷性、开放性的原则动态设计企业对用户的响应能力，同时通过链群的自涌现、自驱动与自进化来动态优化和调整组织结构，提升了企业在市场监测、需求响应和自我驱动等方面的动态能力，推动企业内外部资源的动态重构，创造各方共同发展和共创共赢的协同发展空间。2018 年 9 月，在第二届人单合一模式国际论坛上，动态能力理论提出者戴维·蒂斯亲临会场并发表了题为“动态能力与人单合一”的演讲。他在演讲中非常直接地指出，人单合一模式以用户为中心打造并联组织，使海尔获得了强大的动态能力。戴维·蒂斯说："20 多年以来，我一直都在做关于动态能力的研究，我形成了这样一种观点：企业要竞争，要适应，要在全球的经济环境当中获得竞争能力，必须先获得动态能力，而人单合一模式非常好地体现了这种动态能力。人单合一模式核心的绩效属性包括以用户为中心、高度的敏捷性、强有力的团队合作以及人人都是企业家模式。我想引用一下张瑞敏先生的一句话，即小微企业间的联系不是传统的串联模式，而是通过平行方式进行并联，共同为用户创造价值。这与传统的科层制组织与用户建立起的关联是完全不同的。如果我们有了小微企业的话，就可以参与到变化的商业环境当中，而且也改变了线性的组织形式。人单合一模式让动态能力的生成成为可能。如果海尔没有很强的动态能力，就无法实现它现在的产品迭代能力以及生态系统建设能力。海尔做到了这一点，并且以很大的规模做到了这一点。海尔人单合一模式中的一些元素我们在其他公司确实也可以找到，但是同时具备所有这些元素，并在这么大的规模上执行出来，除了海尔以外还没有企业能做到。"

自由—开放思维与共演自驱力

工具理性主导下的主流管理模式大多将员工视为一种工具性的存在，无论是"经济人"假设还是"社会人"假设，都未能将员工的自由与自治纳入主流的管理体系之中。深受古希腊哲学影响，崇尚科学认知与理性思辨的理性主义精神是西方社会的基本文化传统。这种传统在泰勒那里蔓延并植入经济管理领域，形成具有鲜明理性主义色彩的科学管理理论。在近代，理性主义与个人主义结合，强化了对自我利益的追逐及保护，加之工业化与小型的家庭生活引起的频繁社会流动，使西方人的交往行为具有间断性与短暂性的特点，由此使其交换与交际活动具有等值倾向，而等值只有通过理性的计算逻辑来实现。这种一次性清算的等值倾向在管理中就表现为提前预设的人之利己动机及个人效用最大化追求，视组织为参与者追逐个人利益并实行等价交换的工具性存在。[26] 在计算逻辑之下，处于弱势地位的员工常被隐喻为“奶牛”，即企业对员工情绪、价值等因素的关注及对工作环境的改善不过是希望使员工像吃饱喝足的奶牛一样，心满意足地为少数处于统治性地位的人生产出更多的产品。[27] 这种现象直到后现代管理阶段才得到较为系统的反思，但主张自由与自组织的后现代管理在西方主流管理看来更多是一种价值诉求层面的“空想”，因为鲜有大型企业将后现代管理在实践中落地。

在中国传统的无为而治、上善若水、大制不割、和生万物等哲学智慧影响下的海尔管理哲学改变了金字塔式的组织控制思维，以自由—开放思维，将员工的自由与自主管理视为实现“人的价值最大化”的基本路径。《道德经》第六十六章写道：“江海之所以能为百谷王者，以其善下之也，故能为百谷王。”① 张瑞敏开创性地提出海尔的员工不再是以企业为中心的“经济人”或“社会人”，而是以员工自己为中心的，具有决策权、用人权和分配权的“自主人”，该思想是海尔水式管理哲学自由的思维方式的集中体现。张瑞敏认为：“像老子在《道德经》里所说，最高的领导境界就是‘太上，

① 意为，江海所以能够成为百川河流所汇往的地方，乃是由于它善于处在低下的地方，所以能够成为百川之王。——编者注

不知有之'[①]。"[28]从创业初期的自主管理班组到目前实施的自进化的链群组织，海尔一以贯之的就是自由与自我管理思想。海尔的自由—开放思维以个体自治和开放利他为原则，打破了对管理效率的功利性追求。原本对象化、客体化的人成为管理的主体，员工成为管理中最关键的价值创造力量，员工由被动执行者转变为自主人创客，在为用户创造价值的过程中实现自我价值。此外，海尔以开放的思维方式将利他思想应用在组织运行中，人成为组织与环境互动的关键部分，组织也相应获得更广阔的生存空间。开放的思维方式中的"人"指组织中的员工和用户，员工最大限度地实现自由和自我驱动，"水善利万物而不争"赋予组织更多自我驱动与温情利他的色彩。用户由被动的接受者转变为主动参与价值创造的活跃主体，由传统的"消费者"转变为参与个性化定制生产的"产消者"，能否满足用户需求和使各相关方共享共赢成为检验小微创业创新效果的基本标准。

海尔打破了组织结构中的层级限制，转变了传统的领导模式，使管理者从前方的控制者转变为幕后的支持者，以"圣人处无为之事，行不言之教"赋予员工自主权利。在员工管理实践中，海尔启动去中心化、去权威化和"无领导"模式，裁掉了12 000多名没有为用户创造价值的中层管理人员，为员工搭建创客孵化平台，集结具有创业和创新精神的海尔创客通过链群合约组建小微和链群，并赋予小微企业自主决策、自主经营和自主分配的权利，以此实现后现代管理所倡导的员工自我驱动和组织的自主演化。此外，海尔

① 意为，最好的统治者，人们并不知道他的存在。——编者注

利用物联网信息技术搭建吸引全球创客的平台，这种对员工的开放策略，使员工不再全部来自海尔内部，而是转变为有创新和创业精神的人才都可以有机会加入海尔平台成为创客。海尔通过用户付薪和增值分享的创客制来激励员工根据动态的市场需求进行持续创新创业，不断打破组织固有的平衡状态，使组织演化成新的富有动态能力的有序结构，即以自由—开放思维形成组织与人员的共演自驱力，在混沌边缘寻找动态秩序。本书在第 2 章所述的雷神小微的自发涌现及其成长过程，是海尔员工以自由—开放思维进行创新创业的典型案例。

连接—系统思维与整合转化力

中西方哲学的差异使东方企业形成与西方截然不同的管理思维。古希腊哲学家德谟克利特提出的原子论和欧洲近代哲学家笛卡尔主张的分析思维对西方管理理论的发展有巨大影响，而老子“大制不割”的哲学思想则使连接—系统思维成为海尔水式管理哲学的重要组成部分。原子论主张万物皆由原子构成，在此基础上的分析思维则认为复杂只是假象，世界本质上是简单和线性的，把整体拆分为部分，甚至分解为一个个更小的子问题的思维过程可以把复杂还原为简单。[29] 这种通过部分割裂来认识整体的思维方式对西方经典管理理论的产生与发展具有深远影响。传统科学主义管理范式的理论硬核与思维方式就是原子论式的分析思维。如泰勒的科学管理理论将工人视作标准化分工下的一个个“原子”，法约尔细分了 14 条管理原则等，他们都是以分析思维对组织管理进行局部分析，通过减少管理中的不确定性来尽可能地增加可控性的。但由于缺乏对组织与人的整体把握，忽视企业所处环境的相互关联和运行规律，致使其理论无法很好地适应高不确定性的环境。

目前，物联网、云计算、大数据和人工智能等信息技术手段正在塑造万物互联的商业生态。乔纳森·谢德等回顾和展望了立足于哲学和心理学学科元视角的悖论管理研究，指出今后企业管理的焦点在于通过跨界融合捕捉交互和复杂的矛盾。[30]生产系统紧密连接业务系统，消除了信息孤岛，生产关系演变成为互联、共享的整合型社会关系，资源倾向于由员工所有。因此，西方传统的只停留在线性因果层面的原子论式分析思维无法与万物互联的时代属性相匹配。相比之下，海尔水式管理哲学以“大制不割”为认识论基础，不仅对复杂的现实做出了整体的理解，而且其体现的整合转化力解决了不同事物之间的对立性与碎片化等矛盾问题。连接—系统思维就是“大制不割”认识论在管理思维层面的显现，定位于万物互联、生态融合、系统运作、和合共生的意识场域，使组织管理不再是单独的、分裂的个体或部门行动，而是相互连接和系统运作的社会共享活动。

连接—系统思维是融入道家智慧和时代属性的整体观和系统观。连接的思维方式反对“分而治之”，提倡打破部门分隔的“去分化”和端到端的“去中心化”；系统的思维方式强调组织在连接的基础上全流程协同，形成涵盖整体的生态系统和价值网络，以具备应对不确定环境的整合转化力。彼得·圣吉指出培养心智模式和进行系统性思考的修炼对创建学习型组织十分关键，心智模式决定了我们如何观察、感知及采取行动，而系统性思考是基于细节性复杂与动态性复杂建立回馈环路和系统基模，二者的相互作用可以改善组织管理能力。物联网时代的企业发展更加依赖于用户及外部资源，因此连接—系统思维对于组织建立网络化关系和整合转化资源尤为必要。

管理的行为和结果深受心智模式的影响。心智模式是人们心中的世界运行模式图像，决定人们的思考方法和行为方式。[31] 它根深蒂固并隐匿于人们的内心世界中，是一种不易被察觉的认知假设。思维方式是人们心智模式的直接映射，影响管理者对待各方关系和开展管理活动的方式。张瑞敏一直强调“认识自己”，进而认识世界，不断自以为非以踏准时代的节拍。连接的思维方式反映了海尔以一种复杂心智模式来看待目前的商业世界。在传统经济时代，企业没有同用户建立直接的连接关系，而是通过产品同用户间接连接，不仅增加了产品研发和需求匹配的时间，而且造成了运营效率低下等后果，人变成“信息孤岛”，产品成了“孤儿”。[32] 大数据、云计算和人工智能技术使连接的物理能力大大提升，实时数据搜集和传播更加快速，企业间和行业间的物理边界逐渐消失，万物互联已成为可能。用户聚焦于个性化需求，大规模制造已经不足以吸引用户，企业生产一旦偏离用户需求，就会失去用户积累。因此，企业必须同用户建立起连接。2017 年，张瑞敏在首届人单合一模式国际论坛上提出，“物联网时代是情景感知的、个性化定制的体验迭代”，他没有将产品看作横亘在企业与用户之间的中介，而是把企业生产和用户需求直接连接起来。

心智模式对企业解释同内外部环境的关系，观察整个系统的运行状态，预测未来的发展方向具有导向功能。张瑞敏认为："如果说大规模制造瞄准的是流水线，打固定靶，那么大规模定制则是打飞靶，聚焦每个人的个性需求。"[33]这表明了张瑞敏在物联网这一大环境系统中以用户为中心的管理理念，亦是系统的思维方式在心智模式上的综合体现。基于此，海尔以用户至上为存续原则，以生态组织为存在形式，在交互关系的基础上形成了人员、资金、技术、制度和信息等关键要素的互联、互通、运作和反馈的系统运行机制以实现生态价值。

用户产生于连接，连接演化成系统。物联网技术思维引发的价值创造、价值传递和价值实现颠覆了传统商业生态，促使物联网商业生态生成和演变。[34]海尔人单合一模式"是多方共赢的理念，体现了人的价值第一，给所有人都创造机会，最终实现整个生态系统的共赢"[35]，这也是由张瑞敏的水式管理哲学中连接—系统思维主导的结果。海尔在生产组织领域搭建的工业物联网智能制造平台卡奥斯为人单合一模式奠定了万物互联的基础，将用户的全流程最佳体验视为价值创造的核心，利用人工智能等核心技术，实现制造模式从大规模制造向大规模定制的转化。卡奥斯上充斥着众多活跃主体，他们不再通过简单的排列、组合产生新的物理效果，而是通过整合后的系统运行产生新的化学反应。海尔通过卡奥斯打造生态系统，在此系统内，企业和企业之间、企业和创客之间都能够最大限度地实现连接。丰富的供应商资源、国内外优秀的顶尖技术人才、行业专家和优秀学者互相给予市场、制造、研发上的支持，形成整体运行的商业组织场域和生态圈系统。

自以为非、创业创新、互利共赢，海尔制的核心价值观

管理哲学是组织文化的精华部分。威廉·大内认为，企业文化是由企业的传统和风气构成的，是决定员工活力、意见和行为规范的一系列价值观。[36]组织文化是组织成员对组织稳定性、一致性和存在意义的基本需求，它与管理哲学息息相关，信仰和价值观是其核心部分。组织文化是战略、组织、激励等管理职能沉淀的思想产物，同时也对这些职能的有效发挥产生重要的支撑作用。优秀的企业具有能够引起人性共鸣的强大文化感染力，关键在于企业如何理解人以及人性，并将之深深嵌入组织运行的每个环节之中，从而沉淀为一种无所不在的企业文化。作为海尔文化的建造师，张瑞敏历来重视企业文化对于管理模式创新的引导、凝聚与辐射作用，并提出“企业即人，人即企业”的经营哲学。《创客》（*Makers*）的作者克里斯·安德森（Chris Anderson）在海尔调研时曾感慨：“张瑞敏是一位思想文化大师，他坚信文化决定命运，唯有文化无边界，企业才能无边界。在海尔发生的人人创客运动，就是要将海尔打造成一家超越各种文化差异，具有普世价值观的企业。”

2019 年 12 月，海尔集团发布最新版本的企业文化。与第六个战略阶段“生态品牌战略”同步，海尔的第四代企业文化是：海尔精神——“诚信生态，共赢进化”；海尔作风——“人单合一，链群合约”。尽管海尔文化的表达方式与海尔战略一道不断随着时代

变迁而进行“变易”，但作为海尔文化基因的海尔核心价值观却是始终“不易”的，是海尔水式管理哲学中的“人的价值第一”和“社会价值最大化”在长期管理实践中的文化沉淀。

所谓企业的核心价值观，是指企业在经营过程中所推崇的基本信念和奉行的价值目标，是企业全体或多数员工一致认同的关于企业意义的终极追求，是企业处理内外部环境与企业自身的各种复杂关系时所采取的心智模式和价值主张。企业的核心价值观是为实现企业的宗旨、使命、愿景而提出并践行的指导企业形成共同行为模式的精神力量，其提炼和形成要通过企业在漫长发展历程中的文化积淀、核心领导人的管理哲学和战略指引以及全体员工的践行和传播来实现。

海尔历来重视核心价值观的建设工作。2011 年，海尔专门成立价值观经营体，为提炼海尔的核心价值观制定了科学而细致的方案。当时，张瑞敏对海尔核心价值观提炼的指导主要有三点：一是坚持海尔 DNA，即不断挑战自我，自以为非，变中求胜的观念，唯有这样企业才能紧跟时代实现可持续发展；二是坚持“双创”精神，即创业和创新，给人以自由与自主空间，让每个人都是自己的 CEO，唯有这样才可能真正实现人单合一；三是层次分明，逻辑清楚，对企业经营真正起到指导作用。按照这种指导思想，海尔价值观经营体做了充分的调研和交互工作，基于海尔的发展历程，最终提炼出海尔的核心价值观。海尔核心价值观是由三部分内容构成的价值体系（如图 4-2 所示）。其一为“是非观”，即以用户为是，以自己为非；其二为“发展观”，即创业创新精神；其三为“利益观”，即人单合一，互利共赢。

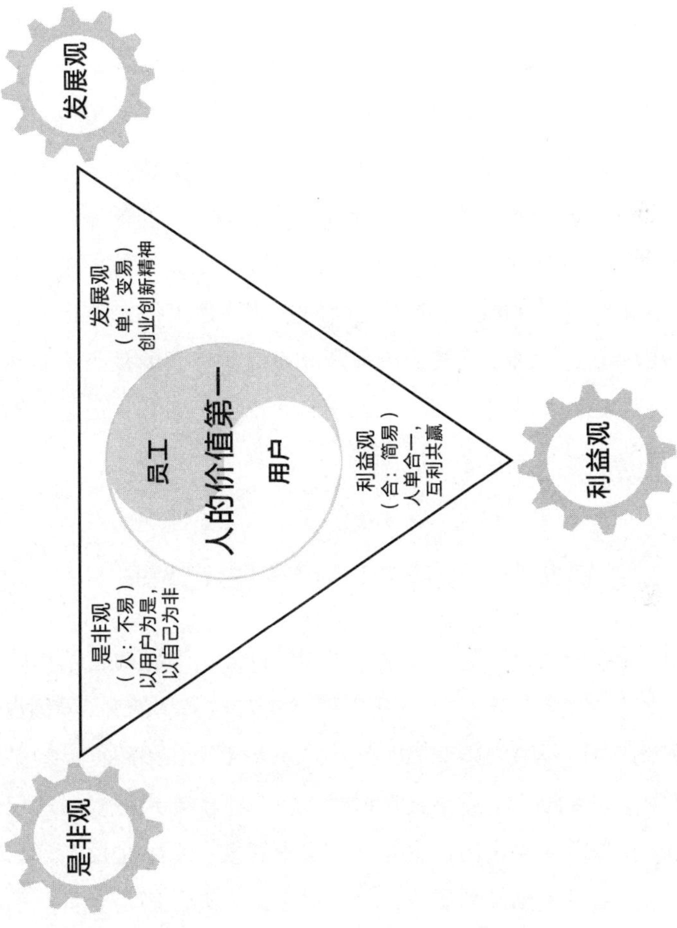

图 4-2 海尔制的核心价值观

资料来源：作者绘制。

海尔的核心价值观以是非观为动力，以发展观为基因，以利益观为保障。是非观与发展观高度统一的结果是人单合一，互利共赢的利益观，每个员工都在为用户创造价值中实现自身价值，企业价值自然从中得到体现。三观永续互动，推动海尔的发展永远紧跟时代节拍，在充满不确定性的环境获得可持续的动态能力。多年以来，海尔的核心价值观已经根植于每个海尔人心中，并且为海尔的员工、用户、利益相关方及社会各界所认可。在前文所述的张瑞敏的斜坡球体理论中，企业在市场上的地位犹如斜坡上的球体，有止动力和上升力两种力对其前进起作用。其中，止动力是防止企业下滑的力，具体是包括 OEC 管理法在内的基础管理工作，防止企业在前进过程中下滑。海尔的核心价值观就是启动创新的核心引力和上升力，是推动企业产品创新、机制创新、技术创新和管理创新的基本动力源。

海尔是非观：以用户为是，以自己为非

海尔管理哲学的“三易”方法论说明管理需要紧跟时代的情境和形势变化进行变易。英国作家狄更斯在《双城记》的开篇写道：“那是最好的年月，那是最坏的年月。”意思是说，如果跟得上就是最好的时代，如果跟不上就是最坏的时代。真正能够跟得上时代变化绝非易事，张瑞敏在中国儒家哲学中寻求智慧，那就是反求诸己和内在自省，因而提出“以用户为是，以自己为非”的是非观。前文指出，海尔品牌的指导思想和商业模式的起点是“创用户最佳体验”，根据用户的个性化需求创造用户最佳体验是海尔各项经营活动的终极判断标准，因而海尔必须坚持“以用户为是”的用户至上

观念。由于用户的需求随着时代发展而动态变化，因而海尔必须“以自己为非”，及时调整以往成功的管理方法与经验，不断进行自我颠覆。

张瑞敏曾为加里·哈默的《终极竞争》（*What Matters Now*）一书作序，题目是“互联网时代的管理哲学”。在此文中张瑞敏表达了海尔的是非观，他写道：“我与加里·哈默教授的结识还得从其所著的《管理大未来》（*The Future of Management*）说起，‘将人类束缚在地球上的不是地球的引力，而是缺乏创造力，管理领域也是如此’，书中这句话堪称经典，深深地打动了我。这何尝不是管理创新应有的思维！（我们）在创新时面对挫折不可怨天尤人，而应倒逼自身的创造力。这恰与海尔‘以用户为是，以自己为非’的观念相符，亦即‘行有不得者，皆反求诸己’[①]。”

反求诸己和自以为非是海尔文化的精髓。“海尔的核心价值观就是自以为非。大部分公司在获得成功时，往往都会陷入自满的情绪，故步自封。但我们不会这样。即便取得了很大的成功，我们也会问自己哪里还能做得更好。我们不会骄傲，而是会努力发现自己的不足和错误。我们会挑战自己，取得更高成就。”对于这种是非观，张瑞敏在各种场合反复强调和解读，“只有‘认识自己’才能认识世界”，“一个鸡蛋如果从外面被打破，就是人们的食物；如果从里面被打破，就是新的生命”。张瑞敏也曾引用黑格尔在《小

① 出自《孟子·公孙丑上》，意为，凡是遇到行动之后结果不达预期的情况，都应该反过来检查自己。——编者注

逻辑》中的一句话——“熟知并非真知”，来说明自以为非和自我颠覆的重要性。

总之，“以用户为是，以自己为非”的是非观已经深深根植于海尔文化之中，成为海尔所有创客破旧立新和变易求索的不竭动力。《海尔人》报第 1359 期讲述过一个普通创客王章根据用户需求自学成才的故事，是海尔创客坚持是非观的一个缩影。王章是青岛乐家柜的一名管家，最“怕”接到的电话是，“师傅，我的快递取不出来了，怎么办”。他怕接到这种电话倒不是因为他需要立刻赶到小区现场解决问题，而是怕问题长久积累下去会侵蚀用户心中对海尔的信任。2018 年 7 月 6 日，王章像往常一样来到乐家快递柜，但是却发现因触摸屏故障导致柜子黑屏无法正常运行的现象。根据正常流程，这类问题需要更换屏幕，但柜子厂家新屏备件暂时短缺，所以短时间内无法立刻修复。王章坚信“以用户为是，以自己为非”，不断挑战自我。利用自身所学的电子元件维修专业知识，自制了万能转接头，完美修复触摸屏，成功地解决了屏幕坏了只能等厂家发备件的难题。王章用 3 天时间将中心库内待退回厂家的故障屏逐个检测、维修，还将维修显示屏的工艺操作全过程图文并茂地记录成册，及时下发给中心其他小管家学习采用，终于将青岛胶州地区的快递柜问题彻底解决。

海尔的发展观：创业创新精神

“海尔的发展史，就是一部创业创新史。”早在 1995 年，张瑞敏就提出：**“海尔能够在激烈的竞争中‘赢了，再赢一次’，源于**

多年前我们提出的‘只有创业，没有守业’和‘步步是创业的冲动，时时皆创新的激情’。”其后创业创新精神被刊登在《海尔人》报上，不断演化为沉淀在海尔文化中的“双创精神”。

2002 年 4 月，张瑞敏在全国企业文化建设经验交流会上阐释了企业文化中的创业创新价值观对海尔取得成功的决定性作用。他指出:“我们从 1984 年的 12 月 26 日开始创业，至今是 17 年的时间。所以海尔还是一个比较年轻的公司。我们的发展能够从无到有，从小到大，从弱到强，我认为最重要的因素是我们的企业文化，是我们的一种精神。我们刚创业的时候，设备、资金、人才都很缺乏，就连开工资的钱都没有。我们不是国企，我们是集体企业，没有人借钱给我们，我们只有到农村去借。改革开放初期的时候，城乡接合部的农村先富起来，所以我们向他们借，借了半年，我们才慢慢地好起来。所以我认为企业通过创业、创新精神才能发展起来，企业文化对企业来讲非常重要，企业文化就是企业的灵魂。”

张瑞敏认为企业家精神不是一个企业领导人自己多么有能耐，而是让企业的所有人都有机会成为创业者，或者成为自己的 CEO。在海尔创业 29 周年纪念会上张瑞敏解释道：“管理无领导体现的就是人人创客，让员工创客化。所谓的创客，像美国作家安德森在他那本书《创客》里定义的，就是使数字制造和个性制造结合、合作，发起‘创客运动’。其实我理解，每个人都可以成为创业家，每个人都可以创业，但是过去做不到，现在可以了，因为现在有了互联网，有了数字制造，人们可以通过开源的软件、开源的硬件，可以通过 3D 打印，可以通过很多方法来实现创业，每个人都可以通过互联网成为创业家。”对于创新精神，张瑞敏也有明确解释：“什么是创新精神？我个人觉得就是在现有资源之外，寻求一种新的机遇，或者创造一种新的资源的精神。”在海尔创业34周年纪念会上，张瑞敏在讲述海尔生生不息的“双创”精神时又再次强调：“创新是什么？太阳每天都是新的。所以，昨天的一切，即使再成功都必须归零。”正如《圣经·新约》里说：“没有人把新酒装在旧皮囊里，若是这样，皮囊就裂开，酒漏出来，连皮囊也坏了。唯独把新酒装在新皮囊里，两样就都保全了。”张瑞敏非常喜欢这句话，因为这句话引发了他关于创业创新的思考，他说：“新酒必须装到新皮囊里，不能装在旧瓶里。你接触了很多新东西，但不能放在原有的旧思维里。”

海尔的“两创”精神源自“以用户为是，以自己为非”的是非观，只有持续不断地创业创新才能真正做到“以用户为是”，只有“以自己为非”，才能持续不断地创业创新。创业精神即企业家精神，企业家精神是企业家的内在禀赋，是一种善于发现、创新及整合的能力，具体包含将组织生产经营资源用于生产商品、寻找新的商业机会以及开展新的商业模式等特殊才能。张瑞敏对企业家精神的理解具有后现代主义倾向，即企业家精神的衡量标准不是企业家个体的创造性，而是看企业家个体能否培育出更多具有创造性的企业家。从熊彼特的“创造性破坏”（秩序）到张瑞敏的“创造性培育”（人），是物联网时代“去中心化”思维影响下企业家精神的新发展。

海尔鼓励每个员工都具有企业家精神，从被动的执行者变成自主人创客。“创客”原指那些努力把各种创意转变为现实的人，即

“Maker”。随着人们的精神世界得到不断满足，创意、设计等通过各种媒介传播开来，并逐渐丰富着人们的生活，安德森的《长尾理论》《创客》曾引发创客研究热潮。创客具备的最核心的素质和能力就是创新。创新精神的本质是创造差异化的价值，差异化价值的创造来源于个性化的用户体验。在熊彼特看来，创新是经济发展最重要的驱动力，依赖于企业家做出“创造性破坏”，不断打破旧的有序结构，并创造出新的结构。拉里·唐斯在《大爆炸式创新》一书中指出，创新正无视传统的竞争规则而进入了大爆炸时代，企业如果想要涅槃重生，而不是被摧毁，就必须不断创新和持续自我颠覆。在海尔，创业与创新互相交融，每个创客都可以在海尔平台上以用户为中心进行产品、技术与市场创新，进而实现创业目标。海尔也汇集了各类硬件、软件和产业资源进行创业孵化，如海创汇平台，助力所有员工在海尔物联网生态系统中成长为企业家。

海尔在其创业创新史上，也曾遭遇很多挫折和质疑，但张瑞敏一贯坚持的信念是“天变不足畏，祖宗不足法，人言不足恤”①。对海尔来说，创业和创新永远是现在进行时而非完成时。从创业初期“上厕所要打着伞”到创客时代雷神小微三人三年上市新三板，海尔一直在谱写自以为非、艰苦创业的故事。雷神小微三人创业的故事在本书第 2 章已有陈述，现我们通过《海尔人》报第 1330 期刊发的《上厕所要打着伞》一文来回顾创业创新精神如何沉淀为海尔的核心价值观。

① 出自《宋史·卷三百二十七》，意为天象的变化不必畏惧，祖宗的规矩不一定效法，人们的议论也不需要担心。——编者注

海尔在创业初期，为了能够在国内把冰箱做到第一，所有人的一切行动都要服从于这个目标。比方说那时候我们要经常跑北京拿批文，只要一说要到北京去，我们马上就要出发。那时候火车票是稀缺资源，我们不可能买得到火车票，所以只能花5分钱到车站买一张站台票，上了火车可能要站到北京，也可能中途找到地方坐下来。到了北京之后我们也住不起好宾馆，有一次住进北京一家招待所，十几个人挤在一个房间，上厕所要打着伞。为什么？因为楼上卫生间往下漏污水。在这种情况下，我们艰难地邀请到了西单商场冰箱组的组长，在十几个人的大房间里，海尔的冰箱就放在中间，这是唯一的一块空地。

到德国利勃海尔公司接受培训时，除了海尔，还有杭州和武汉的两家公司也派了人去，我们去的人每天晚上学习到12点，甚至到1点、2点，星期六、星期天也不休息。后来德国专家就跟我们讲，他们都觉得受不了，但我们去的人一定要把这些东西都吃透。而另外两家去的人参观了利勃海尔公司的技术以后，说这个很简单，为什么培训十几天的时间？时间太长了，于是问人家要了一些马克到附近去游玩。德国人当时说了一句话，说青岛来的中国人，和其他地区来的中国人不一样。其实我们与其他人不一样的就是这种创业拼搏精神，恰恰事后也证明了这点，杭州的那家公司现在见不到了，武汉的这家公司让我们兼并了。海尔创业不到4年，就获得了中国电冰箱史上的第一枚金牌①，那时候冰箱制造企

① 1988年12月1日，海尔冰箱在全国冰箱评比中，以最高分获得中国电冰箱史上的第一枚金牌，从此奠定了海尔冰箱在中国电冰箱行业的领头地位。

业有很多，可能有几百家，大家都来竞争，这个金牌的含金量就在于创业创新的精神。

海尔的利益观：人单合一，互利共赢

海尔的利益观深受其上善若水的本体论和大制不割的认识论影响，在社会整体系统中来理解企业发展的利益关系。张瑞敏曾引用《道德经》第七十三章中的一句话："天之道，不争而善胜，不言而善应，不召而自来。"意思是自然大道有着自己根本的运化规律，不争而能取胜，不言而能回应，不召唤而万物自归其所。这种哲学认知，使海尔形成人单合一、互利共赢的利益观。张瑞敏在接受采访时曾将这种利益观与其价值观相联系，他指出："人单合一是多方共赢的理念，体现了人的价值第一，给所有人都创造机会，最终实现整个生态系统的共赢。"

2015 年 9 月，张瑞敏发表题为"人单合一 2.0——为创建"共创共赢"生态圈模式进行的探索及实践"的演讲报告，发布人单合一 2.0 版本，即在员工与用户之外，将利益相关者纳入人单合一的体系之中，主张创建共创共赢的生态圈；同时提出，实现人单合一、互利共赢意味着企业平台化、员工创客化和用户个性化，而这种颠覆过程是不断地自我求索、否定自我和战胜自我。他再次强调了"天变不足畏，祖宗不足法，人言不足恤"的变革思想的重要性，将创业创新的发展观与人单合一、互利共赢（共创共赢生态圈）的利益观紧密结合起来。

人单合一、互利共赢的利益观符合新时代的商业规律，使人单合一模式具有跨文化的可复制性。2018 年 11 月，张瑞敏到海尔刚兼并不久的意大利卡迪集团的工厂考察，发现意大利的员工也能接受人单合一的理念。他以 15 ～ 16 世纪意大利政治家和历史学家马基雅维利的利益观来解释人单合一的普世性，所有人都想充分发挥自己的价值。张瑞敏在 2019 年海尔集团创新年会上讲道："无论做什么事，如果不能让所有参加这件事的人都得利，那么这件事不会成功，即使成功也不会长久。人单合一就是让所有利益相关方都得利，我们将它叫作增值分享——首先创造价值，创造价值之后让所有人都得到分享。这就是我们沙拉式并购模式……尺有所短，寸有所长，每个企业都有它的长处，我们可以把彼此的优势结合在一起。这就是我们为什么从来不会派人到合并的企业里，而是用人单合一模式，像沙拉酱一样，把不同口味的蔬菜搁一起，沙拉酱一拌，就成了一道好菜。核心是人的价值最大化，我们必须相信每个人都有不可估量的价值。"

在操作层面，海尔人单合一、互利共赢的利益观的落地工具即前文所提及的"共赢增值表"。共赢对于不同的利益主体具有不同的内涵：对用户来说就是动态满足不断迭代的最佳体验；对员工来说就是通过链群智能合约实现创客的增值分享；对于利益相关方来说就是通过共赢增值表实现生态收入；对于企业来说就是通过创造生态价值，打造生态品牌，实现可持续发展。可见，通过人单合一、互利共赢的利益观，海尔建立了所有利益相关方都能在其创业平台上互利共赢、激励相容的机制，使各参与方都能上下同欲、力出一孔，这是海尔创建共创共赢生态圈的基本保障。

人单合一、互利共赢的利益观吸引了无数外部资源和利益相关方来到海尔平台协同创业，农业科技领域的辽宁丹盛科技公司通过与海尔卡奥斯工业互联网平台合作，借人单合一模式实现共创共赢的故事，可以很好地说明海尔利益观的外部吸引力。2018 年 11 月《海尔人》报第 1309 期介绍了“原来只想卖大米，现在要学人单合一”的故事，文章内容如下：

> 最初来海尔与卡奥斯工业互联网平台谈合作时，丹盛科技总经理姜仁刚的想法还比较朴素，一是想借助海尔的物联网技术种大米，二是想在海尔的平台上卖大米。参加过第二届人单合一模式国际论坛后，他认为将人单合一模式复制到农业之中，会为传统农业产业的发展带来颠覆性改变。农业公司通过复制人单合一模式，可以有效控制经营风险。之后丹盛科技与农业合作社合作，丹盛科技就相当于平台，农业合作社相当于自负盈亏的小微。平台会对产出的大米进行质检和把关。在销售端，平台与小微是合作关系，规避产量、市场等不稳定因素带来的风险。在种植端，农民可以从小微得到标准化的农用物资、技术指导等，种出高质量的大米，获得比传统模式带来的更高的收益，农民不必再费尽心思寻找买家，可以在种出好大米后直接卖给平台，免去后顾之忧。丹盛科技借助卡奥斯农业平台融合资源，多方发力的优势彻底地将人单合一模式应用在农业公司的转型中，真正让各利益相关方在人单合一模式下实现了多方共赢。

企业终殆，而组织永存，海尔制与量子管理

厘清海尔水式管理哲学的框架体系之后，我们便可从管理哲学层面剖析海尔制的思想来源及其范式特性。前文已经指出，海尔制是时代的产物，而将我们带入新时代的巨大推动力量是科学与技术，即新科技革命。以下笔者将从新科技革命背景下管理范式的后现代转向，来说明海尔制的范式属性，及其与中国管理哲学和西方量子管理之间的关系。

新科技革命与管理范式的后现代转向

管理哲学是科学哲学的一个分支，海尔管理哲学是随着新科学观与新技术革命的迅速发展及其在商业活动中的延伸日渐深入，在海尔近 40 年的管理实践基础上孕育而生的时代产物。经典管理理论发端于 1911 年泰勒创立的科学管理理论，即泰勒制，自其产生伊始就深深打上了“科学”的烙印。正如德鲁克所说：“‘科学管理’和后继的‘工业工程’是由美国开始并席卷全球的重要思潮，对全世界的影响力远甚于美国宪法和联邦制度。在过去一个世纪内，全世界只有一个思潮能与之抗衡，那就是马克思主义。”[37] 100 多年以来，这种具有“科学”特征的经典管理模式对人类社会的生产与生活形态产生了深远的影响，成为企业家奉若圭臬和解决一切管理

问题的万能钥匙。但很少有人深入思考这里的“科学”是一种什么样的观念体系，即经典管理背后的科学哲学。事实上，泰勒制背后的科学哲学是牛顿力学范式。牛顿力学三大定律向我们描绘的世界是由不计其数的独立存在的粒子所组成的，宇宙世界是由线性因果关系所确定的机械系统。牛顿力学背后是一种追求客观性、确定性、可还原性和线性因果关系思维的科学哲学范式。

牛顿力学及其背后的科学哲学催生了以各类动力机器为代表的传统工业技术，进而塑造了追求确定性（可控性）、中心性（中心—边缘秩序）和等级化的现代工业社会，以及现代社会所需要的现代经典管理范式，其逻辑关系如图 4-3 所示。现代经典管理范式将管理中的复杂要素简约化，以“宏观叙事”（Grand Narratives）模式构筑了诸多管理原则和规则，并形成了理性化、一元化和中心性的话语霸权。在传统的组织管理中，组织被分解为若干独立的部门，界限清晰，责任明确，并通过自上而下的权力控制体系，追求可控制和确定性的效率与利益。

量子力学的出现开启了人类发展的另一个逻辑线条，并发展出了一种非线性科学范式。20 世纪 20 年代，由沃纳·海森堡（Werner Heisenberg）、马克斯·玻恩（Max Born）、欧文·薛定谔（Erwin Schrödinger）、保罗·狄拉克（Paul Dirac）等人创立的量子力学堪称掀起了科学史上的一场革命。量子力学的世界观将整个宇宙视为互相作用、叠加和依赖的动态能量系统，量子在一个“连续的整体性模式”中纵横交错地互相干扰和纠缠。量子世界充满了不确定性和模糊性，并呈现非线性的变化特征。量子具有整体性、关系性、波粒二象性①、非连续性、纠缠性、不确定性、主客不分②等特性，颠覆了牛顿力学范式视域中的客观性、确定性、可还原性和线性因果关系思维。在量子力学范式影响下，近年来量子信息科技突飞猛进，互联网、物联网等新兴技术引发了新科技革命与工业革命。

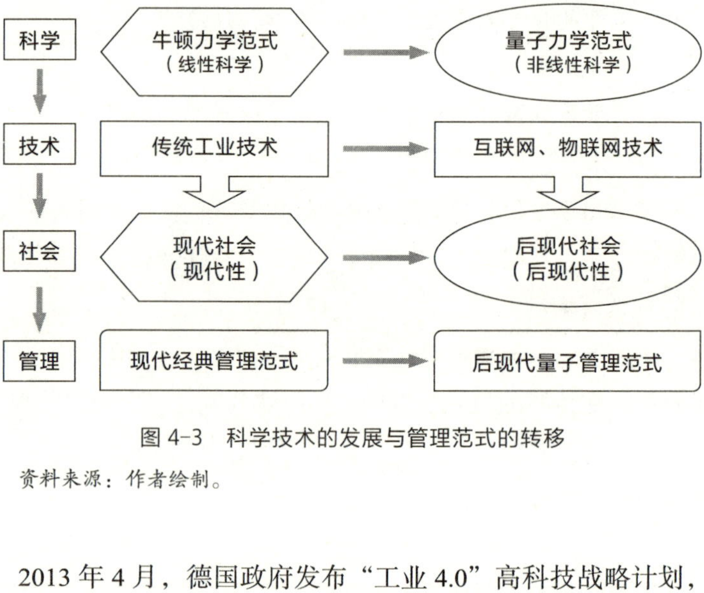

图 4-3 科学技术的发展与管理范式的转移

资料来源：作者绘制。

2013 年 4 月，德国政府发布“工业 4.0”高科技战略计划，大数据、智能制造、物联网、云计算和移动互联网等新兴技术的影响日益深入和广泛，对企业战略、组织机构及商业模式都产生重大冲

① 波粒二象性在量子力学中也被称为海森堡不确定关系，描述了量子存在的两重属性：当一个量子粒子由一个连续分布的位置波函数描述时，表现出波动性（概率波）；当我们测量它的位置时，它必然出现于某个位置（虽然在每个位置都有可能），表现出粒子性。

② 指观察者无法将自己与观察对象剥离的特性。——编者注

击。日益兴起的大数据存储与处理技术，使工业时代对精确性和因果关系的价值追求不再重要，事物之间的混杂性和相关性将释放出更多的潜在价值，数据取代品牌和产权成为更富有价值的公司资产和新型商业模式的基石。[38] 目前对新工业革命及其组织方式影响深远的技术便是物联网，这是一种由物与服务的联网构成的信息物理融合系统，它所连接的不是传统意义上的计算机，而是包括移动终端在内的具备万维网接口的任意设备。[39] 物联网使企业内外部资源的整合与协作实现去中介化、去渠道化，通过点对点、端对端和直通直达的方式降低各种交易成本，它使互联网与制造业、金融业、零售服务业等各行业深度融合起来，推动人类进入后工业时代和后现代社会，同时也呼吁与后现代社会相适应的后现代量子管理范式。

尽管量子力学推动的科学哲学与科学技术获得日新月异的发展，但包括经典管理学在内的诸多社会科学仍然将其理论硬核奠基于 17 世纪的牛顿力学范式之上。没有科学哲学层面上的系统反思，管理理论就难以获得真正具有范式意义的发展和进步。量子力学及其引发的科技革命，推动着一种适应混沌复杂环境的新的管理世界观的产生。新的管理世界观将管理范式的载体视为一种主客不分和参与行动的实践社群，而不是作为独立旁观者和价值中立者的学术共同体，更加欢迎有机性思维、过程思维、整体思维和非线性思维，并且需要发展出一种生成的、演化的、情境化的管理哲学体系。

事实上，早在 20 世纪 90 年代，在量子力学和后现代主义哲学的影响下，管理就出现了后现代转向的趋势。查尔斯·汉迪、亨利·明茨伯格（Henry Mintzberg）①、彼得·圣吉和汤姆·彼得斯等人推动掀起了一股反思现代组织与管理理论的理性主义、普遍主义、还原主义和决定论等基本假设的后现代管理思潮，倡导在组织中去中心化，发挥想象力与创意以实现人性解放，主张战略柔性、自我管理和组织网络化。但是后现代管理未能建立具有内在一致性的理论体系，甚至难以作为一种整体性思潮来清晰地说明自身，更重要的是后现代管理缺乏充分的实践支撑，因而未能对经典管理模式产生太大影响。现在，海尔制的提出，使后现代量子管理范式不再是一种应然层面的价值诉求和科学推理，而是具有实然层面的实践依托，且形成了体系化的理论框架。

海尔制的思想来源与中西管理的融合创新

海尔制不是个人凭空想象的理论创造，也非个别企业在新技术革命爆发期掀起的新管理时尚，而是新时代科学哲学演化与管理规律发展的结果，代表着这个时代诸多企业共同或类似的管理变革趋势。新时代的新管理异象需要一场响应新技术革命和新科学哲学的管理范式革命，只不过海尔作为代表性企业，具备了继福特制、丰田制之后开启第三次企业管理革命的充分条件。

海尔制形成的原因有很多方面，如核心领导人的格局、视野与

① 当今世界杰出的管理思想家，自 20 世纪 70 年代以来，先后创立了在管理学界影响深远的管理角色学派、战略过程学派和实践管理教育范式，其著作《卓有成效的组织》（*Structure in Fives*）、《管理工作的本质》（*The Nature of Managerial Work*）的简体中文版已由湛庐策划出版。——编者注

能力，外部技术，市场环境以及相关政策、制度等宏观背景等。在诸多原因中我们大体可以梳理出 4 个重要来源：中国传统哲学智慧、西方经典管理理论、世界前沿科技、后现代管理前沿理念（如图 4-4 所示）。其中，中国传统哲学智慧为海尔制的主导思想提供了内部动力和哲学根基，是海尔管理哲学的重要思想来源；西方经典管理理论则为海尔制提供了制度和方法上的支撑；量子力学思维与互联网、物联网技术的发展则为海尔制提供了科学思维与技术条件；以量子管理为代表的后现代管理前沿理念则为海尔制提供了先进的理念和发展方向。从海尔制的管理思想渊源及其构成元素来看，海尔制是技术与文化因素整合互动、中西方管理智慧融合创新，以及经典管理范式向后现代管理范式迭代转化的时代产物。

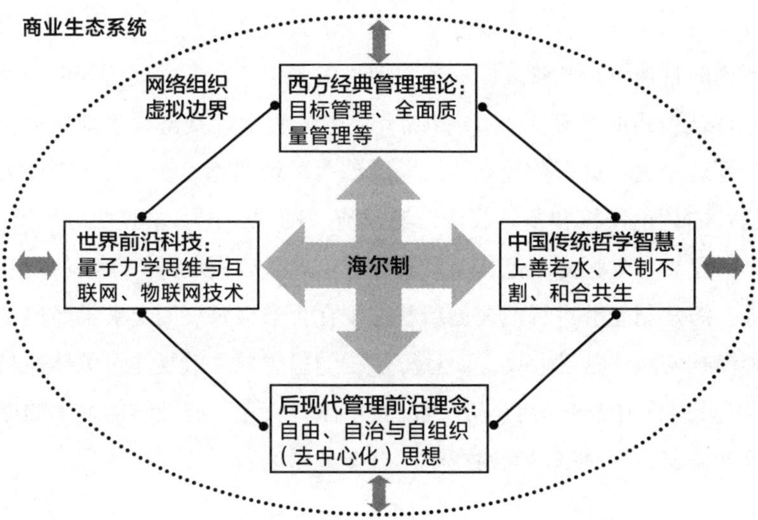

图 4-4 海尔制的思想来源与融合创新

资料来源：作者绘制。

第一，海尔制是将中国传统哲学智慧进行创造性转化的结晶。海尔制根植于中国特殊的文化制度情境，尤其离不开源远流长的中国传统文化提供的哲学智慧。海尔制之所以能够触及世界主流管理模式百年来的内生痼疾，成为一场由中国企业发动的企业管理革命，有其深厚的思想渊源，这便是张瑞敏从中国传统文化，尤其道家管理哲学中汲取的丰富传统智慧。《财富》杂志 2012 年发布的专题报道中指出，张瑞敏是过去 15 年对中国商业进程有深刻影响的企业家之一，“他最令人望尘莫及的成就，是他将西方管理经验与中国传统哲学结合而产生的管理思想，成为过去 15 年间高速发展的中国企业的管理者行动指南”。2018 年，在第七届全球商学院院长论坛上，上海交通大学陈方若教授在听取张瑞敏演讲后也评论说：“张瑞敏始终坚持人的价值第一的理念，从传统文化土壤中汲取养分，让企业管理实现升华，创建了人单合一模式，探索出中国特色的管理思想和管理模式，实现了中国企业从学习模仿到引领世界管理模式的突破。”中国传统文化中的哲学智慧是海尔制颠覆经典管理模式、进行范式创新的深层动力。管理范式创新需要动摇旧范式的理论硬核和基础假设，源远流长的原子论、主客二分思维、分工思想与牛顿力学范式是经典管理模式基础假设的哲学与科学基础，海尔制能够进行范式创新就在于在哲学根源层面突破了经典管理模式的这些基础假设，而且海尔制的思想根源就是注重整体性与和合共生的中国传统哲学。沉淀在中国人文化、心理结构之中的道家和儒家思想对海尔制的产生具有深远影响。

道家哲学对海尔制影响巨大，海尔管理哲学体系的核心思想就是道家的“上善若水”“大制不割”智慧，前文对此已有较具体的分析。道家思想认为“不可预测性和变化的不可避免性实际上支配了我们的日常生活，帮助我们挑战秩序和稳定性的线性因果关系”。[40] 道家思想的这种特质使之与量子力学范式具有密切的内在联系，是海尔非线性、自演化的链群生态组织体系形成的根源。从海尔制的逻辑体系与实践历程来看,《周易》的历史观与时间观（即“易道史观”）对张瑞敏影响颇深，这种“易道史观”倾向于以形而上之道去理解形而下的历史变迁，以阴阳、变化、变通、动静、刚柔、时机、形势、和谐、顺逆等思想形式去分析历史演化，视沧桑变化为一治一乱的循环结构，展开则为生生不息的无穷性。不求最后的答案，只有永远的解密过程。[41] 张瑞敏时常提及的“没有成功的企业，只有时代的企业”，常来海尔与张瑞敏进行交流的《管理百年》作者斯图尔特·克雷纳的经典名言“管理上没有最终的答案，只有永恒的追问”，都是对中国传统“易道史观”的当代表述形式。这种历史观与时间观深刻地塑造了他们对企业性质、人性本质和管理终极追求的认知图式。

海尔制同样汲取了儒家的和合共生思想，将企业目标与员工发展、用户价值、生态资源等经典管理模式中相互分离甚至敌对的要素（如竞争对手）通过共创共赢的生态圈有机地整“合”在一起。新加坡南洋理工大学哲学系创系主任李晨阳将中国传统中“和”的精神释解为 5 个方面：差异化，创造性的紧张关系，协调与合作，转化与成长，重生。[42] 2020 年以来，海尔推行的链群进化路径，是从自涌现到自裂变，再到自进化不断更新和循环的体系，其驱动力就是增值分享，使生态圈中的各方实现共享共赢。海尔制的这种自组织体系几乎体现了上述“和”的精神的全部内涵。中国古代的

"和合"精神本身蕴含着差异和冲突，是不断变动和演化的状态，不同元素或力量在激荡的碰撞中不断修整、转化与融合。人单合一管理模式是中国和合精神与德鲁克目标管理思想以及去中心化的后现代管理思潮成功结合的典范。张瑞敏本人也多次提到中国儒家文化对海尔产生的影响，他将打造透明化的人际关系、启迪员工创新及追求无止境目标分别解释为儒家"明明德、亲民、止于至善"①的创造性转化，[43] 并将之视为海尔的文化基础之一。

第二，海尔制汲取了西方经典管理理论的精华。海尔是推行国际化战略较早的中国企业，早在 20 世纪 90 年代就积极主动地学习西方的先进技术和管理方法。全面质量管理、目标管理、顾客价值管理、知识型员工的自我管理、企业成长的第二曲线、企业流程再造、动态能力等西方现代管理的先进理念和方法，都被海尔较为彻底地引入企业实践中，并以强大的执行力来贯彻推进。海尔以放眼全球的视野和开放式的学习心态，借鉴西方现代管理的先进经验和方法，吸收经典管理理论的精华。此举为其管理创新提供了科学且高效的基础框架，包括制度和工具，这是海尔制范式创新得以实现的一个重要条件。

第三，海尔制是将包含量子力学与互联网、物联网技术在内的世界前沿科技应用到管理创新之中的时代产物。科技改变世界，也

---

① 出自《礼记・大学》，原句为"大学之道，在明明德，在亲民，在止于至善"。意为，博学的宗旨，就在于使光明正大的品德得到弘扬，使民众弃旧图新，改恶从善，从而使人达到最完善的境界。——编者注

能催生新的管理模式。如前文指出，量子力学世界观及其衍生的技术革命，将去中心化、去中介化、非线性关系、不确定性等思维带入组织管理领域，海尔正是广泛吸纳这些世界前沿科技因素，将这些新思维与云计算、互联网、物联网、智能制造等技术共同运用到海尔的组织创新、产品创新与技术创新之中，在企业不断的发展过程中创立了海尔制这种属于后现代量子管理范式的中国管理模式。2012 年年底，海尔启动的网络化战略就明确定位于打造互联网时代的平台型企业，其变革中的信息化日清平台、全流程协同的供应链、电子损益表、与用户零距离接触的虚实交互平台、开放式创新平台及交互社区，都离不开移动互联网技术的支撑。2019 年年底，海尔启动的生态品牌战略明确定位于打造物联网生态企业，其打造的卡奥斯工业互联网平台（智能互联工厂）、三翼鸟智慧家庭场景（体验云平台）、人单合一、链群合约等，都是物联网技术与人工智能技术在企业中的应用创新。无论是网络化还是生态化，海尔一以贯之的都是去中心化、非线性与自进化的量子力学思维。

第四，海尔制借鉴了自由、自治与自组织（去中心化）的后现代管理前沿理念。无论是企业无边界、管理无领导、供应链无尺度，还是企业平台化、员工创客化、用户个性化，抑或是自涌现、自裂变、自进化的链群生态体系，这一系列组织与管理的创新实践都与后现代主义者倡导的去权威性、去中心化、非理性解放等观念高度契合，将组织行动者的个人自由、个人力量和个人价值无限放大和激活，更多地依靠愿景使命驱动和自我价值实现等来激励员工。通过组建小微企业与非线性、自演化的链群生态组织体系，打造开放式的创新创业平台，海尔更是突破了现代管理的利己主义、集权主义和资本本位的管理动力机制，将新时代的协作共享和利他利己观念融入实践之中，在某种程度上实现了克莱·舍基（Clay Shirky）所向往的无组织的组织力量，即“人与人在工作中像在日常生活中那样发生联系，凭借感情、缘分、兴趣快速聚散，而不是像机关单位、工厂那样依靠正式制度长期固定化地强制在一起工作，人们恢复了部落社会才会有的湿乎乎的关系——一小群人自发聚在一起形成一个创业生态圈，在人情、意义和具体现象中体验人生。”[44]前文所述的海尔雷神小微的创业案例便是这种具有后现代倾向的管理理想的生动再现。

前文指出，在由文化哲学、科学理论、技术方法、经验案例构成的管理学知识谱系中，中国人擅长构建从经验到哲学，再从哲学到经验的大循环；而西方人擅长开发科学理论和技术工具之间的小循环。而管理实践的复杂性远远超越了人类在某个阶段的认知理性，是哲学与技术、理论与经验复合交织和同时并行的过程。因而，管理模式的创新需要动态竞争理论创始人陈明哲所倡导的“双融”理念，双融理念其实就是中庸思想的现代版本。“庸”意为“用”，中庸就意为“用中”，管理的双融理念就是在两个看似矛盾的对立面里寻找合理而有用的东西。[45]虽然海尔制也存在许多有待完善的地方，但它将东方与西方、传统与现代、技术与哲学等相互冲突的要素融通起来，为中国企业的管理创新及世界管理知识的增长做出了重大贡献。海尔制开创了自由创业、自我管理和自组织的开放平台和商业生态系统，兼顾员工、用户、供销商及社区等各方利益相关者的需要，极大地推进管理趋向自由、自治和自组织的理想状态发展，顺应了人性的自然需要，启动了从经营单个企业到经营生态网络，从非此即彼、零和博弈到和谐共生、共创共赢，从现代经典管理范式到后现代量子管理范式的变迁进程，代表着人类未来企业组织与管理的发展趋势。

海尔制与量子管理范式

经典管理模式以牛顿力学范式为科学哲学基础，以原子论为认识论，契合技术与市场环境相对稳定的工业时代的管理需要，因能科学地解决当时的管理效能问题而被普遍接受。从泰勒制到福特制，从马克斯·韦伯到艾尔弗雷德·钱德勒，经典管理模式都在推崇等级、效率、分工、标准化等精确的控制秩序，是原子论、主客二分思维与线性思维在企业组织中的延伸。但在物联网时代，经典管理模式导致企业出现效率低下与创新不足等大企业病且难以靠自身予以疗愈。张瑞敏指出："线性管理发展至今已有一百多年了，我们可以将它比喻成打固定靶，一个靶放在这里，我只要训练有素就一定可以打得准，但现在是非线性时代，个性化需求时代，我们面对的一定是飞靶，没有办法确切知道靶是怎么出来的。"

物联网时代的企业如何打飞靶？海尔的解决方案是从中国哲学中汲取整体论思想，突破经典管理模式的基础假设而发展一套水式管理哲学。2013 年，在与詹姆斯·马奇的对话中，张瑞敏就强调了道家以整体论、系统观来认知世界的思维方式对海尔组织创新的影响："我觉得西方文化和中国文化最大的不同就是，西方文化更多的是讲究标准化和量化，可以把组织做得非常细，但中国文化更多的是讲究系统化，主张系统地看问题。"[46] 以水式管理哲学为基础假设在实践中不断完善发展的海尔制，与西方新兴的量子管理范式具有诸多契合之处。

量子管理由丹娜·左哈尔提出，是在量子力学世界观与认识论基础上发展出的一股西方前沿管理思潮，是对经典管理模式的一种批判与超越。量子管理反对牛顿力学范式的世界观与认识论，倡导非线性管理模式。量子管理是以使命感为驱动力，将商业世界视为互相作用、叠加和依赖的动态能量系统，倡导赋能型组织系统和服务型领导力，通过管理活动使所有利益相关方的物质与心灵都获得提升的智慧性活动。2018 年，丹娜·左哈尔在第二届人单合一模式国际论坛上发表演讲时讲道："我想象着商业组织会对它在其中创造和经营价值的世界承担起责任。我想象着我自己成为这样的商业组织领导者之一，成为这样的服务型领导者——不仅服务股东、员工和用户，也服务整个社区、地球、人类，服务后世子孙以及生命自身。"丹娜·左哈尔倡导量子管理多年，但在西方世界未能发现真正实施量子管理的大型企业。这方面的原因可能在于深受主流管理模式影响的西方企业界与管理界，其基本的认知模式与量子管理来自两种截然不同的世界观、认识论与方法论。

在到访海尔集团之后，丹娜·左哈尔发现海尔是实践量子管理的代表性企业。2015 年 6 月 30 日，在与张瑞敏的首次对话中，丹娜·左哈尔表示："通过对创客、小微的访谈，我发现海尔是量子管理组织的一个典型代表，一个很完美的代表。"此后，她多次到访海尔集团进行调查研究。2017 年，丹娜·左哈尔在首届人单合一模式国际论坛上的演讲报告中指出海尔管理哲学与量子力学范式之间的联系，她认为：“海尔有一个很深刻的哲学基础，是世界上对量子物理在企业管理上应用得最有力的一个典范。海尔启动了很多对管理学方面的思考和重塑，而这些思考与重塑的基础都是从牛顿物理到量子物理的范式改变。”

管理是时代的产物，同时也是文化的产物。“管理思想不是在没有文化的真空中发展起来的。管理人员往往会发现，他们的工作总是受到当前文化的影响。”[47] 发端于西方的量子管理之所以能在中国找到最佳实践样板，其深层次原因在于文化，量子管理的世界观与认识论与中国传统哲学智慧有诸多契合之处。左哈尔本人就曾十分明确地解释中国传统文化与量子管理的关联：“像道家的哲学和量子管理，应该就有非常多的相通之处，其实量子管理就是在道家哲学基础上，加入了等式还有试验。”[48] 在与张瑞敏的对话中，左哈尔回忆说：“我大学时是学中国古典哲学的，我本人是佛教徒。我希望能够把海尔的思想、成功实践，传播给那些完全不懂的人……量子管理可以是东西方之间文化或管理之间交流的桥梁，因为它用的是物理的语言，是大家都尊重的一种语言。”[49] 量子管理作为一种与东方古老哲学智慧相契合的后现代管理前沿理念，在还原论、决定论和线性分析思维根深蒂固的西方世界，左哈尔难以找到其最佳实践模式也就不奇怪了。具体来说，海尔制与量子管理的契合之处主要体现在以下三个方面。

第一，量子世界观与量子管理思维

在量子力学看来，宇宙是一个不断进化的、深层次联通的自组织系统。道家主张的“无为而治”深谙这种自然之道。张瑞敏指出：“对‘无为’，现在的解释有很多，我把它解释为顺势而为，不是‘不为’，也不是‘不动’，而是顺势而为。顺势而为中的‘势’是指外部的大形势，内部所有小的结构都要顺着大形势来，要跟着大形势走。”[50]在海尔的链群体系中，创客与用户在量子纠缠中实现共创、共享与共赢。持续的用户交互不仅有效地管理了员工与用户之间的不确定性联系，而且大大提高了海尔的自组织适应能力，增强了商业生态系统的价值创造能力。海尔的生态战略思想与链群自进化思想都体现了一种新的管理世界观，即将管理视为一个各因素动态变化、深度互联和不断进化的自组织系统。

第二，自主人假设与量子自我

张瑞敏认可量子管理的非线性思想及其对人的本质的深刻认识，在此基础上提出“自主人”假设并将之贯彻到小微的创业实践之中。他认为海尔对“人”的理解跟过去的“传统自我”不一样，认为人具有波粒二象性，既是“独立自我”，又是“为他自我”。[51]在解释为什么让员工变为创客时，张瑞敏同时引用了中国道家思想和西方量子思维：“《庄子·外物》里有一句话很好，‘虽有至知，万人谋之’，意思是你的智慧可能天下第一，但也比不上一万个人共同的力量。我觉得，这个想法很符合‘量子思维’。其实我并不比员工高明，只不过我在这个位置上而已；我在这个位置上也并不是要给员工出主意，让他们照着做，而是应该去创造一个机会，让每个人都去发挥自己的作用。其实每个人，只要有了机会，能量都是非常大的，都有不可限量的能量。”[52]接着，张瑞敏用量子纠缠理论来解释人单合一模式中的员工创客化和与用户零距离思想：“我们现在需要在企业创造出一种量子纠缠现象。在用户和员工之间，我们要求用户有什么动作，提什么要求，员工能马上做出反应，这就相当于是一种量子纠缠。我们作为互联网的一个节点，怎么可以给用户创造价值？那就是要让每个员工都成为量子自我。所谓的量子自我，既是‘独立自我’，又是‘为他自我’。传统管理做不到这一点，员工既不是‘独立自我’，也不是‘为他自我’，只是领导下面执行命令的一个执行工具而已。”[53] 将员工变成人人自主的创客，动态挖掘和持续迭代用户的个性化体验，追求与用户零距离是一种量子纠缠思想。通过探索性试错来激发创意和发现新机会，是海尔运用量子纠缠思想和不确定性思维解决创新能力僵化与效率低下问题的重要尝试。

第三，自涌现与量子组织

量子世界运行的基本规则是涌现性与自组织。在量子组织中，领导者在一个更蓬勃发展的环境中设定自身的使命，复杂系统繁杂的属性在混沌的边缘出现，这种系统能自我管理，没有一种技术能够整合它们。创造性组织的未来只能出现在自由的对话中，这需要人们相信复杂系统的涌现性。[54] 自组织思想在海尔根深蒂固，从自我管理班组、自主经营体到小微、链群，海尔一以贯之的都是这种自组织、自进化思想。张瑞敏认为：“自组织就像量子组织一样，既有粒子性，又有波动性。作为独立组织，自组织体现其粒子性；而波动性意味着自组织可以共创、共享、共治，不断地动态变化，完全是开放的。过去的组织是他组织，组织中有哪些人是确定的，现在的组织是自组织，天天可以发生变化。”[55] 量子力学认为“物理事件必定与观测有关”，主体不能独立于环境之外，而只能参与其中。企业中的员工与用户本质上生活在一个深度互联的参与式组织中。每个个体既是现有秩序的打破者，又是新秩序的创造者。基于这种量子思维，海尔构建赋能平台和并联式运作流程，为企业与合作方、企业与员工、员工与员工以及员工与用户之间的深度交互提供了组织媒介与技术平台。尤其员工与用户的持续交互，使用户参与到价值创造与价值分享的全流程之中，超越了经典管理模式对员工与消费者的定义边界，突破了员工、用户与企业之间的传统关系，员工由被控制者转变为具有高度自主性的创客，用户由产品消费者转变为持续参与交互的全流程参与者，即产消者。海尔通过生态各方的价值共创和增值分享，大大激活和释放了潜在的组织能量。

总之，海尔制与量子管理在对组织与管理世界的重塑方面非常合拍，海尔不但发展了量子管理思想，而且为世界贡献了量子管理的实践操作方法。无论实践的结果如何，在实践中不断对东西方管理智慧进行融合创新的海尔，以其不断自以为非和勇于自我颠覆的持续探索精神，已经走在了我们这个时代管理模式探索的最前沿。

张瑞敏谈海尔

Haierism

- 海尔应像海。唯有海能以博大的胸怀纳百川而不嫌弃细流，容污浊且能净化为碧水。
- 企业即人，人的价值最大化才是一切商业模式的核心。
- “上善若水”象征海尔的经营哲学，不是以自身利益最大化为目的，而是与时代的潮流融为一体，为社会的发展无私奉献。
- 老子的《道德经》有一句话“大制不割”，意思就是说，所有的机制是一个系统，是完整的，不能把它割得七零八碎，不能切割开，否则，看不到整体、总的面貌。
- 海尔的员工不再是以企业为中心的“经济人”或“社会人”，而是以员工自己为中心的，具有决策权、用人权和分配权的“自主人”。
- 如果说大规模制造瞄准的是流水线，打固定靶，那么大规模定制则是打飞靶，聚焦每个人的个性需求。
- 企业家精神不是这个企业领导人多么有能耐，而是让企业的所有人都有机会成为创业者。

Haierism

第 5 章

黑海生态，海尔制的商业模式

执一不失，能君万物

这是一个
内部没有职能部门，
外部没有组织边界，
人人创业、自治共享的
光怪陆离
商业新世界。

从红海、蓝海到黑海的战略进化

黑海战略的提出与界定

在推动企业转型升级的过程中，张瑞敏对“平台”“生态”等新型商业模式的思考由来已久。2019 年 11 月 18 日，张瑞敏在伦敦 Thinkers50 大会上与企业家和专家学者交流创业经历和管理智慧时，首次提出“产品会被场景替代，行业会被生态‘复盖’”的商业思想。这是他基于时代演化趋势对未来企业定义和商业规律的大胆预测。张瑞敏指出：“在物联网时代，企业不应再是有围墙的花园，而应该是一片热带雨林。热带雨林不会死亡，是因为它是一个生态系统，自己能够繁衍出新的物种而生生不息。”[1]

张瑞敏的生态品牌战略思想受到杰弗里 · 韦斯特（Geoffrey

West）所著的《规模》（*Scale*）一书的影响。在该书中，韦斯特提出了一个令人深思的问题："企业为什么会衰亡，而城市则不会？"答案是，城市系耗散结构的生态圈，可以在内外交互中实现动态平衡，而企业则呈现熵增定律，成为处于静态平衡状态的"有围墙的花园"。"物壮则老，是谓不道"，熟读《道德经》的张瑞敏习惯从"道"的层面思考事物演化发展的规律。他思考的问题是如何使企业像城市一样，随着规模的增长而维持多样性和自进化，以实现可持续发展。张瑞敏认为物联网提供了使企业成为万物互联的生态圈的机会，这种机会转化为现实的战略路径就是以场景替代产品，以生态"复盖"行业，拆掉组织与行业边界，打造共创共赢的生态系统。

2019 年 12 月 26 日，在创业 35 周年纪念大会上，海尔正式发布生态品牌战略，张瑞敏以海尔智慧家庭为例，解释了"产品会被场景替代，行业会被生态'复盖'"的理念："在智慧卧室场景下，用户躺到床上，窗帘随即缓缓关闭，智能头枕可以记录用户睡眠曲线，联动空调、净化器、新风机等，主动塑造一个舒适、健康的睡眠环境；在智慧厨房里，用户通过冰箱大屏幕管理食材，食材放入冰箱时被自动录入，当食材快过期时冰箱会及时提醒，避免浪费。与简单的'连接硬件'不同，海尔智慧家庭更加注重用户的'情感需求'、打造'场景生态'、强调'连接生活'。"[2] 2020 年 3 月，在集团内部会议上，张瑞敏首次以黑海战略指代这种基于消费场景的生态品牌战略，以与红海战略与蓝海战略相区分。2020 年 9 月 16 日，在人单合一无边界网络 | 开放大讲堂 2020 上，张瑞敏发表《以人单合一创同进化的黑海生态》主题演讲，正式对外发布黑海战略。

黑海战略的提出，是海尔在从互联网平台企业向物联网生态企业转型升级过程中战略迭代的结果。2012 年 12 月，海尔进入网络化战略阶段，目标是由传统制造企业向互联网平台企业转型，希望通过互联网思维促进公司利润和营业收入以网络化的速度实现快速增长。张瑞敏认为，互联网思维可能给传统制造企业带来颠覆性的影响，海尔以网络化战略来迎接这种挑战，具体的实施路径是“企业无边界，管理无领导，供应链无尺度”。在组织方面，海尔打造扁平化的、各节点形成闭环的网络组织（企业无边界）；在考核方面，海尔把原来的内部考评标准变成由用户考评（管理无领导）；在生产与物流方面，海尔以网络化的组织形成一个向所有利益相关方开放以获取网络化资源的平台，满足用户各种个性化需求（供应链无尺度）。

但是海尔网络化战略的探索没有止于互联网。随着战略演化与组织变革的深入，海尔逐渐认识到互联网所带来的电商模式存在的弊端。2015 年 9 月，张瑞敏发布人单合一模式 2.0 版本，首次公开讨论“后电商时代”，做好向物联网经济前进的变革准备。2016 年，海尔聚焦于用户体验，开始向物联网换道，并正式提出“物联网是在移动互联网之后的下一个重大经济活动”，张瑞敏对物联网的理解不单单是从技术层面，他更在乎其背后的商业逻辑。2017 年 9 月，张瑞敏在首届人单合一模式国际论坛上首次提出物联网商业模式。2018 年 9 月，在第二届人单合一模式国际论坛上，张瑞敏提出以进化的“三生”体系率先引爆物联网范式，对物联网商业模式的实施路径有了十分清晰的思路。因而，从 2015 年提出人单合一 2.0 版本之后，张瑞敏在更敏锐的时代认知和更高远的战略视野上已经在有意识地区分互联网商业模式与物联网商业模式在管理范式层面上的本质差异，海尔的战略指向上已经由互联网模式换道为物联网模式。

通过分析海尔黑海战略的提出背景和过程，结合海尔 2015 年以来创建生态圈和生态品牌的实践路径，笔者将黑海战略界定如下：**所谓黑海战略，即生态品牌战略或生态化战略，是围绕用户价值的创造与传递来创建物联网生态企业，以实现企业可持续发展的一种新型战略**；它以动态满足用户的个性化需求和场景体验为起点（战略实施的起点），通过可连接的物联网智慧产品（触点网络，即"前店"）和智能互联平台（工业互联网平台，即"后厂"），内拆企业边界（"砸组织"，建协同共创的大共享平台），外破行业边界（"砸行业"，建共创共赢的生态系统），实现大规模个性化定制，构建以场景体验为中心和共创共赢共生的商业生态系统。

红海、蓝海与黑海战略比较

生态战略之所以被命名为"黑海战略"，是相对于"红海战略"与"蓝海战略"而言的，意指其颜色更深，难以被染成红色而陷入两败俱伤的激烈对抗式竞争之中。红海战略是在竞争异常激烈的成熟市场内通过价格或差异化等途径获取竞争优势的竞争战略，代表性理论著作是迈克尔·波特于 20 世纪 80 年代所著的《竞争优势》（*Competitive Advantage*）和《竞争战略》（*Competitive Strategy*）。它适合产品经济时代，指企业在产业边界明晰和行业规则确定的前提下，通过分析产业的相关影响因素，为打败竞争对手而建立隔离机制和竞争门槛以获取核心竞争力。具体来说，波特主张以供销商、购买者、进入者、替代品和竞争对手 5 种因素构成的五力模型来分析产业环境，在此基础上通过自身资源和能力组合来选择成本领先、差异化或目标集聚三种竞争战略获取竞争优势，以在需求稳定的市场中占有更多份额，因而红海战略是一种你增我减、此消彼长式的激烈对抗战略。

蓝海战略由 W. 钱・金（W. Chan Kim，也译为金伟灿）和勒妮・莫博涅（Renée Mauborgne）于 2005 年出版的《蓝海战略》（*Blue Ocean Strategy*）一书中提出，意指超越产业竞争，或在产业边界进行价值创新以开创全新市场，寻找竞争较少或没有竞争的新市场领域，获取先行优势，实现快速增长。与红海战略相比，蓝海战略更加强调发掘顾客需求以开拓更加细分的新市场或新产品，鼓励企业通过另辟蹊径摆脱两败俱伤的红海市场。蓝海战略认为通过跨越常规竞争边界和对传统竞争元素进行重组，可以重新定义和创造更多买方价值，从而打破红海战略中的产业固化的市场定位，使得低成本和差异化这两种在波特竞争战略中难以兼顾的策略得以融合。与红海战略相比，蓝海战略强调通过创造一个新的“无竞争”的市场空间来脱离竞争，主张避战或开辟自身占有先机的新战场。

蓝海战略因突破产品思维，强调资源重组、价值创新而在服务经济时代大放异彩，这方面较具代表性的商业典范是电商模式。以阿里巴巴为例，从 2003 年淘宝成立到之后的 10 余年内，阿里巴巴一改传统实体交易的产业思维，整合社会冗余资源进行价值重组而开拓了新的电商平台模式，这使它一直处于蓝海市场中并获得了爆发式增长。但到2014年之后，电商模式步入成熟期而陷入激烈竞争，京东、苏宁、国美、拼多多以及亚马逊等都加入中国电商领域的竞争之中，从而使电商这片蓝海被染成红海。面对这种情况，阿里巴巴通过布局大数据、云计算、新零售等新业务，以期开辟新的蓝海。也就是说，蓝海战略与红海战略其实并无本质的不同，两者都是零和博弈逻辑下的竞争思维，最终都难以避免价格战。目前各大平台纷纷降价促销以获得竞争优势，甚至通过“网红”直播带货的方式来促销产品，说明以流量为王的电商模式的红利已经非常稀薄，电商模式已经深陷红海的激烈竞争之中。与此类似的是网约车市场，先入者为王，获得迅猛增长，而后是模仿者蜂拥而上，群雄相争，最终通过2014年滴滴与快的在腾讯与阿里巴巴两大互联网巨头公司的背后支持下展开的补贴烧钱“血战”而结束①，未能避免“要么消亡，要么寡头独大”的红海对战结局。

海尔提出黑海战略的技术背景与过程上文已有交代。其行业背景是，中国家电产业自进入21世纪后就一直陷入一片红海之中，价格战从未消散，行业利润被不断挤压。家电产业价格战背后的深层次原因是技术、产品、营销、渠道和服务等经营要素的高度同质化。海尔自2005年提出人单合一模式以来，经过16年的转型探索，终于锁定生态品牌战略，并提出“产品会被场景替代，行业会被生

---

① 2013—2014年的烧钱“血战”中，滴滴、快的共发放补贴、红包近40亿元，滴滴在高峰期平均每天烧钱1亿元。最终滴滴成为最大赢家，用户数突破1亿人，腾讯也通过此战大大扩张了其在移动支付领域的市场份额。在资本方主导下，2015年2月，滴滴和快的合并，新公司市场份额达到87%。2016年，滴滴并购优步中国，进一步巩固其寡头地位[3]。

态‘复盖’”的预测，这是中国家电产业企业以莫大的勇气驶向未来不可知的黑海领域的战略宣言书。黑海战略与红海战略、蓝海战略的最大不同是，它一转两大战略在零和博弈逻辑下的竞争与对抗思维，提出和合共生逻辑下的共创、共赢和共生关系，以“息战”取代“激战”（红海战略）和“避战”（蓝海战略，最终难免激战），以期开拓“不战而胜”与“和合共生”的商业新局面。

在和合共生逻辑主导下，黑海战略围绕用户体验场景，联合利益相关方提供不断迭代的全套解决方案，以此打造生生不息、共创共赢的商业生态系统。在经济属性、战略属性、战略条件、品牌模式、竞争优势和战略结果等多个维度，黑海战略与红海战略、蓝海战略都具有重要差异，具体如表 5-1 所示。

表 5-1 红海、蓝海与黑海的战略比较

比较维度	红海战略	蓝海战略	黑海战略
经济属性	产品经济	服务经济	体验经济、共享经济、社群经济
战略属性	零和博弈下的价值传递和产业竞争，激战	零和博弈下通过价值创新或改变价值传递的渠道来脱离产业竞争，避战	和合共生逻辑下共创共赢的价值创造，息战（不战而胜）
战略条件	以低价格或高质量的产品为手段，有清晰的产业边界，建立单边巩固的价值链条	以差异化的产品或服务为手段，在产业边界中寻找目前没有竞争的市场缝隙，开拓新型价值网络	以提供全套解决方案为手段，打破产业边界，形成以体验场景为核心的商业生态系统，创建多边价值星系
品牌模式	产品品牌（封闭的生产促销模式）	产品品牌 + 平台品牌（流量为王的电商模式）	产品品牌 + 场景品牌 + 生态品牌（深度交互的后电商模式）

续表

比较维度	红海战略	蓝海战略	黑海战略
竞争优势	通过低成本、差异化和集中化等方式建立隔离机制和竞争门槛	通过差异化路径拓荒新市场空间，获取先行优势而产生隔离效应，先行优势丧失则转红海	无须隔离，通过赋能平台打造难以复制的共创共赢生态圈，获取具有巨大吸引力的领先效应
战略结果	常陷价格战困境，两败俱伤	短期获利，难以避免价格战，边际效益递减，不可持续	获得边际效益递增的生态红利，多方共赢，可持续发展

资料来源：作者绘制。

黑海战略是新时代战略迭代发展的产物。2020 年 9 月，张瑞敏在世界工业互联网产业大会暨第四届人单合一模式国际论坛上发表演讲时谈道："我们为什么提出黑海战略？我觉得经济发展到今天，大概分了三个阶段，第一个阶段是产品经济，第二个阶段是服务经济，现在（第三个阶段）就是体验经济。产品经济现在已经是红海了，如果企业只做一个产品，那么它不管到哪儿去都要打价格战，直播'网红'那么红，最后成交还是靠一句话'全网最低价'。服务经济还有一点空间，可以有一点创造，但是真正的黑海战略就是创造体验经济。因为创造体验经济、创造用户需求根本不是一个产品能做到的，也根本不是一个企业能做到的，而是需要一个生态。而这个生态很难去复制。"围绕物联网属性而日渐兴起的体验经济、共享经济与社群经济，是后电商时代企业进行战略选择的宏观技术经济环境。

社群的概念与社会学家霍华德·莱茵戈尔德（Howard Rheingold）提出的“虚拟社区”（Vitual Community）概念息息相关，即“一群通过计算机网络连接起来的突破地域限制的人，通过网络彼此交流、沟通、分享信息与知识，形成具有相近兴趣和爱好的特殊关系网络，最终形成共同的社区意识和社区情感”。[4]社区是用户获得个体体验的重要场所，而能够产生群体交流和个体之间交互关系的社区则升级为社群。尽管社群已成为当下商业世界的流行语言，但真正领会社群经济要义并将之融入商业模式与品牌经营之中的企业与企业家并不多。张瑞敏认为，“用户的个性化需求自发形成社群，社群就是体验迭代的主体”。基于对社群经济本质的精准把握，海尔通过在全球范围内连接数亿名用户和资源相关方，实现了“电器—网器—网络社群”的迭代升级，海尔构建的不是简单的物理连接，而是有持续价值交互的庞大虚拟网络社群和商业生态系统，这便是一种基于物联网属性的生态品牌战略。

互联网和物联网不同，前者更多呈现的是一种实现人机连接的物理属性，它改变的是一种交易方式，使产品交易在时空维度更为便捷，但没有改变交易的属性，这方面较为典型的商业模式是电商平台；后者则能够通过传感技术等深度挖掘个性化的用户体验，它聚集的是多样性、个性化需求得以涌现的用户虚拟社群。张瑞敏认为，“互联网本身的局限在于，所有竞争力的基础是流量，物联网的话，所有竞争力的基础是体验”。从流量到交互，从广告到口碑，从平台品牌到生态品牌，从价值传递到价值创造，从股东价值最大化到社会价值最大化，是海尔黑海战略打造的物联网商业模式（生态模式）与互联网商业模式（电商模式）的重大不同。

黑海战略以“价值创造”为导向，而不同于红海战略、蓝海战略的“竞争优势”导向。从利润增长到价值创造的转变是海尔生态品牌战略的基石，这也是海尔管理哲学落实到战略层面的体现。乌麦尔·哈克（Vmair Haque）对不同时代的商业文明与商业模式进行了研究，他认为存在于工业时代的是一种“狩猎式商业模式”，其基本特征是“低质量的利润增长”。狩猎式商业模式即零和博弈逻辑下的激烈竞争与对抗。之所以说这种模式是低质量的，是因为它只关注账面价值、商业价值和股东价值，并由此造成诸多被称为“社会废物”的隐性和破坏性社会成本，哈克将这种模式创造的价值称为“薄价值”。“当利润的取得以普通民众、社区、社会、自然环境和后代的牺牲为代价时，其结果必然是，低质量的价值创造被深深隐藏的负债所抵消”，其结果是“成本转嫁和利益攫取都将增加企业、国家或者经济体的负债，这将是风险高、成本大而且负担沉重的”。[5] 创造薄价值的狩猎式商业模式在物联网时代将失去竞争力，因为随着大数据与智能制造技术的广泛应用，可以创造真正的经济价值并能减少社会损害的竞争者将会逐渐浮出水面。哈克将与物联网时代的新商业文明相匹配的商业模式称为“建设型商业模式”，其基本特征是“高质量的价值创造”。从“狩猎式商业模式”到“建设型商业模式”，是一场由商品转向美好生活，由价值链转向价值循环，由价值主张转向价值对话，由市场保护转向市场完善，由战略升级为哲学的迭代过程。

黑海战略的哲学与逻辑与未来新商业文明下的“建设型商业模式”颇为契合。张瑞敏认为未来世界的新商业文明遵循的基本逻辑是“共创、共享、共治”，即共同创造价值，共同分享增值，共同治理商业生态系统。红海战略与蓝海战略从本质上都试图通过“差异化”来谋求“比较竞争优势”，其结果是商品功能与市场的不断细分与竞争的纵向加剧，其“差异化”的竞争门槛终会消失，企业终将走向狩猎式的红海厮杀并产生大量的隐性社会成本。黑海战略所追求的“建设型优势”来源于“意义”，或者说为追求“美好生活”而进行的“价值创造”。“当公司寻找有意义的回报时将看到差异；当公司真正开始生产对人类生活有意义的产品时，就已经在创造差异。”[6]也就是说，当某种商业活动能够创造社会价值，而真正使人类获得“意义”时，它必然同样具有持久的商业价值，真正难以模仿的差异化来自创造这种社会意义的功力。

“以量子纠缠的理论来解释，物联网时代的用户价值体现的是‘互联的整体、并联的价值’”，以互通互联的水式管理哲学打造的“物联网时代商业模式的价值主张，可以凝练为一句话——用户价值源于网络价值”。[7]海尔努力从传统产品经济模式和互联网电商模式的“道”换到物联网生态模式的“道”，[8]其追求的就是不产生社会损耗，而是创造社会意义，创造能够“共创、共享、共治”的生态模式。詹姆斯·F. 穆尔（James F. Moore）在 1993 年率先提出“商业生态系统理论”，他认为存在于 21 世纪的不是企业和企业间的竞争，一定是商业生态和商业生态间的竞争。海尔黑海战略是商业生态系统理论的新发展，它将企业在复杂环境下的适应能力、创造能力和生产规模结合在一起，将组织的经济绩效、员工的自我实现和用户的个性化需求有机融合，颠覆了传统产业边界，甚至淡化了企业与市场之间的界限，通过持续、动态的内外交互消除组织边界，来获取生态价值，目的是将企业打造为生生不息、自我进化、不断孵化和涌现新物种的热带雨林。

为说明黑海战略与红海战略、蓝海战略相比所具有的特殊属性，张瑞敏在《以人单合一创同进化的黑海生态》演讲的结尾，引用詹姆斯·卡斯（James Carse）在《有限与无限的游戏》（*Finite and Infinite Games*）一书中的观点："有限游戏以取胜为目的，而无限游戏以延续游戏为目的……无限的游戏不能有终点，所以它无法重复。"海尔生态创造的这种无限游戏与中国传统的"易道史观"亦颇为契合，历史无法重复且随时变易、生生不息。"人间正道是沧桑"，"道"是没有终结和无穷展开的历史过程，只有随时代演化而不断变迁的问题和解决问题所产生的意义链，没有定论也没有终点。"任何事情一经定论，就无可言说，不再成为问题而蜕变为教条，而失去生机不再生长的观念也就很快退出了精神世界，或者成为精神世界的库存。无论何种定论，都不可能超越主观性，唯有不预定论，才具有以形而上为度的超越性。"[9] 黑海战略打造的就是这样一个没有终点也无法重复、难以复制的商业生态系统，因其化解商业世界零和博弈的竞争敌意和隐性社会损耗而使企业更像城市生态圈，因其洞悉组织历史的本质和管理的终极意义而更具有超越性和生命力。

黑海战略的框架体系

"商业生态系统理论之父"詹姆斯·F. 穆尔说海尔走的是一条对全人类的未来至关重要的道路，这条道路在海尔已经过多年探索且取得良好成效。反观海尔 2015 年发布人单合一 2.0 版本以来的战略实践，我们大体可以勾画出一幅企业在黑海中生存的战略新地图。海尔黑海战略的框架体系如图 5-1 所示，由起点、目标、实施路径与落地载体 4 个部分组成。

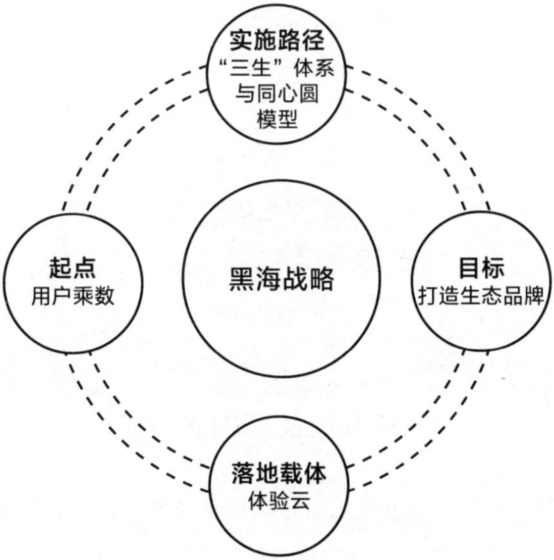

图 5-1 海尔黑海战略的框架体系

资料来源：作者绘制。

第一，黑海战略的理论基础和逻辑起点是用户乘数理论与用户价值创造。用户乘数理论是张瑞敏提出的关于用户交互与价值创造的原理，是“产品会被场景替代”的理论基石。第二，黑海战略的目标或终点方向是打造生态品牌。生态品牌是张瑞敏提出的物联网时代领导型品牌新范式，是海尔向物联网生态企业转型的评判标准。第三，黑海战略的实施路径是“三生”体系与同心圆模型，即由生态圈、生态收入与生态品牌构成的自演进的逻辑体系，其推进工具是一卡一表，即人单合一计分卡和共赢增值表。第四，黑海战略的落地载体是体验云。体验云是张瑞敏提出的以用户体验为中心的自进化的云平台，它导向的是个性化、多维度与无缝隙的体验场景，是黑海战略能够落地的基础载体。

用户乘数，黑海战略的起点 [10]

用户乘数及其内涵界定

“用户乘数”的概念最早由张瑞敏于 2017 年上半年在海尔集团内部的一次讲话中提出，海尔随后逐渐对这一概念进行深入开发，并融入其战略、财务与薪酬管理体系之中，成为创客、用户与其他生态相关方共创共赢的黑海战略的理论基础和逻辑起点。多年来，与经济学相比，管理学一直站在企业的立场，从企业的利润目标和对市场的生产供给出发来设计管理制度，却很少真正从市场需求以及其具体的用户端出发，倒逼企业的整体运转逻辑并系统设计管理体系。人单合一模式是基于用户的社会价值创造而非企业的利润增长发起的管理哲学，即从消费端而非企业生产端发起经营战略，并将之视为支撑技术创新与产品创新的主导逻辑。

乘数是经济学中的一个基本术语，指每单位外生变量的变化所带来的引致变量的变动情况。用户乘数用以衡量的是迭代倍增的用户价值创造，也就是企业从传统的只与批量化的顾客交易，转为与个性化的用户进行交互，进而创造出社群中终身用户的深度体验。

传统经济学从同质性假定出发，将需求一律还原为效用相等的物质欲望。管理学面临现实而复杂的人员，难以对人的需求做出同质化的假设，一般会接受马斯洛的需求理论，将人的需求划分为高低不同的多个层次。与这些层次化的需求相对应，海尔的管理需求论也将需求区分为从低到高的三个阶段，其特色是将个性化体验等高层次需求纳入其中。按照满足从低层次需求到高层次需求的不同价值，海尔的管理需要论立足于对经济发展阶段的判断，将经济发展分为三个阶段，即产品经济（工业经济）、服务经济（互联网经济）和体验经济（物联网经济）。物联网经济与互联网经济的不同之处在于，互联网经济是偏重大规模、多样性的服务经济，而物联网经济则是强调个性化体验和用户黏性的体验经济。

产品经济中需求的主体被称为“顾客”，需求的价值被称为“顾客价值”。顾客价值主要体现在交易中。主流会计准则将顾客价值理解为公司营业额，即顾客数量乘以单品交易额。互联网经济在此特指拥有海量入口平台的服务经济，需求的价值被称为“用户价值”。用户与顾客的不同之处在于其价值主要体现在交互[①]中，互联网电商平台主要是价格交易的平台，创造的多是标准化的服务价值，没有从根本上解决用户对个性化体验的需求。物联网经济则是

---

① 交互不仅包括产品和服务的交换，而且包括语言的交流以及由此形成的信息流。

一种个性化体验经济，目的是通过社群平台上多样化、个性化的创新应用来实现能够交互和具有黏性的用户价值。

海尔对物联网商业活动的理解是“物联网在人不在物”，即物联网是以用户为中心而非以技术为中心的。企业要从用户价值出发，把重心放在主体对象上，需要的不是大数据本身，而应该是反映用户个性化的数据，因此企业应当把物联网当作需求者的语境（情境）来看待。物联网经济是体验经济、共享经济、社群经济，应该有情景感知，只有如此才能实现用户乘数，物联网经济才能真正在企业经营中实现引爆[①]。

用户乘数反映的是企业经营的网络效应和生态价值，蕴含着从传统工业经济时代的顾客价值，到互联网经济时代的用户价值，再到物联网经济时代的终身用户价值的三级迭代过程。用户乘数这一指标可以显现企业与用户交互时的隐藏需求，进而显现将平台的生态能力转化成其他增值服务或者产品的持续交易价值。对企业来说，从传统工业经济到互联网经济，再到物联网经济，就是从做产品到做平台，再到做社群，从创造实体价值到创造服务价值，再到创造体验价值的过程。

---

① “引爆”“套圈”“换道”等海尔词汇在经济学中是模糊的概念，但是在海尔的实践体系中至关重要，并有一套可操作的流程，引爆的意思是指用户交互达到某一临界值而使企业进入迅速增长阶段，本文对此不重点讨论。

用户辨别与用户价值管理

用户乘数理念下的用户与传统意义上的顾客有很多不同。顾客是匿名的单次交易者，不会与品牌产生交互。海尔将用户分为三类：一是零交互和一次交互，这在货币乘数中相当于是漏损的那部分；二是多次交互，用户因为与品牌产生多次交流，从而对品牌形成了充分的信任感和依赖感，并达成了多次交易；三是终身用户，用户成为品牌的“产消者”，不但自己高度忠诚于某一品牌，主动为品牌做口碑传播，带动周边人群消费，形成品牌社群，还会参与品牌的研发、生产、销售全过程，这是用户的最高层次。用户的交互、体验会倒逼产品的迭代，零迭代的产品一定不会是引领的产品，反复多次迭代才能产生引领的产品。只有获得用户的终身价值，品牌才能形成健康的发展生态。海尔采取这种以用户交互倒逼产品迭代创新的做法，以人的价值为中心，实现了品牌与用户零距离，把用户价值置于核心位置来设计整个管理体系。

在商业实践中，顾客对应的是交易，用户对应的是体验。交易型销售导致用户无差异，企业只追求将成本控制在最低水平；而体验型销售面向用户差异，企业追求高单和双赢。海尔之所以说“电商本质上也没有用户”，是指传统电商仍然在以价格战为主要战略参与竞争，而没有真正提供高附加值用户体验。但物联网带来以分散、多元的用户体验反过来驱动生产及服务的机会，会通过平台增值、差异化服务等多种新业态实现用户乘数。

法国哲学家乔治·巴塔耶（Georges Bataille）曾提出两种消费思想，

有助于我们理解顾客和用户的分别。第一种消费是生产性消费，对应顾客；第二种消费是非生产性消费，即体验性消费，对应用户。生产性消费是依附于生产的消费，目的在于保证再生产的顺利进行。非生产性消费中的非生产，是指非以生产者为中心，而是以消费者个人作为目的而实现的消费，即消费是目的，而生产是手段。这里的消费特指体验型消费、个性化消费，它像资本一样，具有强增值效果。

市场经济在中国兴起不久，就有了“顾客是上帝”的理念和口号，但过去品牌对“上帝”的尊重只是流于表面，没有深入挖掘用户体验。很多品牌的产品调研仍然流于市场问卷的形式，不能和用户真正对话，也没有围绕用户需求提供不断迭代的产品，很难产生用户乘数效应，终身用户也就无从谈起。用户乘数背后，有更深层次的用户发现与价值创造问题，这便涉及产品的迭代问题。

对用户乘数的管理，在海尔被称为“用户价值管理”。这里的用户价值管理与顾客价值管理迥然不同。顾客价值（Customer Value）是 20 世纪 90 年代以来，营销学者和经理人共同关注的焦点领域，并被视为企业获取竞争优势的新来源。[11] 顾客价值为企业从顾客需要出发提升经营水平提供了新的认知途径，但未能考虑企业与顾客的持续交互关系，顾客仍然是企业为赢得市场竞争优势和获取商业利润而不得不迎合的外部力量。在海尔的用户价值管理中，顾客被转化为可以与企业进行交互和被满足个性化体验的用户，并成为员工获取薪酬和企业获取生态价值的关键驱动力量。用户价值管理的目标是将定位于产品交易的顾客转化为定位于产生交互的用户，让用户始终在线，保持实时交互的状态，进而成为被社群生态追踪服务，为其提供个性化体验的终身用户。

用户乘数的提出开启了物联网经济时代的用户价值管理逻辑，即将用户全面、真实、动态、个性化且不断增长的价值数据作为企业战略、组织、财务与薪酬管理体系的源头和驱动力。由顾客价值管理升级到用户价值管理，其现实条件是物联网技术的发展，物联网“即时的连接”使企业能够以较低的成本搜集并实现用户价值。也就是说，物联网时代商业价值的无限性来自用户和企业之间的无限沟通。“连接”代表的是用户时间的并联，所以，“连接”是一个可以让“规模经济”与“范围经济”并存的前提。[12]“规模经济”适用的是梅特卡夫定律，即网络的价值与用户数量的平方数成正比，依然是通过产品规模的扩大来获取经济价值。“范围经济”适用的是长尾理论，即满足用户个性化需求的品种多样化能够降低成本，企业从需求曲线头部的少数主流产品和市场转向需求曲线尾部的大量利基产品和市场，通过产品的小批量、多样化生产来获取经济价值。[13]“长尾”和“规模”始终矛盾的地方在于用户时间的排他性，而物联网提供的线上社群则可以消解这对矛盾。因为用户时间的可并联性决定了他们愿意为自己的种种兴趣保持多方端口的在线状态，这就使得用户规模的扩张和多样化的需求能够得以兼顾。

用户乘数的计量方法与财务测度

用户乘数的计量方法

在实践中，海尔探索出了两个乘数卡尺，一个是比率乘数，用以衡量从顾客到交互用户再到终生用户的转换比率，测量的是平台吸聚用户的黏合力；另一个是价值乘数，用以衡量从产品价值到用户价值到终身用户增值的转换比率，反映社群共创价值的乘数效应。

比率乘数分为三个层次：①顾客比率乘数＝顾客数/引领顾客数[①]；②交互用户比率乘数=交互用户数/顾客数；③终身用户比率乘数＝终身用户数/交互用户数。三者与企业的竞争力均有一一对应的战略性关联（如图 5-2 所示）。

比率	比率乘数	比率	竞争力
③ 终身用户比率	终身用户比率乘数 C= 终身用户数 / 交互用户数	终身用户比率 =A × B × C 目标：比率→ 1	· 社群引领 · 用户不离不弃 · 资源方蜂拥而至
⇧			
② 交互用户比率	交互用户比率乘数 B= 交互用户数 / 顾客数	交互用户比率 =A × B 目标：比率→ 1	· 平台引爆 · 实现换道
⇧			
① 顾客比率	顾客比率乘数 A= 顾客数 / 引领顾客数	顾客比率 =A 目标：A → 1	· 产品套圈（“三高”[②]） · 行业绝对引领 · 不可撼动的份额

图 5-2 海尔比率乘数的计算及其与企业竞争力的关系

资料来源：海尔集团（2017）。

① 引领顾客为不可撼动的市场份额对应的顾客数。

② “三高” 指高增长、高盈利、高份额。

价值乘数对应比率乘数，也分为三个层次：①产品价值乘数 = 产品总利润 / 实际达到“三高”的产品利润额；②用户交互价值乘数 = 产品价值乘数 × 实际达到“三高”的产品利润额 / 与用户交互共创的产品实现的利润额；③生态价值乘数 = 产品价值乘数 × 用户交互价值乘数 × 与用户交互共创的产品实现的利润额 / 社群生态圈实现的生态利润。三者与企业的竞争力也有一一对应的战略性关联（如图 5-3 所示）。

价值	定义	价值乘数	竞争力
❸ 生态价值（C）	社群生态圈实现的生态利润	生态价值乘数 $=\frac{A}{A'}\times\frac{A'}{B}\times\frac{B}{C}$ 目标：乘数＜1 且→0	· 边际收益递增 · 边际成本趋于 0
⇧			
❷ 用户交互价值（B）	与用户交互共创的产品实现的利润额	用户交互价值乘数 $=\frac{A}{A'}\times\frac{A'}{B}$ 目标：B=A，乘数 =1	· 上市即引爆
⇧			
❶ 产品价值（A）	产品总利润 A 实际达到“三高”的产品利润额 A'	产品价值乘数 =A/A' 目标：A'=A，乘数 =1	· 产品套圈（三高） · 行业绝对领先

图 5-3 海尔价值乘数的计算及其与企业竞争力的关系

资料来源：海尔集团（2017）。

比率乘数的目标是终身用户比率无限接近于 1，生态价值乘数的目标是小于 1 且无限接近于 0。这两个目标达成的过程也就是海尔以人单合一模式创建生态品牌的过程，海尔也可依据其数值判断黑海战略的实现程度。事实上，市场热点随着时间变化而不断转移、变化，用户也处于不断重新排列组合的状态中。原有用户的需求得到满足且原有的成功潜力被挖尽后，为避免因市场饱和而使用户乘数衰减，企业就必须先于别的企业发现新的需求，特别是要找出可持续地发现新需求的稳定机制和可行路径。

用户乘数的财务测度

为便于将用户乘数在管理实践中推进，海尔在计量用户乘数时提出“漏损率”这一重要概念，并通过漏损率把用户乘数变成海尔独创的共赢增值表中的一个很重要的数值。共赢增值表是海尔对传统财务报表的重要改造。通行的财务报表中的损益表简单地计算利润，即营业收入减去成本和费用，但海尔认为它难以反映物联网时代真正的价值创造过程。基于用户价值理论，海尔把传统损益表改造为共赢增值表[①]，在其中不仅测度硬件收入，还测量生态价值。

现有方法中，有一种最新的财务计量方法，可以测出用户漏损率的负值，即用户净推介值（Net Promoter Score，简称 NPS，即“不漏损率”）。NPS 是用户口碑的量值，它等于 1 除以用户不来交互的系数。用 NPS 间接测度漏损率，前提是要区分传统交互与新的交互的本质区别。传统交互是交易，即买卖交换，会计计量点在交易完成时；新的交互可定义为口碑，会计计量点在交易完成后再

① 财务报表中的损益表由美国管理会计协会制造，海尔把针对损益表之不足而创造的共享增值表发给美国管理会计协会征询意见。海尔认为共享增值表可能更适合物联网时代的财务管理需要，对方的反馈是，他们也认为损益表应该改变，但始终没有想出改变的办法，海尔的共享增值表十分值得借鉴和推广。

过一个时滞后，即用户满意后的推荐时间以及连续推荐所需要的迭代时间。在传统的交互中，不管什么乘数的增速一定都是越来越低，因为买卖双方之间存在信息不对称，买方的信息没有卖方完备，用户会因体验差造成潜在增值漏损。

用户不满意造成的体验上的漏损，无论在核算会计还是管理会计的报表上都反映不出来。用户乘数的增值是通过口碑传播来实现迭代的，因此测度漏损率的关键，是把口碑作为新交互的显性指标，纳入共赢增值表。将负的漏损率纳入共赢增值表的新会计理论，是一种“好利润理论”。根据弗雷德·赖克哈尔德（Fred Reichheld）的好利润理论，好利润（良性利润）与坏利润（不良利润）的根本区别在于，“虽然不良利润不会反映在会计报表中，但它们确实是很容易识别的。它们的取得是以损害客户关系为代价的”[14]；相反，良性利润来源于客户满意度，好利润必须反映在以客户满意度为中心定义利润的会计报表中，通过提高 NPS 来体现。

如果把 NPS 简化为一个问题，即“你有多大可能把我们公司的产品推荐给你的朋友或同事”，则易于理解。这个问题隐含着差异化战略与成本领先战略的不同，我们以盈亏平衡分析模型公式予以解释：

$$利润 = 产量 \times \left(\begin{matrix}单位\\产品价格\end{matrix} - \begin{matrix}单位产品\\变动成本\end{matrix} \right) - 固定成本，$$

$$即\ G=Q\times(P-VC)-FC.$$

成本领先战略的会计效果，更多体现在单位产品变动成本（VC）的降低之中或产量（Q）的提高当中。而差异化战略的会计效果，更多体现在单位产品价格（P）的提高之中，这一提高特指在均衡水平下，由于差异化而可持续得到的价格提高效果，它是可持续利润，即好利润的来源。当然，从多样化效率提高角度看，还有另一种可能的效果是价格不变条件下 VC 的下降；但不同于专业化效率中的成本降低，它属于多样化效率提高中的成本降低。

基于上述用户乘数理念，海尔将用户价值管理（升级路径）、战略目标（引领的单）与共赢增值表（财务管理）融合在一起。在传统的电器阶段，海尔通过并联平台和产品的口碑效应增加顾客规模来追求产品收益率，其目标是高增长、高盈利、高份额（“三高”）；在共赢增值表上表现为传统的硬件收入、硬件成本和硬件利润。当产生交互用户之后，海尔就由传统的电器阶段升级为网器阶段，通过共创平台、用户参与设计和利益相关方共创来追求用户交互收益率，其目标是实现套圈，即取得高于排序第二的市场竞争对手的 2 倍以上的市场份额；此时在共赢增值表上开始出现交互用户，并且出现边际成本递减的趋势。当产生终身用户时，企业升级为生态阶段，通过构建物联网社群平台、生态圈融合创新来追求生态价值；这一阶段的共赢增值表增加了终身用户、生态收入和生态各方的增值分享，此时边际成本趋向于零，而每单位的边际收益则不断增加。

基于用户乘数理论，海尔将集团生态化战略落实到日常财务管理之中，是国内少数将战略执行贯穿到财务体系之中的代表性企业之一。海尔集团副总裁谭丽霞曾指出：“海尔的财务管理实践关键在于与集团战略、业务等相匹配。”与其他战略会计的区别在于，海尔战略会计中的“战略”特指黑海战略带来的生态差异性。在战略会计的战略损益中，利润特指赖克哈尔德所说的好利润而不是坏利润，其衡量标准是“以用户和员工增值为收益”。

总之，基于用户乘数的用户价值管理是海尔战略推进的理论基础和逻辑起点。海尔甄别了用户与顾客的区别，界定了用户乘数的定义、内涵、理论渊源和计量方法，及其在海尔战略承接与财务管理中的操作体系，从而发展出基于价值创造而非利润增长的用户价值管理理论。用户乘数理论从市场需求的用户端出发，倒逼企业运转逻辑，来系统设计包含生态战略、链群组织和共赢增值财务在内的管理体系，从消费端而非企业生产端发起管理模式创新，并将之视为支撑技术与产品创新的主导逻辑。用户乘数理论运用相关经济学概念和物联网技术整合了“规模经济”与“范围经济”、梅特卡夫定律与长尾理论的合理因素，揭示了物联网时代企业基于社会有效需求进行价值创造和可持续发展的规律。海尔用户乘数理论的提出及其运用，为物联网时代企业的战略创新与财务管理制度变革，以及中国制造业转型升级和供给侧结构性改革等诸多重大问题的解决，提供了一种具有实践依托的体系化微观机制。

打造生态品牌，黑海战略的目标

海尔黑海战略的目标是成为物联网时代的引领者，这种引领的具体标志便是成为被视为“物联网时代的领导型品牌新范式”的生态品牌。“想要在物联网时代的全球竞争中取得优势，企业不仅需要技术和产品上的不断创新，更需要通过模式创新为自身构建独特的护城河”，在诸多模式创新中，品牌范式的转变尤为重要，“它直接影响终端用户和合作伙伴对品牌的看法及参与度，也在很大程度上决定了企业未来的价值空间”。[15]黑海战略为企业护城河的构建起到了战略指引和领航作用，其航向便是打造物联网生态品牌。正如张瑞敏所说：“物联网时代，企业要么转型为生态品牌的引领者，要么成为生态品牌的合作方。”[16] 2019 年 5 月 6 日，由世界领先的传播集团 WPP 与其旗下调研公司凯度集团联合发布“BrandZ™2019 年最具价值中国品牌 100 强”，开辟了一个全新的品牌类别：物联网生态品牌。海尔集团成为历史上首家也是目前唯一入榜的物联网生态企业，这是企业品牌史上的一个标志性事件。

物联网时代的“大连接”与“商品之魂”

日新月异的科技发展，深刻影响着企业的商业模式与人们的生活方式，同时也在重塑商品与人类的关系。B. 约瑟夫 · 派恩（B.

Joseph Pine Ⅱ）和詹姆斯·H. 吉尔摩（James H. Gilmore）在《体验经济》（*The Experience Economy*）一书中指出：精心设计用户的体验是伟大商品的灵魂。[17] 也就是说，能够使消费者在使用过程中得到愉悦感、乐趣和产生黏性的用户体验是商品的灵魂。但长期以来，受制于特定技术条件与人类认知能力，商品被视为没有灵魂的物品，其使用价值仅仅停留在物质性的功能层面。物联网的来临则改变了这一切。继互联网实现了人与人、人与信息的连接之后，物联网进而实现人与物、物与物、物与信息等万物之间的互联，使人类进入了具有共时性、普遍性、去中介特征的大连接时代。

科技从本质上是对人的自然器官和生理能力的延伸。汽车是对人腿行走能力的延伸，电话是对人耳听闻能力的延伸等，物联网在某种程度上则延伸了人类生命的尺度——时间。物联网之前的社会，人们做事总是存在时间上的排他性，即要首先处理 A 事项，然后才能处理 B 事项，再之后是 C、D 等事项；用户通过消费 A 产品来满足 a 需求，就不能同时做 B 事项以满足 b 需求……这种时间上的排他性对消费者行为的影响是，用户难以在体验和交互层面来理解一个商品的使用价值。根据马斯洛的需求层次理论，对大众消费者来说，生理、安全等经济层面的需要排在情感、尊重等社会层面的需要之前。反映在消费的重要性次序上则表现为，满足物质层面的需求和实现功利性的目的往往成为亟待解决的 A 事项，而满足其在兴趣、情感与娱乐体验上的精神需求则成为位居其后的 B 事项、C 事项等。也就是说，在时间难以并联的时代，即便有充分的能力去满足情感和精神层面的社会需求，人们依然会优先解决物质层面的经济需求，以缓解心理上的焦虑并获得稳妥感。在这个前提下，商品对于人们心灵的抚慰功能也就难以凸显。

物联网实现了现实空间与虚拟空间的结合，空间形态的改变最终会影响人们对时间的感知与使用效率。物联网技术实现用户多种行为的共时操作，人们在做 A 事项的同时可以进行 B 事项，甚至可以即时切换至 C 事项或 D 事项。如，用户使用小米手环，在获取时间、天气等信息之外，还可以同时获取行走里程、心率、睡眠品质等信息，并通过大数据报告了解自身的健康情况。与传统的手表与手机相比，智能手环就可以在同一时段内满足用户的出行、健身、医疗等多种需求，并提供智能化检测与解决方案，本质上是通过时间的并联来丰富用户的生命活动。出于人类满足多样性需求的自然本能，用户也愿意在消费过程中为自己的各种兴趣、爱好保持多方端口的在线状态。因而，物联网使人类可以在有限的生命内做出更丰富的事业，或者说物联网相对延伸了人类的生命，这是人们从物联网交易效率提高、交易成本降低、交易时间减少中获得的额外效用。此外，物联网通过芯片技术实现了信息在人与物之间的普遍连接，赋予了商品与商品，以及商品与人进行对话的能力，人们可以在商品的功效之外获取更多信息、娱乐与情感性的体验。因此，物联网的大连接使得人们能够深度捕捉“商品之魂”，品牌可以便捷地获取用户对于商品的个性化体验，进而将之转为商业应用以实现新的价值创造。如，医疗机构通过智能手环获得用户个性化的心率与睡眠等生理信息，就有助于实施更有个体针对性和实际效果的靶向治疗。

德国哲学家与历史学家威廉·狄尔泰（Wilhelm Dilthey）认为，

最真实的东西——实在，是活生生的，不能单凭人类的理性知识去把握，而要靠内在的“体验”去获得，这是一种“生命自身的直接经验”[18]。同样，人类在消费过程中对商品最真实的感知也不是它具有什么样的功用，而是它提供了一种什么样的体验。前者是凭借理性计算而得到的外部功效，它易于被遗忘、替代，难以产生交互；而后者则是通过情感互动而得到的内部响应，它因能够让人产生美好的回忆而难以替代，易于产生交互。物联网之前的时代，不具备拓展商品体验维度和精神价值的技术与社会条件，物联网的大连接则释放了商品之于人类的体验价值。物联网科技重塑了商品与人类的关系，商品对于用户的最大价值正逐步从其物质、功效层面的自然属性、经济属性转移到能够与人类内在的兴趣与情感进行互动和响应的社会属性。

这种巨大的变化，不仅意味着物联网时代人类商业模式的颠覆与重建，同时也意味着物联网时代企业品牌的迭代与重生。品牌是为企业带来溢价和产生增值的无形资产，是在用户心智中形成的抽象化、价值性和差异化的识别系统。商品与人类关系的变化最终都会体现在企业经营的品牌观念之中。历来将“企业即人，人即企业”作为经营哲学的张瑞敏十分敏锐地捕捉到了这一时代变化，于 2018 年提出创建物联网生态品牌的构想。

从产品到生态：品牌迭代的历史规律

从经济史的角度来看，人类经济的发展阶段已经由产品经济时代、服务经济时代逐步过渡到了体验经济时代。用户的消费重心和关注点从产品的质量和价格转移到是否能在消费过程中获得良好的体验，与此相对应，品牌竞争也从产品、服务层面转移到体验层面[19]。在这种情况下，使用户获得美好的虚拟社区体验，并与之建立长期的信任关系将是网络经济中企业塑造品牌时所要解决的关键问题。

大连接通过增强网络的资源价值和释放商品的体验功能，改变了传统的商业模式，也改变了品牌的内涵。海尔通过连接数亿名用户和资源相关方，构建了不只有简单的物理连接，而是有持续价值交互的庞大虚拟网络社群和商业生态系统，实现了“电器—网器—社群生态”的迭代升级，这同时也是海尔黑海战略所指引的从家电制造企业向物联网生态企业升级的路径（如图 5-4 所示）。在这种引领性社群化商业模式的影响下，海尔的品牌内涵已经由传统的电器品牌，升级迭代为物联网时代引领的生态品牌。

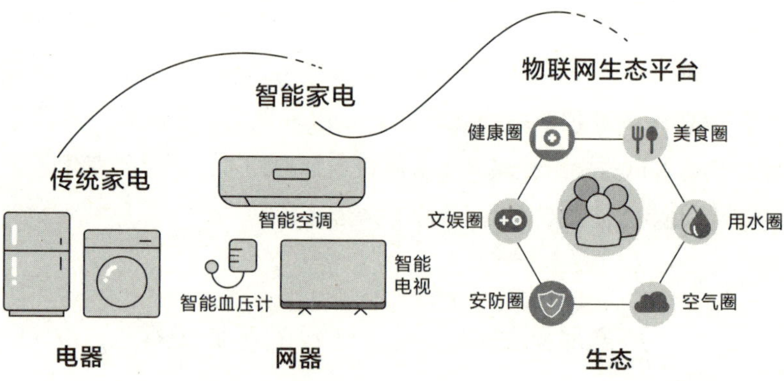

图 5-4 从传统家电企业到物联网生态企业的升级路径

资料来源：海尔模式研究院（2019）。

2018 年 5 月，在第二届世界智能大会上，张瑞敏正式提出以人单合一模式创物联网生态品牌。张瑞敏认为，不同时代具有不同的资源连接能力和商业模式，品牌迭代的历史规律是，从“产品品牌”（传统企业）到“平台品牌”（电商企业），再到“生态品牌”（物联网生态企业）。在传统产品经济时代，工业技术没有实现人与物的连接，产品是一个个信息孤岛，传统商业模式通过企业与消费者直接对接的产品交易方式实现，这时候的企业围绕产品的质量和功效来打造产品品牌，由此打造出阿迪达斯、耐克与可口可乐等品牌。在服务经济时代，互联网技术实现了人与机器、人与人之间的连接，出现连接企业与消费者的第三方交易平台，线上平台交易成为互联网商业模式下的普遍形式，此时以电商为代表的平台品牌得以崛起，如京东和淘宝等。但电商平台仅仅是提供了交易的便利，由于缺乏触点网络和用户体验，企业与消费者之间依然没有交互，传统经济时代的企业、产品和消费者仅仅通过互联网实现了物理层面的连接，而没有真正扩展为具有情感体验特性和自我繁殖能力的生态网络。

物联网时代的大连接则使人类真正进入体验经济时代，万物互联让消费者可以实时在线、移动交互和自由聚散，打破了商业参与的血缘限制、时空限制和身份限制，大大降低了商业参与的经济门槛与社会成本。对企业品牌而言，物联网催生了“基于某个品牌的消费者之间的社会关系和社会关联的、不受地理范围限制的网上社区”[20]。一方面，这种网上社区的出现改变了消费者的角色，使传统的消费者可以参与商品生产、设计、营销与消费的全流程而成为产消者；与此同时，原本作为企业交易对象的顾客也转变为可以通过产品体验与企业进行交互的用户。另一方面，物联网技术与网上社区改变了企业的商业模式，企业开始注重从品牌设计、包装、沟通等诸多要素入手为消费者创造品牌体验，[21]竞相通过建立虚拟品牌社区来加强企业与消费者，以及消费者之间的联系，围绕创造良好的用户体验这一目标，寻求利益相关方协同行动、共享共赢。与此相对应，用户体验赋予商品以灵魂，有灵魂的商品更具有吸引力和资源连接能力，围绕用户体验的迭代升级和触点网络的扩展开放，生态品牌的资源聚合能力和吸引力也在不断提升。

产品品牌强调为顾客提供高质量的产品，平台品牌强调为顾客提供高质量的服务，生态品牌则强调为用户提供高质量、有温度、能交互的体验。与产品品牌与平台品牌相比，生态品牌代表着物联网时代品牌发展演化的基本方向。

社群主义思潮代表人物阿拉斯戴尔·麦金太尔（Alasdair MacIntyre）将人可能从实践中（包含生产与消费活动）获得的利益区分为外在利益与内在利益。[22]外在利益是与参与者的内心无涉而仅依存环境或机遇存在的外在的、偶然的利益。外在利益有多种实现途径并且具有排他性与占有性，即从特定实践中获得的外在利益总量是一定的，一人获得某种外在利益则会减少他人获取此种利益的可能性。实践的内在利益是内在于行为过程本身的，参与者自我感知、自我驱动、自在自为的收获。内在利益是参与者从实践中获得的精神的、非功利性的审美体验、自适自足感及自我实现感等，此种利益不可能进行精确衡量而只能依托个体的感知和体验。与体验相比，产品和服务都是企业基于理性计算逻辑而使顾客获得的外在收益，而且这种外在收益具有排他性。平台品牌采取的电商模式虽然通过互联网实现了人与人之间的连接，但依然没有体验与交互，难以给顾客带来内在利益。零和博弈的结果是边际效益递减和利润的不断摊薄，因此企业同样难以获得持续的竞争力。

生态模式则是通过利益相关方的资源连接为用户提供体验，进而使人在消费实践中获得内在利益。生态品牌对于用户具有内在性的体验价值，在更加契合人性的哲学层面重新书写商品与人类的关系，是海尔“人的价值第一”的管理哲学在战略与品牌层面的一种延续。持续与用户进行有温度的价值交互，在交互中不断满足用户个性化、多样性和动态性的价值需求，品牌就不仅仅是获取一次性销售产品获得的价格与成本差，而且通过连接利益相关方，围绕用户体验的持续迭代共同进行价值创造，实现循环往复、永无止境的生态收入。生态收入具有边际成本递减、边际效益递增的特征，用户获得不断迭代的最佳体验的同时，还能够使生态圈的各利益相关方共享共赢，因而具有更强大、更持续的动态竞争能力。

总之，在物联网时代，参与移动社群成为人们普遍的生活方式。物联网技术改变了以产品交换与电商平台为主的传统交易方式，通过社群体验使“无名的顾客”与“冷漠的交易”迭代为“实名的用户”与“温情的交互”，交互产生品牌黏性和生态系统，黑海战略正在指引海尔往创建物联网时代的生态品牌而努力。

诚信生态圈：生态品牌的核心竞争力

那么，如何创建生态品牌？生态品牌的核心竞争力又是什么？对此问题，我们首先需要梳理物联网连接（生态品牌形成的技术条件与商业模式）、用户体验（生态品牌形成的社会基础与内容焦点）与生态品牌形成之间的逻辑关系。

第一，资源的连接与整合能力是用户交互的技术前提与生态品牌形成的物质条件。在物联网时代，连接比拥有重要。在这种情况下，“专用性资产可以为产权主体带来超额利润、科层制组织的集权管理可以降低交易成本”的传统经济学原理遇到了挑战。物联网、大数据与社交媒体的涌现，使包括冗余资源在内的各种社会资源可以实时并联和自由聚散，企业与企业之间、企业与终端用户之间的交易成本远远低于企业内部管理成本，基于线性思维的科层制管控正在逐步让位于开放式合作。降低交易成本与满足个性化需求的双重压力，使得传统的扩大组织边界的纵向一体化与垂直整合战略，逐步被无边界、自组织的网络化、社群化战略所取代。没有资源连接就没有持续交互的用户体验，没有持续交互的用户体验就没有生态品牌。因而，从内向外，从线性的管制思维转向非线性的生态思维，实现资源的连接与整合，是创建生态品牌的第一步骤。

第二，社群体验与品牌黏性是用户交互的内容基础和创建生态品牌的关键环节。连接仅仅提供了用户交互的技术条件，但能否在虚拟品牌社区上为用户提供美好的信息体验、娱乐体验和互动体验，才是创建生态品牌的关键。在大连接的体验经济时代，随着物质条件日渐丰裕和多样化个性需求的释放，日趋缺乏差异化的产品和服务难以持续为品牌增加价值。用户在品牌选择活动中关注的焦点（同时也是品牌黏性的来源）已经从产品、服务的质量、价格转变为能否获得持续迭代的最佳消费体验。为消费者提供互动体验的虚拟品牌社区对消费者的品牌态度产生着越来越大的影响。[23] 相应地，企业品牌的竞争也从产品、服务层面转移到体验层面。通过资源连接，建立品牌社群来为终端用户创造更加人性化的内在体验，成为物联网时代品牌增值的最大机会，同时也是创建生态品牌的关键环节。

第三，促使个性化体验持续迭代升级的诚信生态圈，是用户交互的组织保障和建设生态品牌的社会基础。为创造满足用户个性化需求的最佳体验，单靠某一家企业或某一个品牌难以实现，这就要求企业将连接起来的各方资源在品牌社群中协同起来一致行动、优势互补，如海尔的智能互联工厂卡奥斯。海尔的卡奥斯工业互联网平台是全球首个具备自主知识产权和唯一一个以用户为中心实现用户全流程价值交互的多边平台，是物联网时代为企业转型提供智能制造整体解决方案的共创共赢的生态系统。为实现大规模个性化定制，截至 2021 年 6 月，卡奥斯工业互联网平台聚集了上亿份用户资源，同时包含软件、硬件、服务与业务在内，覆盖了家电、船舶、电子、家居、建筑、运输、化工等 29 个行业大类（根据国民经济行业分类统计），连接 70 多万家企业，服务 6.7 万多家企业，通过实现横向、纵向和端到端集成，创建了开放、共创、共赢的产业新生态。卡奥斯工业互联网平台的品牌价值来自各利益相关方的积极参与，企业只有与其拥有的员工、用户、供应商以及其他网络合作伙伴进行集成互动，打造成一个共享的诚信生态圈，才能为用户提供持续升级迭代的体验。

诚信生态圈是生态品牌的核心竞争力。生态圈的品牌价值可以通过两个网络法则来说明。其一是梅特卡夫定律，即网络的价值随着用户数量的平方数的增加而增加，生态圈连接的资源越多，越具有提供最佳用户体验的潜在价值。其二是保罗·麦卡锡（Paul McCarthy）提出的网络引力法则。在《引力》(*Online Gravity*) 一书中，麦卡锡认为互联网商业领域遵循宇宙的引力法则：一个星球的质量越大，它的引力就越强。围绕巨无霸星球会形成星际生态，强大的磁场帮它吸引越来越多的资源和拥趸，形成越发紧密和稳定的系统。生态品牌就是打破企业边界，聚集和整合各利益相关方资源，始终与用户同频共振，围绕用户体验的动态变化，不断迭代升级自己的产品和服务，最终形成一个具有巨大品牌吸引力的星际生态。

信任对于创建生态品牌具有特殊的重要性。大连接技术与社群化商业模式都易于复制，而品牌与用户、品牌与利益相关者之间的信任则难以复制。如果说连接能力让利益相关方实现了资源整合，那么信任则让利益相关方实现了资源协同。没有信任，则生态圈内的各种资源就无法协同行动，而没有协同行动，品牌则不能创造用户最佳体验，也就没有生态品牌。

从方法论层面来看，创建生态品牌有两个关键点：一是个性化需求迭代的后台支持能力，二是有温度、可交互迭代的触点网络能力。前者逆向还原，通过并联组织的驱动机制，倒逼生态圈进行动态优化，进而实现用户体验的迭代升级，这是品牌实现升值的真正吸引力；后者以点带面，使企业由封闭节点转向开放社群，不做中间渠道，而是打造交互平台，使商品由器物层面的单品转变为形成整套解决方案的触点网络。智能制造和大数据技术无论如何发达，也解决不了人类的情感问题，缺乏有温度、可交互的触点网络，就没有品牌黏性和生态品牌。需明确的是，前端网络能力与后台支持能力，触点网络与品牌引力，都需要建立在信任的基础之上。生态圈上的用户与各利益主体大都通过线上社群进行半熟社交，同时存在基于利益计算的共享共赢，以及基于兴趣与情感的分享和体验，他们正是通过制度性信任与人际性信任实现了两者的耦合。企业唯有建设诚信生态圈，方能获得边际效益递增的生态收入，塑造具有用户最佳体验的生态品牌。

建设诚信生态圈和获得生态收入，实质是以网络、合作的生态思维取代线性、竞争的管控思维，最终将企业打造为一个生态型组织，这方面海尔更加典型的案例是衣联生态。在洗衣领域，海尔意识到用户并不是需要一台洗衣机，而是需要干净的衣物。围绕衣物，海尔基于物联网技术搭建了衣联网生态，涵盖家庭洗护和共享洗护领域，从传统单一的洗衣机产品迭代为衣联生态。

在家庭洗护领域，海尔洗衣机基于物联网射频识别（Radio Frequency Identification, 简称 RFID）芯片技术，以衣服为媒介，将服装品牌、服装协会、洗涤剂品牌等资源方并联，各资源方围绕用户的衣物需求协同合作，满足用户洗衣、购衣、穿搭、护衣、换新衣等全流程、全周期的需求，从而形成了一个全流程、全周期的衣联生态圈。生态合作方将通过衣联云平台即时获取用户使用海尔洗衣机、衣物护理柜等智慧家电所产生的洗护体验数据，进而基于用户需求进行服装、洗护等产品的迭代，满足用户动态的需求，并为用户迭代解决方案。正是因为这种共创共享的开放式生态模式，海尔基于衣联生态建立的衣联生态联盟的成员从 2017 年的 8 家增加到 2019 年的 1200 多家，服装企业、家纺企业、洗涤剂企业、官方组织等相关资源方纷纷主动加入。

在共享洗衣领域，海尔衣联网探索了社区洗模式，依托联网的共享洗衣终端，搭建共享洗衣平台，并联各方资源，建立了全新洗衣社群生态圈。2015 年 10 月，海尔开始在北京首都师范大学进行共享洗衣模式的探索，并逐渐从“校园洗”扩展为“社区洗”。海尔社区洗是全球首个智能物联网共享洗衣的洗护平台，首创“无线洗衣共享”模式，将窄带物联网（Narrow Band Internet of Things，简称 NB-IoT）技术在校园及其他公共服务空间移动场景进行首次商用。用户可通过海尔 App、支付宝、微信服务号远程下单，随时预约，也可以了解洗衣终端设备的使用情况，操作全程可视。海尔社区洗通过共享洗衣服务，搭建海狸小管家平台，不仅成为大学生用户享受洗衣服务的平台，同时通过快速聚集大学生用户，又演变成大学生的创业实践平台，成为涵盖支付、公共设施、就业培训等多方面校园综合服务的平台。创业大学生不但是海尔校园智能生态圈的用户，也是参与者和创客。通过衣联生态的搭建，海尔洗衣机在硬件产品以外，还将通过平台费、整套服务解决方案以及数据解决方案等实现生态收入。[24]

从生态品牌形成的技术与社会条件，以及它与产品品牌、平台品牌的横向比较来看，生态品牌的科学内涵可以被界定为：生态品牌是企业在物联网时代创建的一种新型品牌形态，是企业围绕用户体验迭代，通过网络连接能力打造诚信生态圈，实现利益相关方共享共赢的生态收入和社会价值，进而在消费者心智中形成具有强大引力的星际生态的一套企业识别系统。其中，连接、体验与诚信是生态品牌形成的三个基本要素，生态圈、生态收入与生态品牌是其自演化的逻辑体系，诚信生态圈是生态品牌的核心竞争力，社会价值最大化的星际生态是生态品牌的市场定位。

社会价值最大化：生态品牌的价值哲学

从上文分析来看，生态品牌的逻辑起点是用户体验，而用户体验既是商品的灵魂，也是人类在消费实践中获得的内在收益。因此，生态品牌蕴含着品牌与人类的新型关系——“品牌即人，人即品牌”，这是张瑞敏“企业即人，人即企业”经营哲学的自然延伸和新发展。生态品牌的价值哲学是人的价值第一，资本与企业服务于人的需要。在这里，品牌的价值不再是通过数字来衡量的货币资本，而是企业服务于人性需要与人类社会的能力大小，如资源连接的生态价值、用户体验迭代升级的消费满意度增值、共创共赢的社会增值等，都是指向人类总体的价值和利益。在企业品牌面前，人们不再是作为消极存在的消费者而被促销的对象和盈利工具，而是企业品牌建设的参与者、评判者和主导者。

生态品牌的提出，是人类与企业的关系从工具理性走向目的理性的一个华丽转变，在经济组织中进一步从商业模式与品牌定位层面确立了人是目的、人的价值第一的原则。自工业革命以来，人类经济系统运行的基本准则便是工具理性，也即技术理性。美国组织理论领域的著名学者詹姆斯·汤普森（James Thompson）指出："技术理性有两个衡量标准——工具的和经济的。工具性问题的实质是设定的行为是否在事实上产生了所欲求的结果……经济性问题的实质在于结果是否是在资源的必要耗费最少的基础上取得的。"[25]这种理性观在处理人与组织的关系时，将人视为一种实现组织目的的工具性存在物，现代组织成为纯粹逐利的场所，"人与物之间的关系高于人与人之间的关系"。[26]对物的过度依赖使得人的力量和价值被物所吞噬，温暖的情感被冰冷的理性所遮蔽，管理中的人受制于物并在工具理性逻辑中丧失其本质，成为马克斯·韦伯所说的没有灵魂、没有心灵的专业人士。

近代以来的数百年间，尽管在公共领域保障公民自由权利的民主政体已经成为世界主要国家政权的基本组织形式，但专制、独裁与压迫一直未曾远离企业管理领域。生态品牌将人的情感与审美志趣的感性化体验（用户）和人的价值的自我实现（员工），以及社会价值的普遍增加（利益相关者）纳入企业经营和组织运行的核心逻辑，重新界定了人类与企业的关系，并在此过程中改变了企业品牌的物化形象。人类天然具有为非人类的事物赋予人类特质的倾向。当企业通过体验与交互赋予品牌以人类的某些特质，比如社交能力、想象力或美好回忆，以满足消费者与生俱来的拟人性时，消费者便会以看待人的方式来看待品牌。这便是品牌的拟人化，即将人的自然属性（如形象）、精神属性（如情感、思维、意志）及社会属性（交流、互动）等赋予品牌，以使该品牌被看作活生生的有感觉的人。[27]海尔创建物联网时代引领的生态品牌的尝试，以及“品牌即人，人即品牌”的经营哲学的提出，是企业品牌拟人化的重大发展，同时也是企业回归价值理性，从创造利润（资本立场）转变为创造价值（社会立场），更好地服务于人类需要的巨大进步。事实上，它建构了一种具有后现代主义倾向的新型管理哲学，尝试在企业的经济系统之外，创建基于情感与价值的“自由—自治”系统，以确保人性在商业活动与企业经营领域得以完全展现，最终让管理服务于人类自由和幸福的生活。[28]此外，海尔创建的物联网时代的商业模式与生态品牌，同时也是新时代满足人们日益增长的美好生活需要在企业组织领域中的落地方案，是企业家以高度的社会责任感对时代旋律的积极响应。

生态品牌蕴含着企业与社会的新型关系，即从股东价值最大化转向社会价值最大化。张瑞敏提出，生态品牌的标准就是以用户最佳体验为标准下的迭代、升级、增值。按照这个标准，平台首先要为用户提供最佳体验，不断进行用户交互与迭代、升级，进而成为生态系统，最终实现生态圈内利益相关方的增值。海尔明确将生态品牌的落脚点和价值目的界定为，以用户体验为触点网络的生态系统中各相关方的共同增值。这是对西方主流公司治理准则具有重大冲击性的理论突破。

美国公司治理的逻辑起点是股东价值最大化，投资回报率和市值往往被视为企业经营好坏的风向标。但这种治理模式实现的仅仅是资本方的价值，它根源于西方市场经济运转的“经济人”假设，以股东价值最大化作为标准，将股东与高管团队之间的关系理解为委托代理关系，并以竞争思维来处理企业与其他市场主体之间的关系，以资本计算来衡量其品牌价值。在马克斯·韦伯那里，资本主义奠基于对经济（资本）的最适值计算，资本主义经济行动是“以利用交易机会取得预期利润为基础的行动”。韦伯对这种“合理化程度很高的资本主义计算”推崇备至，认为它是资本主义体系得以建立的关键性要素。[29]海尔的生态品牌理论与创客所有制理论一样，根源于中国性善论的文化传统，以“上善若水，水利万物而不争”的道家整体观和系统论来界定企业与社会的关系。在这里，企业突破了零和博弈的竞争思维，企业品牌也不再是服务于资本方而压抑员工和消耗社会隐性成本的庞大机器的象征，而是一种以人为目的并且服务于社会长远福祉和整体利益的温情的存在。

生态品牌的价值测算应该是在社会价值最大化的原则之下建立价值模式。目前主流品牌的价值测算是由平均经济利润、品牌作用力与品牌乘数三者乘积来决定的。由于生态品牌是一个全新的概念，若想合理测算其品牌价值，需要对其概念进行清晰界定，并对其标准进行分类分级。从上文分析来看，生态品牌的分类标准应该从资源连接能力、用户体验迭代能力和生态诚信程度三个维度分级制定。生态品牌的价值测算应该在目前主流的品牌价值测算方法的基础之上增加用户乘数（社会价值之用户价值）、生态收益（社会价值之利益相关方价值）和品牌生态引力（社会价值之生态系统价值）。其中，用户乘数用于衡量用户价值迭代增长的程度，是对社会价值中用户价值的测算；生态收益衡量的是利益相关方的共享增值能力，是对社会价值中的利益相关方价值的测算；品牌生态引力衡量的是品牌连接的生态资源的潜在价值，是对社会价值中的生态系统价值的测算。生态品牌的这种价值测算方式，更能说明物联网时代企业品牌运营的能力，也更能反映企业与社会之间的真实关系。

三生体系与同心圆模型，黑海战略的实施路径

黑海战略实施的“三生”体系

海尔通过自我进化的“三生”体系形成了清晰的黑海战略实施体系（如表 5-2 所示）。“三生”体系包括三个层面的内容：生态圈、生态收入和生态品牌。其中生态圈是“三生”体系的基础条件，也是黑海战略实施的必要条件；生态收入是“三生”体系的驱动机制，也是黑海战略实施的充分条件；生态品牌是“三生”体系的方向定位，也是黑海战略实施的追求目标。

表 5-2 黑海战略实施的“三生”体系

黑海战略体系	生态圈	生态收入	生态品牌
战略实施作用	必要条件	充分条件	追求目标
战略实施关键	传感与共创	收入的转化	品牌的进化

续表

黑海战略体系	生态圈	生态收入	生态品牌
战略实施措施	以触点网络传感用户需求并共创用户体验迭代的生态圈	以产品为载体将硬件收入转化为生态收入，不仅可持续，并且可以创造新的体验增值	创造以生态价值为基础并且可进化的生态品牌

资料来源：作者绘制。

首先，是通过触点网络构建“生态圈”。传统企业与电商实质上都是交易平台，电商平台仅仅是提供了便利的交易场域，由于缺乏触点网络和个性化的用户体验，企业与顾客之间依然没有交互。海尔则将冰箱、洗衣机、快递柜、净水机等硬件视为触点，通过它连接用户和资源相关方，从而组建各方交互的生态社群，此即“生态圈”。为创造满足用户个性化需求的最佳体验，单靠某一家企业或某一个品牌难以实现，这就要求企业将连接起来的各方资源在品牌社群中协同起来一致行动、优势互补。

2020 年 7 月 22 日，海尔食联网第一届厨房焕新行动在重庆海尔食联网 001 号店发布。在现场，海尔食联网联合居然之家、驰田装饰、飞宇等家装、家居、橱柜等多领域的头部企业和资深设计师成立厨房焕新联盟，带来拆、送、装一站式厨改方案和“3 天焕新厨房行动”，包括免费上门设计、安全测电、安装调试、卫生清理、后期回访等一站式的专业服务，为用户提供一站式的精致厨房生活。在施工过程中，用户还可以在海尔智家 App 上全程监工，保证改造过程透明又靠谱。除了厨房焕新，海尔食联网还能从饭前买菜、清洗、烹饪，到饭后碗筷消毒、垃圾处理等，为用户提供一整套美食生态解决方案，带给用户真正想要的智慧厨房场景。这得益于海尔食联网整合全球美食烹饪生态资源，搭建起智慧厨房生态平台，覆盖家装、食品、健康、物流、娱乐等 12 大类、近千家生态方，能够以最快的速度、最优的体验为用户提供厨房改造及厨房场景定制服务。

其次，是通过生态收入创造更多体验价值。海尔的生态收入是指以产品为载体而获得的服务收入。社群经济是指平台上的各资源相关方围绕用户个性化体验共同创造价值，因而增值收入应该由各方共同分享。在传统的电器阶段，海尔通过并联平台和产品的口碑效应增加顾客规模来追求产品收益率，此为传统的硬件收入。当在社群中产生交互用户之后，企业就由传统的电器阶段升级为网器阶段，通过共创平台、用户参与设计和利益相关方共创来追求用户交互收益率。当产生终身用户时，企业就升级为社群生态阶段，通过构建物联网社群平台融合创新来追求生态收益率，这一阶段就产生了生态收入和生态各方的增值分享。

基于共创共赢的生态模式，海尔衣联网旗下小微海尔云裳物联与意大利专业级皮具护理品牌 UNITERS 于 2018 年达成战略合作。围绕用户的衣物洗护体验，海尔云裳物联不断引入洗染、设备等生态资源方，打造洗护品牌“洗衣先生”，为用户提供衣物洗涤、护理、服装定制、洗化生态产品一站式购买的体验服务。围绕皮具奢侈品的护理，海尔云裳物联联合 UNITERS，为用户提供皮具护理服务以及皮具奢侈品护理产品销售，同时与 UNITERS 围绕中国用户的皮具护理需求，联合共创 UNITERS 实验室，承接 99% 以上的皮具护理难题，由此打破 UNITERS 在中国市场上的空白，帮助 UNITERS 将年销售额提升 1000 万元。同时针对行业门店洗护体验的升级，海尔衣联网引入西班牙干洗机设备资源方尤萨，并联合共创小型干洗机设计研发，通过洗衣先生的触点布局到服装、家纺、洗染行业门店，一方面使得触点门店的流量增加了 20%，另一方面也为尤萨带来了超额收益。

最后，是创建互惠互生的物联网生态品牌。产品经济时代与服务经济时代的品牌经营都是以企业为中心的零和博弈，分别形成产品品牌与平台品牌，海尔则通过共同进化和互惠互生打造更具资源黏性和情感温度的生态品牌。产品品牌强调为顾客提供高质量的产品，平台品牌强调为顾客提供高质量的服务，生态品牌则强调为用户提供高质量、有温度、能交互的体验。生态品牌使企业实现快速换道，在与利益相关方互惠共赢过程中实现自身的升级重生，开启企业增长的第二曲线，实现高速增长和可持续发展。

海尔生物年报显示，其在生物样本库、疫苗安全、血液安全、药品及试剂安全四大应用场景全面快速增长，2020 年共实现营业额 14.02 亿元，同比增长 38.47%。公司盈利能力持续提升，归母净利润达 3.81 亿元，同比增长 109.24%。营运能力稳健，经营活动净现金流达 6.97 亿元，同比增长 148.36%。尤其值得注意的是，海尔生物从产品到场景物联网生态转型效果十分显著。海尔生物进行生态转型后，物联网解决方案业务快速发展，实现生态收入 2.805 亿元，同比增长 90.61%，在总收入中的占比达 20.01%，释放出强烈的增长动能。海尔生物通过坚持科技生态战略实现数字化重生，突破行业边界，颠覆传统医疗行业模式，以场景替代产品，以生态“复盖”行业，创建与各利益相关方共享共赢的诚信生态系统，已然探索出全新的生态模式。

从生态圈到生态收入，再到生态品牌，是一个螺旋式上升和自我演进的过程（如图 5-5 所示）。由“三生”体系驱动的黑海战略，“让企业成为生态组织，成为创造不断迭代的用户体验的生态系统”。海尔经由网络化战略向生态品牌战略的迭代，已经在探索物联网商业的新战略范式方面走在了世界前列。

“三生”体系的打造必须以生态圈的形成和不断扩大为基础，海尔“三生”体系生态圈又包括由大共享平台、小管家平台、海创汇平台等组成的基础赋能生态圈，由众多节点小微、小微和链群组成的创新创业生态圈，以及由大顺逛、日日顺等组成的用户交互生态圈。基础赋能生态圈的主要功能是为创新创业生态圈提供基础的技术和服务支持，创新创业生态圈的主要功能是创新产品和服务以满足用户需求，而用户交互生态圈的主要功能是通过与用户不断交互获得用户即时需求信息，并将需求信息传递给创新创业生态圈和基础赋能生态圈。

和生态圈类似，“三生”体系中的生态收入也是自演进的。生态收入的基础是产品收入，高质量的产品收入表现为较高的产品收益率。要取得生态收入，企业仅凭产品收入是不够的，需要通过和用户的不断交互来获得用户交互收入，进而提高用户交互收益率。而真正的生态收入体现为高生态收益率，也就是说，企业不仅要提

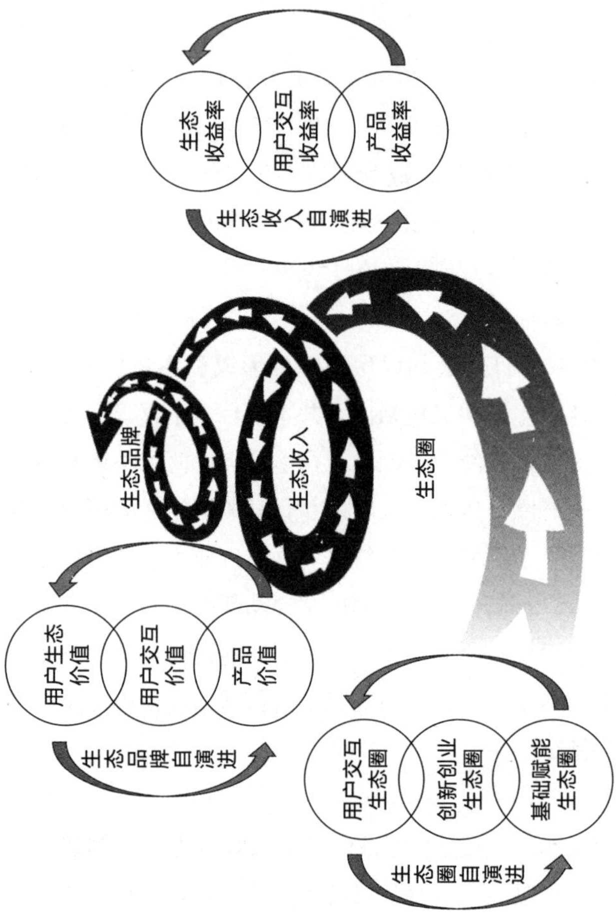

图 5-5 海尔“三生”体系战略的自演进

资料来源：胡国栋、路江涌编著《海尔模式手册：方法篇》。

高生态收入的绝对额，也要提高生态收入和产品收入的相对额，还要提高生态收益率。所以，“三生”体系中生态收入的取得也是从产品收益率到用户交互收益率，再到生态收益率的自演进过程。

“三生”体系的最终目标是打造生态品牌，和生态品牌对应的是产品品牌，产品品牌体现了较高的产品价值。然而，在物联网时代企业仅仅有产品品牌和产品价值是不够的，品牌价值的实现和提升需要在与用户交互的过程中完成，因此用户交互价值成为生态品牌的重要组成部分。完成了从产品品牌和产品价值到用户交互品牌和用户交互价值的转化之后，企业仍然没有完成生态品牌打造的全过程，生态品牌的形成最终体现为用户生态价值。也就是说，企业要基于高质量的产品品牌和高黏性的用户交互品牌，形成高吸引力的用户生态品牌，吸引生态利益相关方加入，共同为用户提供更高质量的产品和更好的服务与交互体验，最终实现生态品牌的正循环和自演进。

黑海战略实施的同心圆模型

无论海尔的战略如何迭代，始终不变的是其为用户创造价值的战略方向，黑海战略亦是如此。海尔坚守“人的价值最大化”的企业宗旨，围绕为用户创造价值的战略方向，自以为非、涅槃重生的海尔人以人单合一模式持续进行战略创业。经过多次自组织、自演进过程，目前海尔形成了非线性、自驱动的战略实施方法，即以用户为核心，创客、小微、链群和平台 4 个圈层互相支持、协同交互，共同进行战略创业的同心圆模型（如图 5-6 所示）。

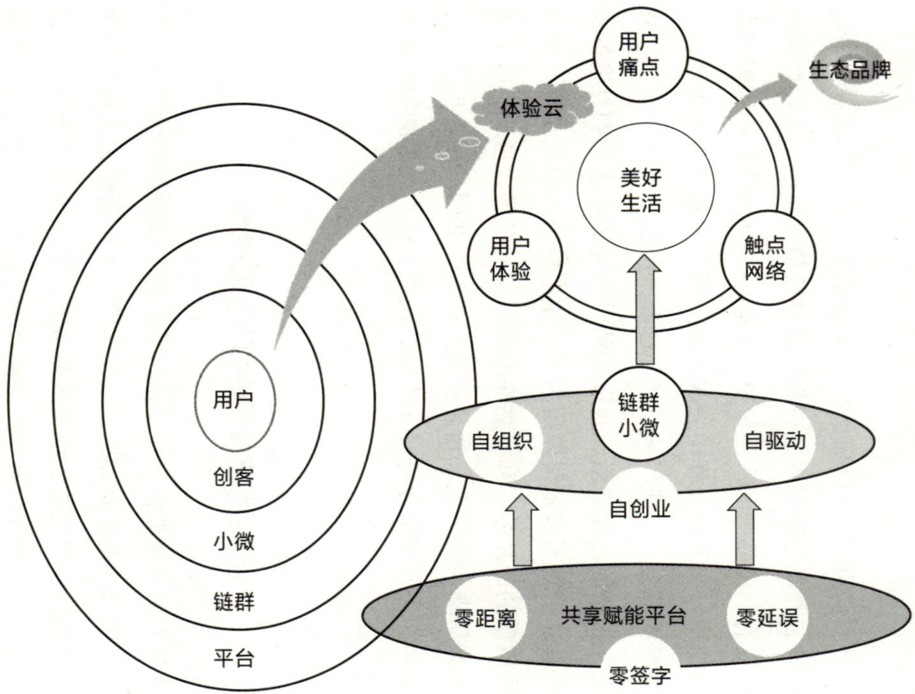

图 5-6 黑海战略实施的同心圆模型

资料来源：作者绘制。

用户是黑海战略的核心。用户痛点即小微要解决的难题，持续满足用户需求，为用户创造最佳体验和终身用户价值是海尔战略创业的源动力。前文指出，海尔黑海战略的理论基础和逻辑起点是用户乘数。用户乘数的核心思想是让用户始终在线，与用户保持实时交互状态，动态迭代用户最佳体验。除了战略之外，海尔的愿景和使命也不断迭代，从定位于电器制造商到网器服务商，再到目前致力于打造用户最佳体验，为用户定制个性化美好生活的物联网生态企业，海尔一以贯之的是，将能否创造用户价值作为判断链群战略落地成效的基本依据。

黑海战略创业的主体是自主人创客。在企业治理的各种利益主体中，员工是最宝贵的资源。海尔奉行“人的价值最大化”原则和“员工第一”的价值理念，以人本主义取代资本主义。海尔颠覆西方“股东价值最大化”的治理原则，认为股东只能分享利益，而不能创造价值。只有员工能够创造出用户价值，进而实现股东价值，因而，股东价值只是一个结果。海尔同时颠覆西方“经济人”假设和“社会人”假设，认为人是追求自我实现的“自主人”。在企业中，与用户距离最近的也是员工，但作为执行者的员工无法实现用户零距离和体验零延误，人单合一模式就是将员工从执行者变为自主人创客，进而实现创客价值和用户价值的融合。因而，以用户为核心的黑海战略实施的必然要求是，自主人创客成为海尔战略创业的主体。

小微是组织之中围绕用户体验进行战略创业的基本单元。自主人创客作为个体，满足用户个性化需求的能力有限，必须在小微中依靠“目团机”[1]的保障，员工通过事前竞单上岗、事中按单聚散、事后用户付薪，实现自创业、自组织和自驱动。因而，小微是海尔围绕用户体验进行战略创业，全流程创造终身用户价值的基本单元，同时也是海尔非线性组织体系中进行创新创业的核心力量。小微战略实施的基本路径是先做样板，然后进行样板复制，海尔每周三举行的样板小微示范互动会是重要的推进工具。小微战略创业的显示工具是企业二元表，追求“三高”——高增长、高份额、高价值，“三生”——生态圈、生态收入、生态品牌的双重目标，最终打造财务价值与生态价值兼具的二元企业。

链群是小微并联、协同创业和引爆用户体验的基本单元。链群是以创造终身用户为目标、以实现用户体验迭代为路径、以用户体验场景为纽带、以“三零”——与用户零距离、流程零签字、体验零延误为努力目标的非线性组织体系。链群的出现是为提升各自独立的小微的联合作战能力，围绕创造用户最佳体验这一目标，各小微需要受到共同目标和用户付薪机制的驱动，以建立无缝对接和互动协同的组织优势。小微是链群的基本单元，彼此是独立的非线性并联的关系，一旦触点网络、社群感知到用户的需求，小微将以满足用户需求为共同目标形成链群。前文以星厨链群为例，说明了链群的产生过程及其组织体系。

链群和小微不是包含与被包含的关系，而是两种不同的组织。

---

① 首先，确定目标；其次，围绕目标组建团队；最后，为保证团队顺利运转建立一套机制。这一连串动作在海尔简称“目团机”。——编者注

小微是全流程创造价值的基本单元，链群是引爆用户体验的基本单元。链群是有增值的协同创业体系，由链群主决定增值分享机制。小微作为链群的中枢神经系统，是支持链群创最佳用户体验的自创业、自组织、自驱动的“三自”创业单元。小微与链群共享同一目标，通过增值实现用户付薪。链群以增值分享为驱动，动态吸引更多的节点小微抢入；链群以生态收入、生态品牌为验证，生态收入倍速增长的检验依据是其在总收入中的占比，目标是超过传统收入。获取生态收入是企业创造生态品牌的基础，而创造生态品牌又是体验迭代与创造终身用户的基础。

平台是为小微战略创业进行赋能增值的基础支撑。由大共享平台（包含财务共享平台、全球税务平台、内控内审平台、人力共享平台、商业法律平台、数据增值平台等）、采购平台、行业平台和小管家平台（包含城市社区快递柜小管家、农村水站小管家等庞大的触点网络）等构成的共享赋能平台是海尔战略创业的基础支撑。共享赋能平台为人单合一模式的实施提供了基于“三零”的非线性操作体系，为作为战略创业基本单元的小微赋能增值，这是海尔战略方法实施的底层保障。这些平台对应传统企业的职能部门，在颠覆了科层制的海尔集团，它们都成为对内打破筒仓围墙，对外连接生态资源，从资源共享、协同互动、流程服务等方面，支撑小微创业的赋能增值平台。如果把作为战略创业基本单元的小微比喻为茁壮成长的树苗，那么共享赋能平台则是为其提供阳光、土壤、养料和水分等基础资源的孵化器。

体验云，黑海战略的落地载体

黑海战略之所以能够成为难以模仿的生态体系，在于它能够将数据与体验相结合，创建可以动态捕捉用户需求的不断迭代的场景体验，这便是其他企业在数字化时代难以克隆的“体验云”。海尔通过人单合一模式，将决策权、用人权与分配权赋予每个创客，从而给予一线员工自主捕捉、开发、验证、优化用户动态体验的能力，这是海尔战略难以被模仿的必要条件。进而，海尔通过物联网技术将这种能力予以充分释放并提供数字化整合渠道，提供产品品牌、场景品牌和生态品牌自演进和新物种自涌现的数字化平台，此即海尔黑海战略落地的载体——体验云。

体验云的定位：生态企业新基建

2020 年 2 月 10 日，在海尔集团战略经营会上，张瑞敏首次提出“体验云”的概念。张瑞敏认为，云计算是互联网经济以来商业活动的基础架构，“云”可以分成三类，第一类是基础云，第二类是应用云，第三类是体验云。基础云是指阿里云、腾讯云、华为云等资源互通和数据共享的云计算基础平台，应用云是指医疗云、教育云、交通云等赋能行业进行数字化升级的应用平台。体验云即通过物联网“万物互联”的大连接而形成的深度挖掘用户体验，并围绕智慧体验场景不断提供迭代创新解决方案的数字化服务平台。

为落实集团战略，2020 年 5 月 28 日，海尔智家体验云生态科技有限公司（简称海尔智家体验云）成立。新型冠状病毒肺炎疫情防控期间，海尔智家体验云采取多种措施加速发展，一方面海尔智家 App 上线“体验云众播”活动，活动如火如荼地开展并取得良好成效，另一方面建设海尔智家 App 和加强各类体验场景建设，提供多样化的体验云进入端口。目前，海尔智家已经拥有包括海尔、卡萨帝、GEA、斐雪派克、卡迪集团、AQUA、统帅在内的全球化品牌矩阵，同时拥有集聚全球资源的卡奥斯工业互联网平台、遍布世界各地的触点网络、“10+N”的开放研发体系、“1+N”的服务体系、25 个工业园、122 个制造中心、108 个营销中心等。此外，海尔智家布局众多线下体验店：一是由遍布全国的海尔专卖店升级改造的海尔智家体验店，通过一站式服务来满足用户需求；二是加大场景布局投入，建设具备高度个性化定制功能，提供衣食住娱全场景解决方案的各种城市体验中心，即 001 号店。

“体验云”概念的提出是企业理解未来经济活动和商业世界的一个重大创新，触及了数字经济与物联网商业模式的核心，点明了数字经济的精髓（核心内容）和实施黑海战略的关键（载体工具）。要全面、准确把握“体验云”这一概念，我们需要理解 4 个关键词：云、体验、物联网与生态。

首先，在大数据时代，企业进行数字化管理和数字化转型（即“数字化重生”）是必选之路，对此大部分企业选择的路径是建立

“云”。但是何为“云”？一般认为，云是一种对大数据进行处理的分布式计算能力，表现为云计算与云应用，即张瑞敏所说的基础云与应用云，这两者已经为人所熟知。“体验云”的提出则发掘了基础云与应用云背后最核心和柔软的部分，或者说是其“灵魂”部分。海尔通过与用户的零距离交互，获得用户在一个个具体场景下的个性化需求和最佳体验，从而使得建构在体验云基础上的商业模式触及人们高度个性化的兴趣与情感，进而提供有温情的高质量服务和解决方案。与之相比，基础云与应用云则更多专注于数据的挖掘与使用层面，只有到了体验云的层面，云才能真正发挥其实现“人的价值第一”的巨大威力。数字是冰冷的，但数据挖掘出的体验充满温情。这也是物联网生态模式能够通过场景服务为人们创造美好生活的关键所在。

其次，体验云具有物联网属性。互联网无法使企业与用户进行深度交互，发掘用户的个性化需求，并将之落实为具体的场景服务，而物联网通过传感器和芯片等技术使之成为可能。物联网在“人”不在“物”，其核心装置是用户传感器，这也是体验云可以实现的支撑条件。

最后，体验云支持的是生态品牌，而其基础是生态系统。体验云导向的是个性化、多维度与无缝隙的体验场景，而场景的建立需要打破行业的边界壁垒，连接各类资源，形成生态圈，进而围绕场景提供整套解决方案，因而生态系统是体验云的基础，打造生态品牌则是体验云的目标。

总之，体验云是基础云、应用云以外，用以挖掘用户体验并围绕体验场景提供迭代解决方案的数字化服务平台；是以用户痛点为源动力、以触点网络为实施条件、以智慧场景为焦点、以美好生活为愿景的物联网生态企业新基建。

体验云的源动力：用户痛点

在海尔黑海战略实施的同心圆模型中，用户是始终不变的中心，为用户创造价值是海尔始终不易的战略方向。由于用户每天都是新的，用户体验每天都在变化，因而随着时代环境的不同，海尔创造用户价值的内容和方法一直处于变化和迭代之中。

黑海战略颠覆了经典战略理论的思维逻辑。无论采取成本领先战略还是差异化战略，传统企业都是基于自身的资源、能力与利益来做出决策的，而海尔的黑海战略将以企业自身为中心颠覆为以用户为中心。在海尔黑海战略的同心圆模型中，用户是始终不变的恒星，企业是围绕用户转的行星。张瑞敏指出：“宇宙里，所有的恒星、行星、卫星之中，只有恒星能发光。恒星是用户，永远跟着用户走，你就会沾用户的光。企业觉得自己厉害，让别人都围着自己转，那是不行的。千万不要把自己当成恒星，把自己当成恒星的企业必死。企业充其量只是一颗行星，可能有些供应商是你的卫星，但和你也是相互作用的，就像地球没有月亮，没有潮汐，也不行。”

互联网时代的电商模式，是近年来推动经济社会发展的一股重要力量，但它仅仅是在时空方面改变了交易的方式，没有改变交易的本质和战略的属性。电商模式下的顾客仍旧是作为数据流量的匿名者，企业只不过将交易从线下转到了线上。传统企业的境遇没有发生实质改变，只是原来被大连锁企业控制，现在被电商企业控制。“帝国思维”影响下的电商企业难以使利益相关方得利，部分电商企业为增加交易流量，任由假冒伪劣产品泛滥，冲击并摧毁市场经济最基本的契约精神。这是电商企业以自我为中心的极致表现。

黑海战略将交易的顾客变成交互的用户。小微需要对用户的个性化需求及其动态变化做出快速反应，从细微需求入手，在持续迭代中完善产品与服务，不断创造用户最佳体验。黑海战略的实施需要具备两个基本条件：一是对用户痛点的精准把握，二是围绕用户痛点来连接各类资源，构建能够实现用户体验迭代的生态圈。其中，用户痛点是体验云的源动力，没有对用户痛点的真实把握，海尔就不可能创造用户价值，黑海战略就会成为无源之水、无本之木。

日日顺健康服务小微基于对用户痛点的精准把握，提出了一体化服务的差异化解决方案。2018 年年初，继与特斯拉合作之后，日日顺健康服务小微又在新能源服务转型方面迈出一大步：有些新能源汽车的充电桩安装需要协调物业、电力等部门，合作方只关注安装，却不解决其他问题，导致充电桩安不上。能安装充电桩的用户的满意度也不高，因为现场操作乱，达不到 5S 管理标准。日日顺健康服务小微为用户提供的是买车之外的一切有关充电桩的服务。只要用户买了相应品牌的汽车，充电桩协调安装等都可以交给日日顺健康服务小微来解决。日日顺健康服务 App 上线后，并联日日顺乐家、日日顺健康水站等小微资源，为用户提供更多服务内容，将用户发展为自己的触点。[30]

此外，企业要满足用户痛点，需要建构生态圈。随着经济的发展、社会结构的变化，以及消费的不断升级，用户的需求不再是单纯的产品，产品仅仅是一个入口，用户真正需要的是产品背后的情感体验和整套解决方案。而任何一家企业都难以单独满足用户的这种体验，因此要联合各种利益相关者企业，组成一个创造用户最佳体验的生态系统。

只有生态系统才能产生新物种。海尔的血联网小微，由原来的血液柜硬件提供者，转变为全流程血液安全管理方案的提供者，建立基于物联网技术的、从采血端到输血端全流程的血液安全管理的生态平台。从 2018 年 3 月成立至今，血联网小微已经建立了由医院、医生、血站、政府、产业、资金等资源构成的结构性社群。医院接入 U-Blood 物联网血液安全管理方案，临床用血可以随用随取，血液库存量降低了 20%，血液还可以在医院之间调配、回收，血液报废率接近于零，几乎实现了零浪费。血联网小微采用 U-Blood 物联网血液安全管理方案，血液采集后进入搭载物联网芯片的转运箱，运输过程被实时监控，规避了不可控因素。血液到医院后保存在智能血液柜，在手术室需要某型血液时，智能血液柜会根据存储血液的信息主动推荐适配血液，大大缩短了临床用血时间，使之由原来的 20 分钟缩短至不到 1 分钟。2019 年 10 月，以血联网、疫苗网等为基础，海尔生物在上海证券交易所科创板成功上市，通过提供物联网生物科技综合解决方案，成长为物联网科技生态中的“新物种”。

体验云的实施条件：触点网络

黑海战略实施的一个关键条件是能够精准捕捉到用户痛点，这便需要建设触点网络，这也是体验云建设的实施条件。由于用户每天都有新的需求，用户痛点每天都在变化，小微如果捕捉不到这些动态多变的需求和痛点，就不能做到持续迭代用户最佳体验。基于此，海尔通过人工智能、芯片传感等物联网科技，将电器转变为网器，进而成为能够感知用户痛点的触点网络。

所谓触点网络，是指能够触及、感知和精准搜寻用户痛点的网络节点。与电商企业奉行“流量为王”不同，张瑞敏提出了“触点为王”的思想，即企业用温情交互拉近与用户的距离，感知用户的需求和痛点，提升用户的体验，才会得到真正的终身用户，进而在为用户创造价值的同时实现企业价值。

在与物联网之父凯文·阿什顿的交流中，张瑞敏指出，物联网最重要的是“用户传感器”而非“产品传感器”。企业与消费者之间不只有简单的物与物的交换，还有人与人的情感交流，承担起这种交互职责的就是“触点”。每个触点背后都是活生生的人，与用户的互动必须是有温度的交互。

2018 年，海尔冰箱在河南的市场份额比排在其后面的 4 个品牌的市场份额之和还要多。小微成员认为成功的关键在于他们准确理解并创新了触点：用户在哪里，能够交互到用户的人或者店才是触点。郑州冰箱小微曾面临一个现实问题，三四线市场的用户都在乡镇和村庄。为了连接起用户，他们建立了完善的网格体系。但网格建立起来之后，发展还是面临瓶颈。他们决定进村入户看看，发现现在的触点与用户还有距离，无法近距离与用户开展交互。为此，他们将渠道下沉，将触点伸入村中、伸入村民家中。[31] 企业只有近距离与用户交互，才能感知用户的需求和痛点。就这样，乡镇上的门店经营者不再“端坐店中等客来”，而是“走街串巷、进村入户”，给村民提供家电保养、冰箱除霜等免费服务，感知用户痛点和需求。企业与用户距离近了，就会增加用户对品牌的信任，市场份额也就自然水涨船高。

在发达的都市，海尔的直销员也走出门店，变为一个个触点，近距离与用户交互，感知用户需求和痛点。触点不能仅仅停留在网点，也不能仅仅停留在收集来的冷冰冰的大数据上，而应存在于人与人之间进行的有温度的交互之中。温情的触点，不仅能让品牌感知用户的需求和痛点，还能让品牌赢得用户的信任和青睐。海尔凭借着符合用户需求的产品服务方案，让上海某一小区超过 100 家用户到店里消费。海尔很早就开始布局在终端用户身边的触点网络，通过终端的小管家、驿站主、门店直销员、专卖店店主等，建设起了一个个有温度的触点网络。触点网络就是一个完善的交通网，将企业与用户连接在了一起。而触点，就是一个个“交通枢纽”，提供的是服务体验，创造的是用户价值而非产品。

体验云的焦点：智慧场景

通过触点网络捕捉和挖掘用户痛点和需求之后，企业需要围绕这些痛点和需求形成场景解决方案。体验云就是通过运用云计算对场景中的人物、时间、地点、环境、行为、结果等要素间的匹配度和变化规律进行测算并形成可定制的个性化解决方案，因而智慧场景就成为体验云建设的焦点。在物联网背景下，为通过体验云建设来落地黑海战略，海尔智家依托人工智能、物联网、大数据、云计算等数字化技术，以智慧场景为焦点打造了一体化的智慧家庭，创建了原创科技、智慧场景和开放创新体系相融合的体验云平台，并将之视为“家庭新基建”。海尔智家体验云基于物联网 + 人工智能开放平台赋能智慧家庭建设，围绕智慧场景解决方案实现不同产品的互联互通，建立分布式交互入口，实现人、机器与家庭的智慧交互和无缝连接，主动为用户提供一体化的定制服务。

体验云在技术层面与其他云平台并无根本区别，只不过它将云计算应用于企业对用户需求的洞察、挖掘及满足之中，将触点网络捕捉的用户痛点和体验数据上传到云端，通过大数据分析整合生态圈各资源方形成场景解决方案。它与其他云平台的区分在于技术运用背后的战略思想，即体验云是通过数字化技术使用户深度参与，并使企业、用户和生态方合作共创智慧场景体验的。2020 年以来，结合疫情防控需要，海尔智家通过两大举措建设体验云智慧场景，一是开启“体验云众播”功能，二是创建 001 号体验店等体验云入口。

2020 年 3 月 31 日，“体验云众播”在海尔智家 App 上线，海尔创客、用户与生态方围绕智慧卧室场景直播空调除菌、空气除菌、智慧除菌等场景体验方案。体验云众播的参与者不是明星和“网红”，而是有直接消费体验的用户、创客和生态合作伙伴，它与“网红”直播带货的最大不同是，不是靠价格低廉和产品本身吸引人，而是靠智慧场景和生态价值吸引人。在 2020 年 3 月底举办的体验云众播活动中，海尔智家围绕如何吃得更科学、穿得更个性、呼吸更健康等主题，在线与用户共同体验和共同分享，整个活动期间销售额达到 1.6 亿元，一个半小时的直播观看量突破千万人次。按照黑海战略指引和体验云落地要求，海尔衣联网（洗衣机）、食联网（冰箱）、血联网（储血冷柜）、水联网（净水器）、空气网（空调）等均突破产品思维，围绕用户场景需求，联合生态合作方共同提供全流程的智慧生活解决方案。如，海尔衣联网将原来的产品产业思维升级为场景生态思维，将卖洗衣机产品升级为为用户提供覆盖洗、护、存、搭、购的衣物全生命周期的成套智慧解决方案（如图 5-7 所示）。围绕衣物智慧场景，海尔将洗衣机厂升级为衣联网生态平台，真正实现了“产品被场景替代，行业被生态‘复盖’”的黑海战略愿景。

通过线上线下一体化的触点网络进行智慧场景建设是海尔智家体验云建设的关键。除上述体验云众播活动之外，海尔智家大力创建智慧场景体验店和海尔智家 App 等体验云入口，布局了三翼鸟场景品牌和 001 号体验店。

海尔智家 App 是首个涵盖场景体验、交互、迭代的体验云众

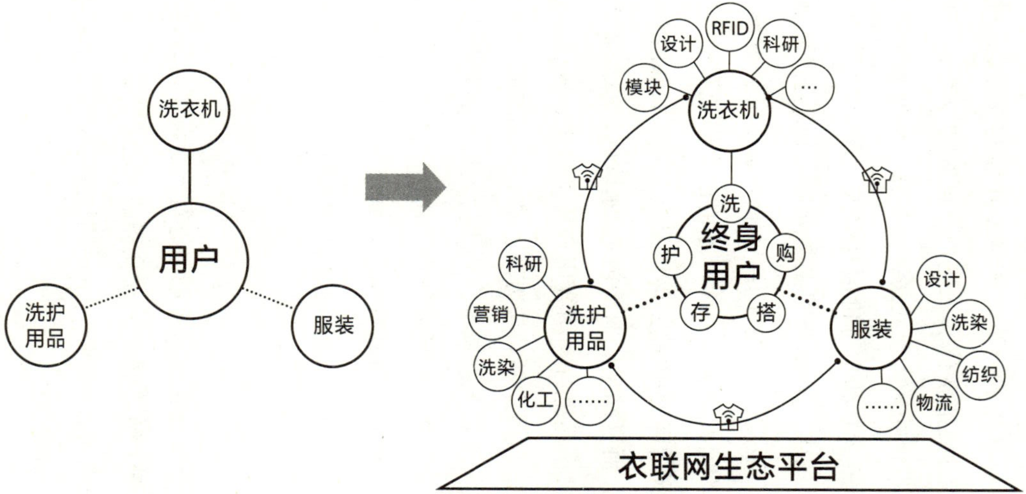

图 5-7　海尔衣联网从产品到场景生态的升级路径

资料来源：海尔衣联网。

播平台。除报装保修、家电清洗等传统服务功能外，海尔智家 App 还提供场景直播，数字体验馆，智慧家电家居一体化设计，空间、场景及生态个性化定制，网器、家庭的智能化管理体验，全流程可视化服务等可交互的场景服务。

三翼鸟是海尔智家旗下首个场景品牌，于 2020 年 9 月 11 日正式发布，其 LOGO 如图 5-8 所示。三翼鸟的内涵出自混沌理论中的奇异吸引子[①]，内部模块不断组合变化，外部稳定并拥有强大的吸引力，三翼鸟隐喻海尔以非线性和动态迭代的场景体验为焦点，打造具有强大生态吸引力和巨大蝴蝶效应的物联网企业的愿景。三翼鸟的基本定位是“开启智慧场景布局新篇章，提供智慧家庭全场景解决方案，创造定制化家居体验”。通过连接用户、企业和生态方，三翼鸟能够洞察和捕捉用户动态需求，吸引整合内外部生态方资源，围绕全屋洗护、全家美食、全屋空气、全屋用水、全屋视听等智慧场景提供因需而变、持续迭代的全场景个性化的生态解决方案。

图 5-8 海尔智家场景品牌三翼鸟 LOGO

资料来源：海尔模式研究院。

---

① “奇异吸引子”（Strange Attractor）的概念由戴维·鲁勒（David Ruelle）于 20 世纪 70 年代提出，是具有分形结构和自相似性特征的吸子。当动态系统发生混沌现象时，相空间分析常出现奇异吸引子。它是指在非线性（混沌）运动过程中，对事物运行秩序具有关键性决定作用的范式，是混沌运动过程中内在的根本性结构。

为推进黑海战略迅速落地，三翼鸟在全国各地营建001号体验店。2019年12月17日，海尔衣联网001号店在青岛开业。001号店不再售卖单品家电，而是提供围绕“衣食住行”四大需求中的“衣”延展出的“洗、护、穿、搭、购、收”6项智慧服务体验。在这里用户可以真实地看到以衣物为核心的各类生活场景，包括集服装定制、成衣购买、专业洗衣护衣、衣物穿搭、旧衣回收等于一体的衣物全生命周期的服务。001号店是用户的专属“洗衣先生”，根据衣物的不同品牌、材质为用户定制专属化、差异化的洗护方案；001号店也是用户的专属“衣柜”，根据用户的身形尺寸，定制衬衣、西装、礼服、皮鞋，提供独一无二的购衣体验；001号店还是用户的专属“搭配师”，整合行业的优质生态资源，让国际级的量体大师为用户进行量体裁衣、专业收纳师提供上门整理衣物的服务。这些个性化服务会根据用户的动态需求不断迭代，用户既是服务的享受者，也是创造者。[32]

对于从产品到场景体验的迭代升级，张瑞敏曾有详细的阐释。他在2019年海尔集团创新年会上指出：“一台冰箱，如果只是制冷的电器，可以做得近乎完美，但是如果电器变成网器，网器要连接用户的场景体验，用户要的不是一台功能性的产品，而是体验迭代的解决方案，那么，你只有不断地根据用户体验迭代的需求进行改进。所以说，今后不会再有孤立的产品，所有产品将结合为一个场景，比如海尔智慧家庭。原来的行业边界很清楚，但是到了生态层面，因为用户的需求是场景化的，一个生态就‘复盖’了很多行业。比如，在海尔智家上海001号店，平均每个消费者产生的销售额是40万元。没有任何一个产品能卖40万元，即使是一辆汽车也要比较高档才能卖 40 万元。这就说明了用户要的不是一个产品，而是一个场景解决方案。”[33]

海尔智家 2020 年上半年财报显示，卡萨帝持续扩大高端市场引领优势，售价 1 万元以上的洗衣机所占的市场份额已高达 75.5%；新增海尔智家 001 号店 255 家；实现物联网生态收入 37.7 亿元，同比增长 96%，衣联网覆盖 15 个行业，融入 5300 家资源；数字化 + 智家体验云建设增效提速，形成小前台（指各创业小微，聚焦于用户体验，提升快速响应市场需求的能力）、大中台（指大共享平台等共享赋能平台，聚焦于业务能力复用，全流程互联互通，提升组织效率）、稳后台（指卡奥斯工业互联网平台与体验云等技术支撑平台，聚焦于云化技术，提供资源保障能力）的数字化运营格局。

体验云的愿景：定制物联网时代的美好生活

传统家电制造企业发展到今天，已经触碰到了行业天花板。海尔以家电产品为载体，将电器转化为网器，搭建捕捉用户痛点的触点网络，从单一产品的体验迭代场景扩展到智慧家庭生态的体验迭代场景，最终扩展到美好生活的愿景，借此实现转型升级并成为物联网模式的引领者。

海尔实施黑海战略引爆物联网模式的基本目的和愿景是，为用户定制物联网时代的美好生活。在 2018 年的某次星期三小微样板会上，张瑞敏在小微互动中指出物联网引爆与价值经济、体验经济之间的关系。他认为，从价值经济来看，海尔从创造用户的最佳体验到实现生态收入，再到让生态圈中的利益相关各方的价值最大化；从体验经济来看，海尔借助触点网络提供一致性的解决方案，这么做的最终目的都是要为用户创造“生活 X.O”下的最佳生活体验。

2018 年 1 月 6 日，海尔集团召开了以“生活 X.0：定制物联网时代美好生活”为主题的创新年会。此次年会上，张瑞敏首次提出了一个全新的物联网时代的商业概念——“生活 X.0”。这个词表面上看和工业 4.0 类似，但实际上有本质上的不同。

“生活 X.0”的提出，是受到西方学者的“工业 X.0”和中国官方的“美好生活”两个概念的启发。2017 年，埃森哲高级常务董事埃里克·谢弗尔出版了《工业 X.0》一书，专门探讨数字时代的工业转型。和近年来欧洲的工业 4.0、工业 5.0 等提法不同，谢弗尔认为用户要的不是产品本身，而是通过产品带来的服务方案。即，在物联网时代，产品经济将被服务经济替代。这种主张和张瑞敏的思想非常接近。两者沟通后，谢弗尔认为海尔提出的人单合一模式更有价值。

2017 年，张瑞敏出席中国共产党第十九次全国代表大会。大会提出“美好生活”是全党全国奋斗的一个基本目标，张瑞敏进而思考企业如何为“美好生活”做出贡献这一问题。既然“工业 X.0”指向的也是人，海尔可以直接奔向人的美好生活，基于此，他提出“生活 X.0”的概念。张瑞敏认为，人民对美好生活的向往就是海尔的奋斗目标，海尔的人单合一模式，就是要大力推进物联网时代的体验经济和共享经济，为用户创造美好生活体验。

海尔从两个方面对“生活 X.0”进行界定。“X”代表不确定性，一方面代表用户的个性化美好生活需求各不相同，另一方面也意味着企业要无止境地去求解。“X”的不确定性也具有两层内涵：（1）美好生活的定义具有不确定性，每个人理解的美好生活不一样，一个用户要的美好生活在其他用户看来未必如此；（2）美好生活的价值具有不确定性，今天的美好生活在明天看来未必还是。也就是说，用户的需求不断变化，海尔的小微需要持续迭代产品和服务，这样才能拥有终身用户。

“生活 X.0”的提出，在人类发展阶段上具有重要意义。如图 5-9 所示，海尔首次从人的价值最大化的生活角度界定人类社会的发展水平。注重资源导向的日本视角，将人类社会发展阶段界定为狩猎社会、农耕社会、工业社会、信息社会与超智慧社会。注重技术与资本导向的欧美视角，往往依据工业化的程度及其技术动力将人类社会发展阶段界定为前工业社会、由蒸汽机革命驱动的工业 1.0 阶段、由电力革命驱动的工业 2.0 阶段、由信息革命驱动的工业 3.0 阶段、由互联网产业化驱动的工业 4.0 阶段、由人机协作革命驱动的工业 5.0 阶段。无论是出于技术导向还是资源导向的界定，其出发点都不是人的价值最大化和人的生活质量改进。

以海尔的视角来看，在“生活 X.0”提出之前的人类社会，人都被视为其他客体的附庸，而没有真正成为社会发展的目的。在生

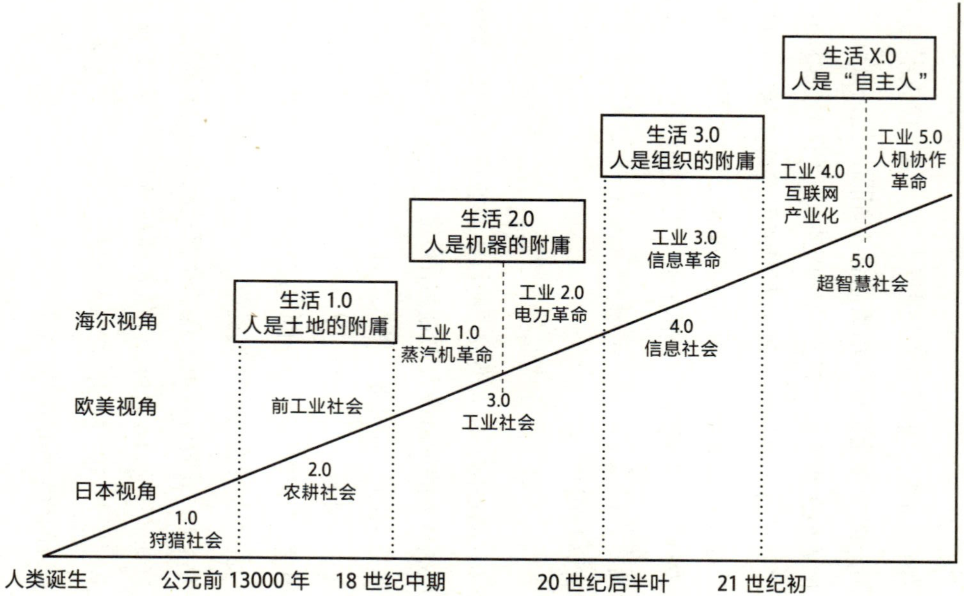

图 5-9　体验云指向的“生活 X.0”迭代历程

资料来源：根据海尔模式研究院内部资料整理绘制。

活 1.0 阶段的农耕社会，人是土地的附庸；在生活 2.0 阶段的工业社会，人是机器的附庸；在生活 3.0 阶段的信息社会，人是组织的附庸；在“生活 X.0”阶段，海尔通过黑海战略和人单合一模式，将员工视为自主人创客，为用户定制个性化的美好生活，从而真正使企业的发展以人的价值最大化作为目的。正如海尔集团高级副总裁、首席体验官李华刚所言：“今天用户想要的不仅仅是单个好产品，而是一个完美、幸福的家。”

“生活 X.0”的提出，在目前的中国更具有现实意义。中国共产党第十九次全国代表大会重新界定了中国社会的主要矛盾，从中国共产党十一届三中全会提出的“人民日益增长的物质文化需要同落后的社会生产之间的矛盾”，改为“人民日益增长的美好生活需要和不平衡不充分的发展之间的矛盾”。这是中国共产党对中国社会不同阶段国情的精确把握。张瑞敏从家电行业的用户需求变化对此进行解释：在 20 世纪五六十年代，人们的生活需要是“三转一响”，其中“三转”是自行车、缝纫机、手表，“一响”是收音机；改革开放初期人们的生活需要还是“三转一响”，只不过“三转”变成电冰箱、洗衣机、空调，“一响”变成电视机；进入市场经济阶段以后，产品不断升级，消费也不断升级，但是不管怎么升级，物质的追求总有止境，而物联网带来的是人们对生活方案、生活方式的需求。也就是说，洗衣机等电器本身的价值可能没之前那么重要了，但把洗衣机变成触点网络，通过打造衣联网生态带来的服务方案，则可以为用户提供个性化定制的美好生活。

目前，围绕美好生活愿景，通过实施黑海战略，海尔已经由冰箱、洗衣机、储血冷柜等硬件的制造商升级为围绕人们对衣物、食物和血液的需求提供整套解决方案的衣联网生态、食联网生态和血联网生态，打造出一个各利益相关方共创共赢、生生不息的物联网商业生态系统。

张瑞敏谈海尔

Haierism

- 物联网时代，企业不应再是有围墙的花园，而应该是一片热带雨林。热带雨林不会死亡，是因为它是一个生态系统，自己能够繁衍出新的物种而生生不息。
- 物联网是移动互联网之后下一个最重大的经济活动。它最核心的东西是实现社群经济。用户的个性化需求自发形成社群，社群就是体验迭代的主体。
- 物联网时代，企业要么转型为生态品牌的引领者，要么成为生态品牌的合作方。
- 今后不会再有孤立的产品，所有产品将结合为一个场景。
- 无论做什么事，如果不是所有参加这件事的人都得利，这件事不会成功，如果成功也不会长久。人单合一就是让所有利益攸关方都得利，我们叫作增值分享。
- 宇宙里，只有恒星能发光。恒星是用户，永远跟着用户走，你就会沾用户的光。企业觉得自己厉害，别人都围着自己转，那是不行的。千万不要把自己当成恒星，把自己当成恒星的企业必死。

附 录

海尔“时代三章”，海、云、火

- 海尔是海
- 破一微尘，出大千经卷
  致创客的一封信
- 新年只是一个数字，
  新我才能
  迎接新的太阳

海尔是海

张瑞敏
1994 年 2 月 10 日

海尔应像海。唯有海能以博大的胸怀纳百川而不嫌弃细流，容污浊且能净化为碧水。正如此，才有滚滚长江、浊浊黄河、涓涓细流，不惜百折千回，争先恐后，投奔而来，汇成碧波浩渺、万世不竭、无与伦比的壮观！

一旦汇入海的大家庭中，每一分子便紧紧地凝聚在一起，不分彼此形成一个团结的整体，随着海的号令执着而又坚定不移地冲向同一个目标，即使粉身碎骨也在所不辞。因此，大海才有了摧枯拉朽的神奇力量。

而大海最被人类称道的是年复一年默默地做着无尽的奉献，袒露着无私的胸怀。正因其“生而不有，为而不恃”，不求索取，所以其自身也成了永恒的存在。这种存在又为海中的一切提供了生生不息、赖以生存的环境和条件。

海尔应像海，因为海尔确立了海一样宏伟的目标，就应敞开海一样的胸怀，不仅要广揽五湖四海的有用之才，而且应具备海那样的自净能力，使这种氛围里的每一个人的素质都得到提高和升华。海尔人都应是能者，而不应有冗者、庸者。因为，海尔的发展需要各种各样的人才来支撑和保证。

要把所有的海尔人凝聚在一起，才能迸发出海一样的力量，这就要靠一种精神，一种我们一贯倡导的“创造资源，美誉全球”的企业精神：同心干、不分你我；比贡献、不唯文凭。如果我们能把许许多多的不可思议和不可能都在自己手中变为现实和可能，那么海尔巨浪就能冲过一切障碍，滚滚向前！

我们还应像大海，为社会、为人类做出应有的贡献。只要我们对社会和人类的爱“真诚到永远”，社会也会承认我们到永远，海尔将像海一样成为永恒的存在，而生活于其间的每一个海尔人都将在为企业创一流效益、为社会做卓越贡献的同时得到丰厚的回报。海尔人将和整个社会融为一个整体。

海尔是海。

破一微尘，出大千经卷

致创客的一封信

张瑞敏
2014 年 11 月 25 日

人类社会的每一次繁荣进步都离不开科技的突破，人类文明的每一次飞跃发展更离不开思想的解放。当互联网带来指数科技的繁荣时，我们又一次站在了时代的风口，就在大工业发展正在把每一个个体变成机器部件的最危急关头，时代列车转入一个新的轨道，“零距离”“去中心化”“分布式”的互联网思维把我们带进一个充满生机与挑战的人人时代，一个人人创客的时代。

历经 30 年的创新发展，海尔从一个濒临倒闭的集体小厂成长为今天的“全球白电第一品牌”，在全球，海尔拥有数以亿计的用户，每天，十几万台海尔产品进入全球市场。人类工业文明的先进成果成就了海尔的今天，让海尔得以在短短 30 年的时间走过传统发达国家企业百年的道路。我们追上了曾经奉为经典的榜样，同时也失去了可资借鉴的标杆。面对新的挑战，我们剩下唯一没有被时代抛弃的武器是永远的“两创精神”，永远创业，永远创新。

唐太宗曾经问群臣，创业与守成孰难？他心里的答案是，创业难，守业更难。海尔的企业文化对这个问题的回答是，如果把创业和守业割裂来看就永远没有正确的答案，唯一的出路是只有创业，没有守业。

创业精神的天敌是自己曾经成功的经验和思维定式，《道德经》云，胜人者有力，自胜者强。海尔文化的基因只有一个密码，那就是自以为非。

企业如此，每一个人也是如此。因为，在互联网时代，每一个人都是自己的 CEO，每一个人都应该成为创业家。

创业家，与企业家只有一字之差，其内涵和本质却有天壤之别。企业家还是以企业为中心，而创业家却是以用户为中心；企业家以创造完美的产品和服务为使命，而创业家以创造用户最佳生活体验为使命；企业家以规模和利润为成就标尺，而创业家以用户资源和粉丝为荣耀北斗；企业家以管理和控制为权力之杖，而创业家以自组织为“魔法宝盒”。成千上万人成就一个企业家，而每一个创新的个体都可以成为一个创业家。正所谓“破一微尘，出大千经卷”。

创业家，在海尔的创业平台上，你的名字叫创客。

30年，既轻如尘芥弹指可挥去，30年，又重如山丘难以割舍。其区别在于，你是生产产品的企业还是生产创客的平台。海尔选择的是，从一个封闭的科层制组织转型为一个开放的创业平台，从一个有围墙的花园变为万千物种自演进的生态系统。

创客，在你创业激情勃发的视野里，海尔的名字叫作创客公地。

创业初期，我们为社会奉献的是海尔牌产品，进而，我们以向社会提供海尔牌服务为宗旨，今天，我们向社会开放海尔的资源，为创客们提供的将是海尔牌的创业平台。

在表层意义上，海尔向社会开放U+智慧生活的应用程序接口（API），每一个创客都可以在此基础上延伸开发产品。

在深层意义上，海尔向社会开放供应链资源，每一个供应商和用户都可以参与海尔全流程用户体验的价值创造。

在本质意义上，海尔向社会开放机制创新的土壤，搭建机会均等、结果公平的游戏规则，呼唤利益相关各方共建共享共赢。

自2005年，海尔就已经开始了对人单合一、互利共赢模式的探索和试错，为此，我们不惜放弃对传统绩效的单一追求。在没有标杆的摸索中，我们宁愿承受外界的质疑和批评。但我们没有轻言放弃。因为鼓励我们坚持下去的不是成功，而是对时代精神的求索。

1994年，海尔创业10周年之际，我曾写过一篇文章，文章的名字叫《海尔是海》。今天，我想说，海尔是一朵云，海再大，仍有边际。云再小，可接万端。

开放，开放，再开放。今天，海尔的云创平台已经孕育和孵化出100多个创客小微，他们之中，既有海尔在册员工离开企业进行的创业，也不乏从社会上来到海尔平台的在线创业者。他们值得赢得尊重，我也要向他们表示感谢。因为，海尔的创业平台转型本身也是一种创业，作为平台的海尔，不是有30年历史的海尔，而是一个初生的婴孩，一轮初升的朝日，每一个在海尔平台创业的创客，你们既是平台上的创业者，同时也是平台的建设者。

致敬创客！致敬伟大的创客时代！

新年只是一个数字，新我才能迎接新的太阳

张瑞敏

2018 年 1 月 1 日

公元纪年方式逐年累加，但只是一个数字而已。按照这种记录时间的方式，我们每一个人拥有的时间似乎越来越多，但何尝又不是越来越少。

新年总是带给人们对未来的美好憧憬。我想，人们憧憬的是“新”，而不是“年”。如此说来，中国古代的干支纪年更禁得住哲学的追问。天、地、人与四时相洽，循环往复，无始无终。古人对天地四时克制而理性地敬畏着，又无时无刻不试图以自己的勤劳和智慧去

掌握它的规律，并顺其自然地改造着世界。

企业亦复如是。西方传统管理的垂直线性基因根深蒂固，在股东价值最大化的经营宗旨和委托代理激励机制驱动下，企业无穷尽地追求规模的增长，直到无法增长，终究难逃“物壮则老”的宿命。社会竞争的达尔文主义和“创造性破坏”的企业家精神造就了《财富》500 强企业平均寿命越来越短的事实。西方文明原子论的文化基因伴随三次工业革命的造物奇迹日益固化，直到互联网及其下一个重大经济活动——物联网到来的时候，曾经强大的文化基因变成了思想和组织僵化的渊薮。以牛顿力学为基础的经典物理学带我们认识了宇宙的一段时空，而将更大的空白留给了量子物理学。量子时代，东方文化的系统论思想重新照亮科学和哲学的夜空。不，事实上它从来都没有熄灭过。

企业由科层制的钢筋水泥所构筑，消失是它的归宿；组织是人的价值和使命的共同体，永恒是它的主旋律。

封闭的企业帝国要么毁灭，要么变成远离平衡态的自组织，其势如百川归海不可逆转。企业，作为工业革命的产物，已随时代远去，一起被带走的还有曾经牢不可破的科层金字塔，以及垂直线性结构赋予的控制权。如同古代丝绸之路上阿拉伯人驼铃悠扬的商队，企业终将消失在历史的尘烟中。

人类才是地球的主宰，但不是你，也不是我，没有任何一个人可以主宰世界，只有组织起来的人方能成为这个星球上最强大的动物。企业终殆而组织永存，永存的组织必须是符合耗散结构理论的自组织；品牌终殆而生态圈永续，永续的生态圈必须是利益相关各方共创共赢的社群。

万物互联中，你我，和每一件产品一样，都只是网络上的一个节点。一旦成为节点，只有你自己才是自己的中心。而产品，一旦变成网器接入物联网，就已失去固有的功能价值，变成服务和解决方案的载体。网络上，任意一个节点的增加都会进一步放大网络效应，任意一个节点的删除都不会影响网络的运行。

从产品价值到生态圈共创共赢的生态价值的转变，任何企业都无法回避，又难以企及。横亘在两种价值创造网络和价值传递网络之间的障碍不是楚河也不是汉界，它比任何物理的、制度的障碍都更难以跨越，因其魔障在我们内心，那是曾经的成功积累的镜像，那是 200 年来原子论主导的线性管理的迷雾，唯有以用户乘数理论为基础的人单合一模式方能破题。

人单合一是目前世界上率先探索出的适应物联网社群经济的管理模式。与其说海尔首创了人单合一，不如说人单合一选择了海尔。人单合一的诞生需同时具备三个条件，其一，始终坚持“人的价值第一”的核心价值观；其二，始终坚持共创共赢的价值创造和传递体系；其三，始终坚持自以为非的创业创新文化基因。故而，人单合一和海尔都是时代的馈赠和选择，海尔与人单合一同为人的觉醒与礼赞！

物联网时代在人类进化史上如何定位未为可知，但可以明确的是，物联网时代的企业必须变成生态圈，物联网时代的组织必须变成自组织，物联网时代的管理必须变成人单合一。无论是生态圈、自组织还是人单合一模式，又同时必须是不断进化的活的要素。正如古希腊哲学家赫拉克利特指出的那样，万物的本原是火，是“按规律燃烧、按规律熄灭着的活火”；无独有偶，中国古代哲学家庄子也有薪火相传之喻。企业终将被火燃烧，而生态圈则会变成永恒的活火；小微有聚有散，而在生态圈中的创业精神会薪尽火传。

在传统时代，我曾写过“海尔是海”，有容乃大!

在互联网时代，我曾寄语创客“海尔是一朵云”，连接万端!

在物联网时代，我希望海尔是火，融入每一个用户的生活和每一个创客的生命中，薪火相传，生生不息。

人类发现了火，我们的祖先才能展开伟大的旅程。海尔模式应像火，引领世界企业引爆物联网时代的新征程。

太阳每天都是新的。新年只是一个数字，新我才能迎接新的太阳。

祝全球海尔创客新年快乐、日新日进!

参考文献

第 1 章　大变局与新海尔　陆止于此，海始于斯

1. 孙中山 . 孙中山全集 . 北京 : 人民出版社 , 2015.

2. 刘建飞 . 把脉百年未有之大变局 . 瞭望 , 2019, 9.

3. 杰里米・里夫金 . 零边际成本社会 . 赛迪研究院专家组 , 译 . 北京 : 中信出版集团 , 2014.

4. 凯度集团 , 牛津大学赛德商学院 , 海尔集团 . 物联网生态品牌白皮书 . 2020: 9.

5. 同上 :11。

6. 拉里・唐斯 , 保罗・纽恩斯 . 大爆炸式创新 . 粟之敦 , 译 . 杭州 : 浙江人民出版社 , 2014.

7. 安东尼・唐斯 . 官僚制内幕 . 郭小聪 , 等 , 译 . 北京 : 中国人民大学出版社 , 2006.

8. 杰弗里・韦斯特 . 规模 . 张培 , 译 . 张江 , 校译 . 北京 : 中信出版集团 , 2018.

9. 张瑞敏 . 盛也玄宗 , 败也玄宗——唐明皇的启示 . 海尔人 , 1993, 108.

10. 戴斯・狄洛夫 . 最有意思也是最能给人激励的 CEO. 海尔人 , 2019, 1425.

11. 高良谋 , 胡国栋 . 模块化生产网络中的劳资关系嬗变 : 层级分化与协同治理 . 中国工业经济 , 2012, 10.

12. 舟一苇 . 张瑞敏在哈佛 , 张瑞敏不在哈佛 . 海尔集团官方微信 , 2018-03-12.

13. 中国产业经济信息网 . 全国人大代表、海尔总裁周云杰 : 中国方案已经走向世界

舞台中央 .（2018-03-08）. http://rdzt.cinic.org.cn/index.php?m=content&c=index&a=show&catid=196&id=655.

14. 米歇尔・阿巴利亚 . CEO 对对碰 . 海尔人 , 2019,1429.

15. 布莱兹・帕斯卡尔 . 思想录 . 何兆武 , 译 . 北京 : 商务印书馆 , 1985.

16. TSUI A S. Autonomy of Inquiry: Shaping the Future of Emerging Scientific Communities. Management and Organization Review, 2009, 5（1）: 1-14.

17. JIA L D, You S Y, Du Y Z. Chinese Context and Theoretical Contributions to Management and Organization Research: A Three-decade Review. Management and Organization Review, 2012, 8（1）: 173-209.

18. 郭重庆 . 中国管理学界的社会责任与历史使命 . 管理学报 ,2008, 3:320-322. 原文首发于《中国科学院院刊》2007 年第 2 期，后又转发于《管理学报》2008 年第 3 期。

19. 席酉民 , 张晓军 . 从实践者视角看管理研究的价值和范式 . 管理学报 , 2017,14（03）:335-338.

20. 席酉民 , 韩巍 . 中国管理学界的困境和出路 : 本土化领导研究思考的启示 . 西安交通大学学报（社会科学版）,2010,2 :32-40.

21. 新华社 . "弘扬企业家精神，聚力高质量发展"，走进海尔 . 海尔人 , 2018, 1341(1).

22. 马丁・雅克 . 当中国统治世界 . 张莉 , 刘曲 , 译 . 北京 : 中信出版社 , 2010:11-13.

第 2 章　海尔的创业创新史　凤凰涅槃，浴火重生

1. 张瑞敏 . 海尔的互联网企业转型探索 : 从规模经济到平台经济 .（2016-09-10）. 在青岛市首期人大代表大讲堂上的演讲 .

2. 胡泳 , 郝亚洲 . 海尔创新史话 . 北京 : 机械工业出版社 , 2015:78.

3. 同上 :65。

4. 潘夏琳 . 海尔 : 激活休克鱼 . 哈佛商学院 , 1998.

5. 苏慧文 . 海尔管理变革 : 市场链与业务流程再造 . 南开管理评论 , 2001,1.

6. 王凤彬 , 陈公海 , 李东红 . 模块化组织模式的构建与运作——基于海尔"市场链"

再造案例的研究 . 管理世界 , 2008 , 4.

7. 同 5。

8. 阿尔法工场 . 当全球化成为唯一答案 , 中国家电巨头如何海外求生？.(2019-11-01). https://new.qq.com/omn/20191101/20191101A02UJP00.html.

9. 汤谷良 , 穆林娟 , 彭家钧 . SBU: 战略执行与管理控制系统在中国的实践与创新——基于海尔集团 SBU 制度的描述性案例研究 . 会计研究 . 2010, 5.

10. 胡国栋 . 管理范式的后现代审视与本土化研究 . 北京 : 中国人民大学出版社 , 2017.

第 3 章　海尔制的框架体系　随波逐浪，月印万川

1. 周其仁 . 海尔制是继福特制和丰田制之后又一时代产物 . 海尔人 , 2018, 1344.

2. 胡国栋 . 海尔制（1）: 中国时代的组织管理理论 ; 海尔制（2）: 组织演化史与中国企业史上的坐标 ; 海尔制（3）: 理论体系与研究路径 . 清华管理评论 , 2018, 6-9.

3. 托马斯・库恩 . 科学革命的结构 . 金吾伦 , 胡新和 , 译 . 北京 : 北京大学出版社 , 2012, 导读 15.

4. 同上 , 导读 16。

5. 张维 . 百年变局中的管理科学 : 几点思考的分享 .（2019-09-21）. 在第六次中国管理 50 人论坛上的演讲 .

6. 戴维・约翰・法默尔 . 公共行政的语言 . 吴琼 , 译 . 北京 : 中国人民大学出版社 , 2005.

7. 韩林合 . 维特根斯坦“哲学研究”解读 . 北京 : 商务印书馆 , 2010.

8. 席酉民 . 和谐心智——鲜为人知的西浦管理故事 . 北京 : 清华大学出版社 , 2019.

第 4 章　水式管理，海尔制的哲学思想　上善若水，大制不割

1. 托马斯・库恩 . 科学革命的结构 . 金吾伦 , 胡新和 , 译 . 北京 : 北京大学出版社 , 2012, 导读 7.

2. 席酉民，张晓军．挑战与出路：东西方管理智慧整合的方法论探索．管理学报，2012, 9（01）:5-11.

3. 王蓉蓉．机器人能否循道而行——道家哲学与人工智能 // 宋冰．智能与智慧．北京：中信出版社，2020:258.

4. 孔易人．哲学的元理论性质．浙江社会科学，2000, 04:147-149.

5. SCHAD J, LEWIS M W, RAISCH S, et al. Paradox Research in Management Science. The Academy of Management Annals,2016,（1）:1-60.

6. 吕力．管理学的元问题与管理哲学——也谈《出路与展望：直面中国管理实践》的逻辑瑕疵．管理学报，2011,8（04）:517-523.

7. 何丽野．水与火：中西哲学的核心隐喻和文化的基本精神．社会科学，2003,06:86-90.

8. 刁生虎．水：中国古代的根隐喻．中州学刊，2006, 05:180-183.

9. 陆亚东，符正平．"水"隐喻在中国特色管理理论中的运用．外国经济与管理，2016, 38（01）:3-14.

10. ZHANG Y,Haier Is a Sea（Zhang Ruimin's letter in 1994）.Management & Organization Review, 2016, 12（4）: 811-814.

11. ZHOU Y J. Haier's Management Model of Rendanheyi:From Sea to Iceberg. Management & Organization Review, 2017, 13（3）:1-2.

12. 刘宝才．"以水喻人"的学说及其思维方式．中国哲学史，2003, 01:64-68.

13. 张瑞敏．从 HR（人力资源）到 ER（创业者资源）——海尔探索互联网时代的 HR 新模式．（2016-05-26）．在人本中国论坛上的演讲．

14. 舟一苇．人单合一可能是万物互联成功的关键．（2019-01-19）．https://www.jianshu.com/p/59783ab51a90.

15. 南怀瑾．老子他说．上海：复旦大学出版社，2015.

16. 张瑞敏．永恒的活火——董事局大楼"四美"小记．中外企业文化，2017, 10.

17. 庞朴．中庸与三分．文史哲，2000,4.

18. 张瑞敏．在海尔创业 29 周年纪念会上的讲话．海尔管理评论，2013, 海尔创业 29 周年纪念会特刊．

19. 同第 14 条。

20. 同第 18 条。

21. 对于海尔三张表的逻辑关系及其操作过程，详细参见《海尔手册 3: 海尔方法》.

22. 王钦 . 下一个范式 : 未来，管理走向何处——“知识管理之父”野中郁次郎专访 . 清华管理评论，2017,1-2.

23. 张瑞敏 . 探索与迎接新的管理时代 // 斯图尔特 · 克雷纳 . 管理简史 . 覃果，李晖，夏萍，等，译 . 海口 : 海南出版社，2017: 推荐序 .

24. 张瑞敏 . 海尔“双创”精神与“三易”辩证思想 .（2018-12-26）. 在海尔集团创业 34 周年纪念会上的演讲 // 海尔人，2018, 1380（5-6），内容根据本书逻辑需要有修改调整 .

25. 丁雪，杨忠，张骁 . 组织无边界化变革 : 情境与策略的匹配研究 . 南京大学学报（哲学 · 人文科学 · 社会科学）,2017,54（06）:16-22+154.

26. 胡国栋 . 管理范式的后现代审视与本土化研究 . 北京 : 中国人民大学出版社，2017.

27. BRAVERMAN H. Labor and Monopoly Capital: The Degradation of Work in the Twentieth Century , New York: Monthly Review Press,1974.

28. 张瑞敏 . 互联网时代，海尔的黄金圈 .（2014-08-25）. https://www.haier.com/about-haier/ceo/speech/20140825_130462.shtml?spm=net.31730_pc.tasklist_20200630.1.

29. 苗东升 . 论系统思维（三）: 整体思维与分析思维相结合 . 系统辩证学学报，2005, 01:1-5+11。

30. SCHAD J,LEWIS M W,RAISCH S, et al.Paradox Research in Management Science. The Academy of Management Annals,2016,1:1-60.

31. 彼得 · 圣吉 . 第五项修炼 . 张成林，译 . 北京 : 中信出版集团 ,2009.

32. 胡泳，郝亚洲 . 用户乘数 : 物联网时代的平台属性 .IT 经理世界 ,2017,Z3:61-64.

33. 张瑞敏 . 新时代的企业家应瞄准价值引领和机会创造 .（ 2018-01-15）.https://www.haier.com/press-events/news/20180115_134041.shtml?from=search&spm=net.31743_pc.list1_20200630.1.

34. 谢家平，梁玲，龚海涛 . 物联网环境下面向客户价值的商业模式变革 . 经济管理，

2015,37（11）:188-199.

35. 人民日报．人民日报刊文赞人单合一模式引领时代企业管理模式探索．（2018-03-13）．https://www.haier.com/press-events/news/20180313_134034.shtml?from=search&spm=net.31743_pc.list1_20200630.1.

36. 威廉·大内．Z 理论．朱雁斌，译．北京：机械工业出版社，2007.

37. 彼得·德鲁克.21 世纪的管理挑战．刘毓玲，译．北京：三联书店，2000:180-181.

38. 维克托·迈尔－舍恩伯格，肯尼思·库克耶．大数据时代．盛杨燕，周涛，译．杭州：浙江人民出版社，2013.

39. 乌尔里希·森德勒．工业 4.0. 邓敏，李现民，译．北京：机械工业出版社，2014:13.

40. 王蓉蓉．机器人能否循道而行——道家哲学与人工智能 // 宋冰．智能与智慧．北京：中信出版社，2020:275.

41. 赵汀阳．历史、山水、渔樵．北京：三联书店，2019:159.

42. CHENYANG L. The Confucian Philosophy of Harmony,London:Routledge,2004:9.

43. 摘选自 2005 年 12 月 25 日张瑞敏在海尔创立 21 年战略研讨会上的讲话实录。

44. 克莱·舍基．人人时代．胡泳，沈满琳，译．北京：中国人民大学出版社，2012:2.

45. 陈明哲．管理学研究的“精一”、“双融”和“经世致用”：对陈明哲的访谈．管理学报，2016,13（1）:1-6.

46. 张瑞敏．企业要永远追随用户——管理大师詹姆斯·马奇与张瑞敏谈组织创新．海尔管理评论，2013,6.

47. 丹尼尔·雷恩．管理思想的演变．李柱流，赵睿，译．北京：中国社会科学出版社，2000.

48. 摘选自 2018 年 9 月 21 日，张瑞敏与丹娜·左哈尔的对话交流实录。

49. 摘选自 2015 年 6 月 30 日，张瑞敏和丹娜·左哈尔的对话交流实录。

50. 摘选自 2017 年 1 月 13 日，张瑞敏与姜奇平的对话交流实录。

51. 同上。

52. 同第 49 条。

53. 张瑞敏．创建物联网时代的商业模式——人单合一．（2017-09-20）．在首届人单合一模式国际论坛上的演讲 .

54. 丹娜・左哈尔 . 量子领导者 . 杨壮 , 施诺 , 译 . 北京 : 机械工业出版社 , 2016.

55. 同第 50 条。

第 5 章 黑海生态，海尔制的商业模式 执一不失，能君万物

1. 张瑞敏 . 产品会被场景替代 , 行业会被生态覆盖 .（2019-11-21）. https://baijiahao.baidu.com/s?id=1650772412376342264&wfr=spider&for=pc.

2. 同上。

3. 吴晓波 . 激荡十年 , 水大鱼大 . 北京 : 中信出版集团 , 2017.

4. Howard Rheingold. The Virtual Community: Homesteading on the Electronic Frontier. Cambridge: The MIT Press,1993.

5. 乌麦尔・哈克 . 新商业文明 . 吕莉 , 译 . 北京 : 中国人民大学出版社 , 2016:19-26.

6. 同上 :32。

7. 张瑞敏 . 探索与迎接新的管理时代 // 斯图尔特・克雷纳 . 管理简史 . 覃果 , 李晖 , 夏萍 , 等 , 译 . 海口 : 海南出版社 , 2017: 推荐序 .

8. 张瑞敏 . 生活 X.0: 定制物联网时代美好生活 .（2018-01-06）. 海尔集团创新年会演讲 .

9. 赵汀阳 . 历史、山水、渔樵 . 北京 : 三联书店 , 2019:151.

10. 张瑞敏 , 姜奇平 , 胡国栋 . 基于海尔"人单合一"模式的用户乘数与价值管理研究 . 管理学报 ,2018,9. 内容根据需要有修改调整和更新 .

11. Woodruff, Gardial. Customer Value Change in Industrial Marketing Relationships: a Call for New Strategies and Research.Industrial Marketing Management, 1997,03:163-175.

12. 胡泳 , 郝亚洲 . 用户乘数 : 物联网时代的平台属性 .IT 经理世界 ,2017,9:61-64. 内容根据需要有修改调整和更新 .

13. 克里斯・安德森 . 长尾理论 . 乔江涛 . 北京 : 中信出版集团 , 2015: 推荐序 .

14. 弗雷德·赖克哈尔德．终极问题．杨大蓉，译．北京：商务印书馆,2008:4.

15. 凯度集团，牛津大学赛德商学院，海尔集团．物联网生态品牌白皮书．2020: 序章.

16. 同上：卷首语。

17. 约瑟夫·派恩，詹姆斯·吉尔摩．体验经济．毕崇毅，译．北京：机械工业出版社，2016.

18. 葛力．现代西方哲学辞典．北京：求实出版社，1990:266.

19. 黄敏学，廖俊云，周南．社区体验能提升消费者的品牌忠诚吗——不同体验成分的作用与影响机制研究．南开管理评论，2015,3:151-160.

20. DE VALCK K, VAN BRUGGEN G H, WIERENGA B. Virtual Communities: A Marketing Perspective. Decision Support Systems, 2009,47（3）: 185-203.

21. BRAKUSr J J , SCHMITT B H, ZARANTONELLO L. Brand Experience: What Is It? How Is It Measured? Does It Affect Loyalty? Journal of Marketing, 2009, 73（3）: 52-68.

22. 阿拉斯代尔·麦金太尔．德性之后．龚群，戴扬毅，等，译．北京：中国社会科学出版社，1995:18-23.

23. HOLBROOK M B, HIRSCHMAN E C. The Experiential Aspects of Consumption, Consumer Fantasies, Feelings, and Fun. Journal of Consumer Research, 1982,9（2）:132-140.

24. 秦朔．马云往后，张瑞敏向前．(2018-09-15)．秦朔朋友圈．

25. 詹姆斯·汤普森．行动中的组织．敬乂嘉，译．上海：上海人民出版社，2007:18.

26. 大卫·雷·格里芬．后现代精神．王成兵，译．北京：中央编译出版社，1997:18-19.

27. 汪涛，谢志鹏，周玲，等．品牌 = 人——品牌拟人化的扎根研究．营销科学学报,2014,1:1-20.

28. 胡国栋．管理范式的后现代审视与本土化研究．北京：中国人民大学出版社，2017.

29. 马克斯·韦伯．新教伦理与资本主义精神．于晓，陈维纲，等，译．西安：陕西师范大学出版社，2002.

30. 别人眼里的痛点，孙丕锋抢入成触点．海尔人，2018,1334（2）．

31. 王斌．进村小分队，4 个月交互 24 万余户．海尔人，2018,1363（2）．

32. 张瑞敏．人是最大的场景．（2020-01-06）．http://www.xinhuanet.com/enterprise/2020-01/06/c_1125427777.htm?ivk_sa=1023197a.

33. 张瑞敏．人是目的，有生于无．（2019-12-26）．在海尔集团创业 35 周年大会上的演讲报告．

后记

海尔制，人与企业的浴火重生

1984 年，是中国改革开放的关键一年。市场经济初现端倪，14 个沿海城市对外开放，改革的重心由农村转向城市，海尔、联想、万科、科龙、四通、健力宝、正泰等公司都成立在这个“骚动而热烈的年份”，由此，这一年被吴晓波称为“中国现代公司的元年”。在山东青岛，时年 35 岁的张瑞敏到一家资不抵债、濒临倒闭的日用电器厂上任，自此拉开了海尔创业的序幕。当年，在山东半岛的另一端，我出生在鲁西南的某小村落。人生是一个充满偶然而顺势随缘演化的过程，我与海尔同岁，但未曾设想过生命中的交集。在攻读博士学位期间，我有些执拗地选择了高难度、高风险的管理哲学作为专业领域，跟随高良谋教授研究后现代管理项目，当时最关切的中国企业就是海尔集团。出于对人单合一模式多年的思索积累，在以我的博士论文为基础出版的专著《管理范式的后现代审视与本土化研究》中，我专门撰写了海尔模式的相关内容作为中国企业管理范式创新的案例，随后因此书而与海尔结下了不解之缘。2017 年，我应邀到青岛参加首届人单合一模式国际论坛，并在海尔模式研究院兼职，参与海尔模式研究院的学术研究、对外交流和培训咨询等工作，能够更近距离地观察并直接参与了海尔模式的创新实践。

在海尔的兼职工作与参与式研究给予我莫大的成长机会。我至今犹记得首次参访海尔文化展和中央空调互联工厂时受到的震撼。我看到创业初期的欠条和德国培训笔记，字迹斑驳的“管理十三条”，砸冰箱的大铁锤以及国家博物馆的收藏证书，展墙上书写的醒目标语“观念的改变并没有改变事实本身，但能改变人们对事实的看法”（出自彼得·德鲁克），可以照见自我的硕大镜面上书写的“能阻挡我们的只有我们自己”（出自张瑞敏）。对我影响更为深刻的是展厅尾声部分的那幅油画：手持劈柴刀的人行走在荆棘密布的大地上，他遥望的远方是喷薄欲出的朝阳。旁边对它的注解是：“什么是路？就是从没路的地方践踏出来的，从只有荆棘的地方开辟出来的。”（出自鲁迅的《生命的路》）。这些物件与标语都诠释了海尔“自以为非”的核心价值观，同时也是中国企业筚路蓝缕、砥砺奋进，从模仿学习到超越领先的艰难创业史的写照。在这里，我对创新与企业家精神，以及创新之于企业、社会乃至人生的意义有了更真切的理解。

从事管理哲学研究使我极为留意商业世界中的“非连续变化”，但在宁静的大学校园执教多年，沉浸于一种自由、自在和简单、悠然的生活状态之中，我对外界发生的非连续、非线性的激荡变革一直缺乏感同身受的体验。直到在海尔董事局大楼翻看《海尔人》报和参与日新月异的小微创业实践时，我才发现从事科研工作并处处强调“创新”的自己，似乎已经与这个“非连续变化”的世界脱节了，人生的理想与这个“浩浩汤汤”的时代离得愈来愈远了。张瑞敏先生曾说：“海尔的发展史，就是一部创业创新史。对于海尔来说，创业和创新永远是现在进行时而非完成时。”企业如此，人生亦当如是。

社会学者叶启政先生在《实证的迷思》一书中提出研究者需要进行的一个严肃的思考：“到底希望自己做一个具刚硬理性的专技‘科学’学者，还是带着柔软感性的社会思想家？若说这是将采取科学的或艺术的态度来看待自己的生命之争，应当是不为过的。”从个人的秉性来看，我应该属于后者。为弄清管理的真相，我更倾向于从哲学和实践等更加具有艺术性的层面或态度来思考问题。比如“管理的本质”“管理与人性的关系”“管理研究的价值”“管理学的学科属性”“企业、商学院与社会之间的关系”“何为真正的学术以及学术的责任”等，这些都是我多年来苦苦思索的问题。我的行为选择更多是意义与价值导向下的内在驱动，而对意义的追寻总是难以割裂时代与自我的关系。在海尔集团的这段工作经历，使我启动了涤除陈旧、发现新我的“重生”程序，同时获得了一个能够“与时俱进”和“发掘意义”的机会。

在海尔，我看到中国管理模式正在走向世界舞台。中国管理模式曾经璀璨辉煌，世界瞩目，在数千年历史中通过组织管理的力量创造了无数精神、制度与技术成就，引领古代中国在世界文明史上独领风骚。《道德经》《易经》《论语》等文化典籍，以及郡县制、谏议制、科举制、两税制、身股制等管理体系，蕴含着跨时空的管理智慧，形成价值理性与工具理性交相辉映、独具东方人文主义特质的中国管理模式。物联网时代的企业经营仍旧可以从中汲取无穷的力量。

中国管理模式也曾黯淡到无人问津，迷失自我。1911 年泰勒的科学管理运动开启了管理学的新纪元，管理与科技一道成为推动经济社会进步的两个轮子。中国管理在近代百年历程中迷茫、追随和探索，甚至直到今天是否存在中国管理模式仍被部分学者所质疑。斯图尔特·克雷纳的《管理百年》中几乎没有留下任何中国企业与中国学者的名字。在某种程度上可以说，20 世纪的中国，无论企业界还是学术界，都未产生足以影响全球的先进管理理念和理论，这是中国向世界发达国家学习先进管理理念、制度和方法的模仿与追赶时代。西风东渐浪潮下，以西方为标准来裁剪中国，缔造古代辉煌的传统管理显得不合时宜；国家的落后和话语权的丧失，使得中国管理模式往昔的繁荣被人选择性地遗忘。我们曾经从古代典籍中寻找智慧，希望通过对传统文化的创造性转化来建构中国管理模式，从而提出中国式管理和东方管理学。这些努力彰显了中国人的文化自信和寻求复兴的勇敢尝试与有益探索，但未经企业组织长期经营实践证实的中国管理模式更像是一种自我慰藉而难以令人信服，甚至其本身存在的合理性也令人质疑。

然而，事物发展总是遵循变易不居、盈虚消长和互相转化的规律，正如《道德经》所言："持而盈之，不如其已；揣而锐之，不可长保。"进入 21 世纪，中国诞生了一批世界性的领先企业，同时随着综合国力和全球影响力不断提升，"西风东渐"的现象才得以逐渐扭转。在探索中国企业成功持续经营的规律时，"中国管理模式"才真正成为一个世界话题。在世界处于百年未有之大变局的新时代，海尔希望能成为引领中国管理模式登上世界舞台的企业之一。海尔从创业至今近 40 年，走的是一条"凤凰涅槃，浴火重生"的自我颠覆之路。海尔史上有三次影响巨大的自我颠覆：从产品时代的"砸冰箱"——激发产品质量意识的觉醒，到互联网时代的"砸组织"——以"平台 + 小微"组织颠覆科层制组织，再到物联网时代的"砸标签"——打破行业边界，创建生态企业。从结果来看，三次颠覆式"折腾"都推动着海尔迈上新的发展阶段。在海尔模式研究院，我曾与埃里克·马斯金（Eric Maskin）、保罗·罗默（Paul Romer）等经济学家以及加里·哈默、丹娜·左哈尔等管理学家交流对话，他们对海尔人单合一模式的关注和认可，以及每年几十万人次到访海尔学习的现象，使我坚定了人单合一模式引领中国管理模式登上世界舞台的信心，这也是我尝试创作《海尔制》的动力所在，希望本书能够为全球更多企业家和研究者了解、学习和研究海尔模式提供便利。

海尔制是一个包含智慧（哲学）、知识（科学）、艺术（技巧）和经验（实务）的知识体系，覆盖管理哲学、经营战略、组织结构、人员激励、共享财务与赋能体系等各个管理知识维度。商学院专业化的学科分类及研究领域细分往往导致管理知识体系的割裂和分化，而打破战略、组织、激励、控制等这些纵向专业化的研究领域隔阂，聚焦于某一个企业或行业进行纵横交织的整体性研究，更有助于我们了解管理世界整体性的动态演化过程，这是我在海尔从事参与式研究的重要体会。本书也是此类研究的一个尝试，聚焦于企业为何重生，主要集中在历史、哲学、战略等宏观方面，重点在于“道”——方向，我接下来要写的内容则侧重于企业如何重生，围绕组织、激励、财务和支撑平台等更为具体的赋能路径方面展开，重点在于“术”——方法。

在海尔，我发现了“顶天立地，知行合一”的重要性。新中国第一代管理学家李占祥教授，以下企业为乐，坚持走中国特色管理学道路，洋为中用，古为今用，自成一家。他曾指出：“中国在改革开放之后，特别是进入新世纪以来发展速度这么快，难道不值得我们研究吗？其他国家都在研究我们，我们自己为什么不做一些踏踏实实的研究呢？每年到先进企业考察时我都深刻地体会到，中国的经济腾飞靠的就是这些企业和它们的创新能力啊！我们研究的理论要从哪儿来？就是要从它们成功的实践中来啊！”讲好中国故事，解决中国问题，弘扬中国管理智慧，发展中国管理理论，为世界贡献可靠且有用的管理知识，是老一辈管理学家留给我们的宝贵精神财富。

在本书写作期间，我作为发起人之一参与筹建中国人民大学企业管理哲学与组织生态研究中心。该中心奉行知行合一理念，扎根于企业实践，致力于整合东西方管理智慧，继承以李占祥教授为代表的老一辈管理学家的治学精神，从哲学高度提炼和探讨企业重大问题，努力融通“管理哲学（思想）—管理科学（方法）—管理实践（行动）”而建构中国特色的企业管理理论体系。多年来，我们对主流管理理论和研究方法批判有余而建构不足，在中国企业不能完全照搬西方管理模式，中国学者不能完全复制验证西方管理理论等方面，我们已有充分共识，但中国能拿出什么可以让全球企业学习模仿而对世界管理知识有所贡献的理论模式呢？希望本书是这方面的一个尝试，希望海尔制的提出能够有助于推进中国管理模式的研究与传播。

感谢海尔集团 CEO 张瑞敏先生、海尔集团总裁周云杰先生和海尔集团党委宣传部长、人单合一研究中心负责人汲广强先生。在海尔工作的日子里，我从他们身上真切感受到了中国的企业家精神和人单合一模式的灵魂。得益于他们的信任，我在写作本书的过程中具有无比便利的访谈条件和查阅内部资料的机会。感谢我的博士后合作导师席酉民先生和多年来一直鼓励我从事知行合一研究的陈春花老师，他们在百忙之中为本书作序，给予我许多勉励和指导。感谢中国人民大学商学院毛基业教授、华中科技大学管理学院张金隆教授、北京大学光华管理学院路江涌教授、清华大学经济管理学院陈劲教授、中国人民大学商学院王凤彬教授、中国人民大学商学院秦志华教授、中国社科院工业经济研究所王钦研究员、华中科技大学管理学院田志龙教授、东北大学工商管理学院孙新波教授、山东大学管理学院谢永珍教授，我关于海尔制的很多想法都得益于与他们的交流及他们带给我的启发，其中张金隆教授和陈劲教授还为本书部分研究成果的刊发交流提供了很好的平台支撑。感谢海尔模式研究院、湛庐工作团队和东北财经大学会计学院李苗博士，他们为本书的校对、编辑、数据更新以及出版做了大量辛苦工作。

王安石在《游褒禅山记》中写道："世之奇伟、瑰怪，非常之观，常在于险远，而人之所罕至焉。"我很庆幸有缘在张瑞敏和席酉民两位先生的身边工作或受教，他们治下的海尔集团和西交利物浦大学，都在进行着史无前例的"管理实验"，为人类社会的有效和美好而努力探索。虽然所在领域不同，但他们都具有共同的精神气质和行为风格，即"持续创新，逆俗生存"和"顶天立地，知行合一"。他们都是面向未来而生的开拓者，勇敢地行走在荆棘遍地的未来之路上，"君子之治也，始于不足见，终于不可及也"（出自刘向的《说苑》）。致敬"向未来而生"的新时代拓荒者！

张瑞敏先生常说一句话："没有成功的企业，只有时代的企业。"海尔从未宣称过自己是一家成功的企业，而是一直走在探索企业如何可持续发展的路上。本书也仅仅是总结其在探索进程中契合时代趋势而可能对其他企业转型具有借鉴意义的做法，并对其进行系统化梳理和全景式展示。海尔在近40年征程的不同赛段分别与当时那个年代最好的企业一起奔跑，而今许多曾经最好的企业已成为历史，不免令人唏嘘！海尔现在又跑在了物联网生态企业的赛道上，在这个赛道海尔或许仍然不是最好的，但真正把先进制造业和现代服务业深度融合起来，从制造、销售家电的制造企业变成以智慧网器为载体的物联网生态企业，创建美好生活解决方案的共创共享生态系统，海尔是第一家。

我有幸加入这个曾经筚路蓝缕，至今历经坎坷，未来仍旧充满各种可能性的平台，它令我看到了另一个不同的管理世界：变化、创造、激情与责任，赋予我的人生更加开阔的视野、上下求索的勇气和更加充实的力量。在这里，我与成千上万的海尔创客一道探索前行、浴火重生。期待本书能够帮助无数求索中的企业家获得一股“向上的力量”，使企业组织既能闪烁人性的光辉，又能打开物联网生态管理的“窄门”，在智能互联时代扬帆起航、自我进化和生生不息。

未来，属于终身学习者

我这辈子遇到的聪明人（来自各行各业的聪明人）没有不每天阅读的——没有，一个都没有。巴菲特读书之多，我读书之多，可能会让你感到吃惊。孩子们都笑话我。他们觉得我是一本长了两条腿的书。

———查理·芒格

互联网改变了信息连接的方式；指数型技术在迅速颠覆着现有的商业世界；人工智能已经开始抢占人类的工作岗位……

未来，到底需要什么样的人才？

改变命运唯一的策略是你要变成终身学习者。未来世界将不再需要单一的技能型人才，而是需要具备完善的知识结构、极强逻辑思考力和高感知力的复合型人才。优秀的人往往通过阅读建立足够强大的抽象思维能力，获得异于众人的思考和整合能力。未来，将属于终身学习者！而阅读必定和终身学习形影不离。

很多人读书，追求的是干货，寻求的是立刻行之有效的解决方案。其实这是一种留在舒适区的阅读方法。在这个充满不确定性的年代，答案不会简单地出现在书里，因为生活根本就没有标准确切的答案，你也不能期望过去的经验能解决未来的问题。

而真正的阅读，应该在书中与智者同行思考，借他们的视角看到世界的多元性，提出比答案更重要的好问题，在不确定的时代中领先起跑。

湛庐阅读 App：与最聪明的人共同进化

有人常常把成本支出的焦点放在书价上，把读完一本书当作阅读的终结。其实不然。

时间是读者付出的最大阅读成本

怎么读是读者面临的最大阅读障碍

“读书破万卷”不仅仅在“万”，更重要的是在“破”！

现在，我们构建了全新的“湛庐阅读”App。它将成为你“破万卷”的新居所。在这里：

- 不用考虑读什么，你可以便捷找到纸书、电子书、有声书和各种声音产品；
- 你可以学会怎么读，你将发现集泛读、通读、精读于一体的阅读解决方案；
- 你会与作者、译者、专家、推荐人和阅读教练相遇，他们是优质思想的发源地；
- 你会与优秀的读者和终身学习者为伍，他们对阅读和学习有着持久的热情和源源不绝的内驱力。

从单一到复合，从知道到精通，从理解到创造，湛庐希望建立一个“与最聪明的人共同进化”的社区，成为人类先进思想交汇的聚集地，与你共同迎接未来。

与此同时，我们希望能够重新定义你的学习场景，让你随时随地收获有内容、有价值的思想，通过阅读实现终身学习。这是我们的使命和价值。

图书在版编目（CIP）数据

海尔制 / 胡国栋著 .—北京：北京联合出版公司，
2021.12
ISBN 978-7-5596-5690-2

Ⅰ.①海… Ⅱ.①胡… Ⅲ.①海尔集团公司－工业企业管理－经验 Ⅳ.①F426.6

中国版本图书馆CIP数据核字（2021）第219177号

上架指导：企业管理 / 管理创新

海尔制

作　　者：胡国栋
出 品 人：赵红仕
责任编辑：管　文
封面设计：湛庐CHEERS 张志浩
版式设计：湛庐CHEERS 杨雅文

北京联合出版公司出版
（北京市西城区德外大街 83 号楼 9 层 100088）
唐山富达印务有限公司印刷 新华书店经销
字数 277 千字 880 毫米 ×1230 毫米 1/32 12.125 印张 16 插页
2021 年 12 月第 1 版 2021 年 12 月第 1 次印刷
ISBN 978-7-5596-5690-2
定价：109.90 元